BLOCK
CHAIN
E CRIPTO
MOEDAS

Iara Chaves

BLOCK CHAIN E CRIPTO MOEDAS

Rua Clara Vendramin, 58 :: Mossunguê
CEP 81200-170 :: Curitiba :: PR :: Brasil
Fone: (41) 2106-4170
www.intersaberes.com
editora@intersaberes.com

Conselho editorial
Dr. Ivo José Both (presidente)
Dr. Alexandre Coutinho Pagliarini
Drª. Elena Godoy
Dr. Neri dos Santos
Dr. Ulf Gregor Baranow

Editora-chefe
Lindsay Azambuja

Gerente editorial
Ariadne Nunes Wenger

Assistente editorial
Daniela Viroli Pereira Pinto

Edição de texto
Floresval Nunes Moreira Junior
Guilherme Conde Moura Pereira
Letra & Língua Ltda. – ME

Capa
Charles L. da Silva (*design*)
Dmi T/Shutterstock (imagens)

Projeto gráfico
Bruno Palma e Silva

Diagramação
Fabio Vinicius da Silva

Equipe de design
Débora Gipiela
Charles L. da Silva

Iconografia
Naiger Brasil Imagem
Regina Claudia Cruz Prestes

Dados Internacionais de Catalogação na Publicação (CIP)
(Câmara Brasileira do Livro, SP, Brasil)

Chaves, Iara
  Blockchain e criptomoedas / Iara Chaves. Curitiba: InterSaberes, 2021.

  Bibliografia.
  ISBN 978-65-89818-84-7

  1. Bitcoin 2. Blockchains (Base de dados) 3. Criptomoedas 4. Finanças internacionais 5. Instituições financeiras 6. Moeda – Inovações tecnológicas I. Título.

21-65677   CDD-332.178

Índices para catálogo sistemático:
1. Bitcoin: Inovações tecnológicas: Finanças: Economia 332.178

Cibele Maria Dias – Bibliotecária – CRB-8/9427

1ª edição, 2021.

Foi feito o depósito legal.

Informamos que é de inteira responsabilidade da autora a emissão de conceitos.

Nenhuma parte desta publicação poderá ser reproduzida por qualquer meio ou forma sem a prévia autorização da Editora InterSaberes.

A violação dos direitos autorais é crime estabelecido na Lei n. 9.610/1998 e punido pelo art. 184 do Código Penal.

sumário

Apresentação   9
Como aproveitar ao máximo este livro   11

Capítulo 1
Moeda e dinheiro   15
1.1 Moeda   18
1.2 Aparecimento da moeda de papel   28
1.3 Moeda escritural   29
1.4 Meios de pagamento   30
1.5 Criação da moeda   34
1.6 Expressão atual do multiplicador   36
1.7 Agregados monetários e conceito de liquidez   39
1.8 Demanda por moeda   43
1.9 Oferta da moeda   47

Capítulo 2
Sistema financeiro   53
2.1 Sistema financeiro   56
2.2 Entidades de supervisão   58
2.3 Operadores   62
2.4 Outras instituições financeiras   64
2.5 Segmentos do sistema financeiro   66

2.6 Intermediários financeiros   70
2.7 Mercados primários e secundários   73
2.8 Mercados financeiros   74
2.9 Categorização   80
2.10 Mercado de câmbio estrangeiro   82
2.11 Associações internacionais   87
2.12 Clubes de credores   88
2.13 Serviços financeiros   89

Capítulo 3
Principais teorias monetárias   93
3.1 Principais teorias monetárias   96
3.2 O futuro da moeda   101
3.3 Conceito e origem das criptomoedas   118

Capítulo 4
Blockchain, internet das coisas e criptomoedas   143
4.1 *Blockchain*   146
4.2 Internet das coisas   153
4.3 O futuro e a valorização das criptomoedas   155
4.4 Contabilidade digital   173

Capítulo 5
Mercado financeiro do futuro   181
5.1 Balanço de pagamentos   184
5.2 Tipos de moedas   185
5.3 Sistema de pagamentos   186
5.4 Papel do Banco Central   196
5.5 O impacto das moedas virtuais   199
5.6 Limites de regulamentos de moedas virtuais   201
5.7 A fonte de competição para moedas legais   204
5.8 Mercado financeiro e pagamentos: criptomoedas   205
5.9 Sistema alternativo de transações no Brasil   213
5.10 Comércio eletrônico (*e-commerce*)   223

Capítulo 6
Blockchain no mundo corporativo   233
    6.1 *Blockchain* no processo empresarial   236
    6.2 Governança *blockchain*   246
    6.3 Perspectiva da tecnologia *blockchain* em logística   255
    6.4 Oportunidade de empreendedorismo   259

    Considerações finais   273
    Referências   275
    Bibliografia comentada   297
    Sobre a autora   301

apresentação

Para a escrita desta obra, encontramos alguns desafios no caminho, com destaque para a seleção dos temas e as implicações ideológicas, filosóficas e educacionais dessa tomada de decisão; a articulação entre saberes teóricos e práticos, uma vez que que tais saberes estão em constante transformação; e a questão da interdisciplinaridade.

Nesse contexto, valemo-nos de parcela significativa da literatura especializada e dos estudos científicos a respeito dos temas abordados. Também contemplamos aspectos práticos, de modo a incentivar o leitor a elaborar as próprias propostas de intervenção a respeito do tema.

Dessa forma, no Capítulo 1, expusemos as dimensões teórico-conceituais da origem da moeda, os meios de pagamento e liquidez, a demanda e a oferta de moeda e o conceito de base monetária.

Nos Capítulos 2 e 3, evidenciamos o sistema financeiro, o Banco Central, a política monetária, a moeda, a inflação e as principais teorias monetárias, o futuro da moeda, os conceitos de criptomoedas e as criptomoedas mais importantes no mercado.

Por sua vez, nos Capítulos 4 e 5, promovemos uma aproximação entre os estudos sobre *blockchain* e mineração, a internet das coisas e *blockchain*, o futuro e a valorização das criptomoedas e, por último, a contabilidade digital. Tratamos ainda sobre o balanço de pagamentos, o impacto das moedas virtuais no sistema financeiro, o mercado financeiro, os pagamentos e as moedas digitais, bem como abordamos o *e-commerce* e as moedas digitais.

Por fim, no Capítulo 6, fizemos uma incursão teórico-prática no entendimento sobre *blockchain*, nos processos empresariais, na governança *blockchain*, na perspectiva da tecnologia *blockchain* em logística e na oportunidade de empreendedorismo e meio ambiente. Nesse último capítulo, também analisamos a integração das diferentes modalidades das criptomoedas e como é possível aliar a sustentabilidade ambiental e uma nova forma de logística integrada com transparência ao consumidor final.

Esperamos que o conteúdo aqui reunido provoque no leitor a busca por aprofundamento sobre o tema e desperte reflexões que contribuam para a compreensão dessa nova forma de transação financeira com o uso de moedas digitais descentralizadas.

Boa leitura!

como aproveitar ao máximo este livro

Empregamos nesta obra recursos que visam enriquecer seu aprendizado, facilitar a compreensão dos conteúdos e tornar a leitura mais dinâmica. Conheça a seguir cada uma dessas ferramentas e saiba como elas estão distribuídas no decorrer deste livro para bem aproveitá-las.

Conteúdos do capítulo
Logo na abertura do capítulo, relacionamos os conteúdos que nele serão abordados.

Após o estudo deste capítulo, você será capaz de:
Antes de iniciarmos nossa abordagem, listamos as habilidades trabalhadas no capítulo.

Para saber mais
Sugerimos a leitura de diferentes conteúdos digitais e impressos para que você aprofunde sua aprendizagem e siga buscando conhecimento.

Exemplificando

Disponibilizamos, nesta seção, exemplos para ilustrar conceitos e operações descritos ao longo do capítulo a fim de demonstrar como as noções de análise podem ser aplicadas.

Exercício resolvido

Nesta seção, você acompanhará passo a passo a resolução de alguns problemas complexos que envolvem os assuntos trabalhados no capítulo.

Perguntas & respostas

Nesta seção, respondemos a dúvidas frequentes relacionadas aos conteúdos do capítulo.

Preste atenção!
Apresentamos informações complementares a respeito do assunto que está sendo tratado.

Estudo de caso
Nesta seção, relatamos situações reais ou fictícias que articulam a perspectiva teórica e o contexto prático da área de conhecimento ou do campo profissional em foco com o propósito de levá-lo a analisar tais problemáticas e a buscar soluções.

Síntese
Ao final de cada capítulo, relacionamos as principais informações nele abordadas a fim de que você avalie as conclusões a que chegou, confirmando-as ou redefinindo-as.

Bibliografia comentada

Nesta seção, comentamos algumas obras de referência para o estudo dos temas examinados ao longo do livro.

Moeda e dinheiro

Conteúdos do capítulo

- Conceitos e origem da moeda.
- Meios de pagamento e liquidez.
- Demanda e oferta por moeda.
- Conceito de base monetária.

Após o estudo deste capítulo, você será capaz de:

1. compreender o que é moeda e sua origem;
2. identificar os meios de pagamentos e liquidez;
3. reconhecer a diferença entre demanda e oferta por moeda;
4. entender o conceito de base monetária.

capítulo 1

Iniciamos estabelecendo a diferença entre *moeda* e *dinheiro*. **Moeda** é o meio pelo qual são efetuadas transações monetárias. É todo ativo que constitua forma imediata de liquidar débitos, com aceitabilidade geral e disponibilidade imediata, e que confere ao seu titular um direito de saque sobre o produto social. O **dinheiro** é constituído pelas notas, normalmente em papel, e pelas moedas metálicas admitidas em circulação. Atualmente, dinheiro é alta tecnologia. As pessoas não usam apenas moedas e notas emitidas pelo governo como dinheiro, mas também, e cada vez mais, cartões de débito e de crédito. Os bancos podem movimentar milhões de reais, dólares ou qualquer outra moeda, dependendo do país, tocando em apenas um botão em seus computadores. O dinheiro sempre foi importante para as pessoas e para a economia, portanto, a moeda exerce diferentes funções. Neste capítulo, vamos conhecer mais sobre ela e saber como interfere na economia do país e em nosso dia a dia.

1.1 Moeda

A necessidade da troca de produtos impulsionou o ser humano a descobrir um meio de troca que facilitasse o entendimento de valor de cada produto e que fosse de fácil aceitação e mobilidade. Isso possibilitou que, ao longo do tempo, o homem encontrasse o que hoje chamamos de *moeda*, e esta acabou desempenhando diferentes papéis na história da humanidade.

1.1.1 Origens e conceitos da moeda

Os primeiros grupos de indivíduos eram nômades e tinham padrões bastante simples de atividades econômicas. Esses grupos recorriam à atividade de troca diretas, ou seja, ao escambo (Lopes; Rosseti, 1998).

As primeiras moedas surgiram no século VII a. C., no reino da Lídia, onde hoje fica a Turquia. Os lídios começaram a dividir e pesar o metal quando pretendiam realizar um negócio. As moedas foram inventadas aproximadamente entre 640 e 630 a.C., passando a ser identificadas por imagens gravadas em relevo, como hoje em dia. Eram denominadas *denário*, termo que dá origem à palavra *dinheiro*.

A primeira moeda cunhada em Roma foi no ano de 268 a.C. O sistema romano era composto de moedas feitas de prata e que serviam como base do sistema monetário. As palavras *moeda* e *monetário* têm origem relacionada à deusa Juno Moneta, pois eram fabricadas no templo dedicado a essa divindade (Banco de Cabo Verde, 2021).

A troca substituiu a autossuficiência e aumentou a eficiência ao permitir a especialização. Descobriu-se, então, que mais eficiência poderia ser obtida usando algum objeto como meio de troca para eliminar a necessidade de uma feliz coincidência de desejos exigidos para que a troca ocorresse.

O dinheiro surgiu para facilitar a troca, "lubrificando" o mecanismo de mercado, que antes dependia exclusivamente da troca: o dinheiro foi criado para minimizar os custos de transação. Além disso, a "permuta de feiras" substituiu a "permuta isolada", porque reduziu o custo por unidade de tempo necessário para concluir uma transação. Assim, o desenvolvimento do dinheiro e dos mercados permitiu que a economia se movesse em direção a uma posição ótima com os menores custos de transação (Goodhart, 1998).

O argumento é estendido ao desenvolvimento da moeda fiduciária, observando que, no século XVII, o dinheiro mercadoria era comumente depositado com "ourives" para guarda contra recibos denominados *notas de ourives*. Tempo e esforço (agora chamados de *custos do couro do sapato*) podiam ser economizados trocando-se notas, em vez de recuperar-se o ouro cada vez que uma troca fosse feita. Os ourives perceberam que algumas notas estavam em circulação permanente, de modo que o ouro que representavam nunca era retirado. Assim, os ourives podiam emprestar com segurança as reservas de ouro ou emitir recibos adicionais como empréstimos, criando o equivalente ao moderno banco de reservas fracionárias. Como o custo de escrever os recibos era menor do que o da mineração de ouro, a "operação bancária" dos ourives também foi uma decisão econômica racional tomada para reduzir os custos da estrutura de transações; assim, o papel-moeda substituiu o dinheiro mercadoria (Wray, 2012).

No entanto, como os ourives tinham de guardar algum dinheiro mercadoria para facilitar a compensação com outros ourives e para retiradas de depósitos, a quantidade de papel-moeda emitido seria estritamente governada pela quantidade de dinheiro mercadoria mantida em reserva. Alguns dos ourives se especializaram gradualmente, e o moderno sistema bancário privado surgiu baseado em depósitos bancários de reserva fracionária. Os governos começaram a competir emitindo moeda fiduciária por meio de seus tesouros ou de seus bancos centrais. Os bancos privados foram autorizados (ou obrigados) a manter essa moeda fiduciária governamental (ou quase governamental) como reservas. Assim, um aumento na emissão de moeda fiduciária do governo levaria a uma expansão múltipla dos depósitos bancários no sistema de reservas fracionárias (Wray, 2012).

Embora o multiplicador de depósito possa variar, o controle do banco central sobre a oferta privada de papel-moeda (e, posteriormente, os depósitos à vista) é garantido por meio do controle das reservas bancárias (Friedman 1968; Brunner, 1968). Para evitar que dinheiro excessivo seja criado de forma privada, o banco central deve regular de perto a quantidade de reservas. Quando há muita moeda em circulação, ele gasta o excesso, causando inflação. Assim, a principal responsabilidade do banco central é servir como um guardião da inflação (Wray, 2012).

Quadro 1.1 – Principais mercadorias utilizadas como moedas em diferentes épocas e regiões

Período	Região	Principais moedas-mercadoria
ANTIGUIDADE	Egito	Cobre e anéis de cobre como subdivisão da unidade-peso.
	Babilônia e Assíria	Cobre, prata e cevada.
	Lídia	Peças metálicas cunhadas. Embora existam dúvidas históricas, os Lídios (séc. VII a.C.) teriam sido os primeiros povos a cunhar moedas, atestando peso e título.
	Pérsia	Gado, sobretudo bovinos e ovinos.
	Bretanha	Barras de ferro, espadas de ferros e escravos.
	Índia	Animais domésticos, arroz e metais (ouro e cobre).
	China	Conchas, seda, metais, instrumentos agrícolas, cereais e sal.
IDADE MÉDIA	Ilhas Britânicas	Moedas de couro (precursoras das cédulas de papel), gado, ouro e prata em unidade-peso.
	Alemanha	Gado (início da Idade Média), cereais (aveia e centeio), mel, tecidos e peixe secos (bacalhau).
	Noruega	Gado bovino, escravos, tecidos, manteiga e peles curtidas.
	Rússia	Gado bovino, peles de esquilo e marta e prata em unidade-peso.
	China	Arroz (como instrumento de troca e unidade de conta), chá, sal e peças de ferro, estanho e prata, com valores inter-relacionados.
	Japão	Anéis de cobre cobertos com ouro e prata, pérolas, ágata e arroz.

(continua)

(Quadro 1.1 – conclusão)

Período	Região	Principais moedas-mercadoria
IDADE MODERNA	Estados Unidos	Na época das colônias: fumo, cereais, carnes-secas, madeira e gado.
	Austrália	Rum, trigo e carne (primórdios da colonização britânica).
	Canadá	Peles e cereais.
	Alemanha e Áustria	No Tirol: terra como denominador comum de valores e gado como instrumento de troca.
	Japão	Arroz (*warrants* emitidos por depósitos desse cereal, até o século XVIII foram usados como moeda).

Fonte: Elaborado com base em Lopes; Rosseti (1998).

1.1.2 História da moeda no Brasil

O primeiro sistema monetário que vingou no Brasil foi estabelecido em 4 de agosto de 1688 e alterado em 4 de abril de 1722. O sistema estava fundamentado no bimetalismo. O ouro e a prata, que tinham a permissão de ser cunhados sem limitação, constituíam a moeda legal, em que a taxa de conversão dos dois metais à época era de 1:16, e o preço legal de uma oitava de ouro era de 1,6 contos de réis. Paralelamente, usavam-se moedas de cobre em caso de operações fracionadas (Lopes; Rosseti, 1998).

As moedas legais que circulavam no Brasil durante o Período Colonial eram cunhadas em Portugal, e o peso delas não era rigorosamente padronizado. Isso acabou sendo lucrativo para alguns, mas no longo prazo, implicou descrédito e, por conseguinte, ocorreram diversas manifestações chamando a atenção sobre este fato, o que ocasionou o surgimento de diversos instrumentos monetários paralelos na busca de confiabilidade.

Muitas mercadorias eram utilizadas como moeda de trocas em regiões de agricultura e de criação; ouro em pó ou então em barras serviam como moeda em Minas Gerais e nas regiões do litoral, como no Rio de Janeiro e na Bahia, onde estavam os principais centros comerciais da época. Circulavam também diversas moedas cunhadas em outros países, como, por exemplo, na Espanha, e em outras cidades europeias. As moedas que chegavam de fora do país circulavam lado a lado com as que eram cunhadas no Brasil nas casas de fundição de Minas. Todavia, as moedas cunhadas em território nacional eram desvalorizadas em relação às estrangeiras. Cerca de dois terços das moedas em circulação eram peças de ouro, mas também circulavam moedas de cobre e de prata (Lopes; Rosseti, 1998).

Quando D. João VI chegou ao Brasil, todo o meio circulante era composto de peças metálicas. Estava começando de forma muito pálida a circulação de papel-moeda, que era chamado de *bilhete de permuta*. Tal bilhete provinha de recibos de recolhimentos metálicos na Casa da Moeda, aceito para quitação de transações mediante transmissão por endosso. Transação essa que viria a ser legalizada em 13 de maio de 1803. O conjunto de medidas liberalizantes adotadas pelo príncipe regente, a saber, a abertura dos portos, a implantação de indústrias e outros, aqueceu a quantidade de moedas distintas entre si, e a indefinição quanto ao padrão monetário e a heterogeneidade dos meios de pagamento estava retardando o crescimento do país. De outra forma, a saída de ouro para equilibrar insistentes déficits comerciais reduzia a liquidez da economia colonial, frequentemente o ouro brasileiro que saía do país tinha como destino a cidade de Londres (Lopes; Rosseti, 1998).

A criação do primeiro Banco do Brasil ocorreu em 1808, com o propósito de fortalecimento do sistema monetário e financeiro. Essa instituição tinha o privilégio da emissão de representativas com garantia de conversibilidade de 100%, mas em razão de guerras civis e exigências da corte, D. João VI recorreu a esse banco para realizar empréstimos, e então as emissões passaram a ser fiduciárias. Em 1821, as moedas eram seis vezes maiores que a garantia metálica. As joias da coroa foram dadas em garantia, mas, mesmo assim, como os requerimentos metálicos não cessaram, isso praticamente ocasionou a quebra dessa instituição, em julho de 1821.

Posteriormente, houve no Brasil outras tentativas de políticas monetárias sem sucesso. Em 1829, foi decretada a liquidação do primeiro Banco do Brasil. Em 1846, o sistema monetário brasileiro voltou ao padrão *ouro*, tendo fixado em 1:15,65 a relação legal *ouro e prata*. Em 1849, fortaleceu ainda mais a corrente metalista sendo a prata colocada em condição de auxiliar no sistema monetário (Lopes; Rosseti, 1998).

Em 1851, graças à calmaria interna e ao comércio exterior, desenvolveu-se a balança comercial e tornou-se favorável, possibilitando a fusão do

Banco Comercial do Rio de Janeiro com o Banco Mauá, surgindo, então, o segundo Banco do Brasil, que adquiriu o direito dos outros bancos para emissão de notas bancárias. Com a Guerra do Paraguai (1864-1870), as finanças do país voltaram a enfraquecer e o teto de emissão passou a ser 5 vezes o valor do capital. Em 1886, o direito de emissão retornou ao tesouro. Com o fim da guerra, as emissões foram se reduzindo, mas ainda durante um bom tempo as notas eram garantidas por sistema proporcional cujas taxas eram fixadas de acordo com a disponibilidade metálica. Foi somente em 1888 que se retornou à conversibilidade plena (Lopes; Rosseti, 1998).

Entre 1914 e 1920, as emissões de notas do tesouro aumentaram 88%, e o encaixe voltou a sofrer reduções, retornando a 9,5% em 1920. Em 1926, para contabilizar a moeda com as reservas metálicas, o mil-réis passou a corresponder a 200 gramas de ouro. No entanto, a calmaria durou muito pouco e, em 1929, teve início a recessão dos anos 1930, com queda brusca no comércio internacional, e o Brasil foi atingido pela queda de 80% no preço da saca do café.

Em 1964, foi criado o Banco Central do Brasil, detentor da exclusividade da emissão de papel-moeda e moeda metálica, bem como da execução dos serviços do meio circulante. O Tesouro Nacional, apesar disso, não perdeu o controle do processo emissor. O Banco Central permaneceu submetido às autoridades fiscais sem independência operacional (Lopes; Rosseti, 1998).

Em 1986, foi retirada a conta movimento entre o Banco Central e Banco do Brasil por decisão do Conselho Monetário Nacional, apesar do choque heterodoxo do triênio 1987/1989 e, embora tenha havido o sequestro dos ativos financeiros em 1990, as relações entre o Banco Central e o Tesouro Nacional não foram alteradas.

Após congelamentos de preços, confisco da poupança, cortes de zeros da moeda, em 1994, o Real passou a ser novamente o nome da moeda brasileira, depois de vários planos econômicos e alterações do nome da moeda, a saber, Real (ou Réis, no plural), Cruzeiro, Cruzeiro Novo, Cruzado, Cruzado Novo, Cruzeiro novamente e, por fim, Cruzeiro Real.

Para saber mais

O Brasil sofreu com sucessivos planos econômicos que tinham o objetivo de controlar a inflação e segurar a desvalorização da moeda com perdas em todos os setores, como: emprego, forte recessão, aumento de preços, entre outros. Em 1986, foi criado um plano econômico chamado *Plano Cruzado* (Lopes; Rosseti, 1998). Para saber mais sobre esse plano econômico acesse o artigo "Plano Cruzado: crônica de uma experiência", de Marcello Averbug, disponível em: <https://web.bndes.gov.br/bib/jspui/bitstream/1408/11943/1/RB%2024%20Plano%20Cruzado_Cr%C3%B4nica%20de%20uma%20Experi%C3%AAncia_P_BD.pdf>. Acesso em 26 jun. 2021.

1.1.3 Funções da moeda e sua importância

Uma moeda tem as seguintes funções:

1. função de intermediária de trocas;
2. função de medida de valor;
3. função de reserva de valor;
4. função liberatória;
5. função de padrão de pagamentos diferidos;
6. função de instrumento de poder.

A seguir, vamos ver detalhadamente cada uma delas.

- **Função de intermediária de trocas**: representa a passagem do escambo para economia monetária, consistindo em um aumento da eficiência econômica generalizada e em acréscimo da quantidade de bens e serviços que a sociedade passa a ter em sua disposição para atendimento de suas necessidades. A moeda como intermediária também vai ao encontro da divisão e especialização do trabalho, uma vez que, dessa forma, segundo o livro *A riqueza das nações*, de Adam Smith, (Lopes; Rosseti, 1998), haverá maior produtividade do fator *mão de obra*, o que conduz à especialização desse fator.

- **Função medida de valor**: os bens e serviços passam a ter seus valores em termos de unidade monetária para uso, trazendo um sistema de valoração, o que torna possível uma atuação racional, quer de consumidores, quer de produtores, aumentando as margens de eficiência como um todo, além de possibilitar a contabilização da atividade econômica.

Quadro 1.2 – Relações de troca (RT) de acordo com as diferentes quantidades de produtos disponíveis

Produtos disponíveis (n)	Números de relações de troca (RT)
20	190
50	1.225
100	4.950
200	19.900
500	124.750
1.000	499.500

Fonte: Elaborado com base em Lopes; Rosseti (1998).

Essa função permite a construção de sistemas agregativos de contabilidade social para cálculos de agregados de produção, do consumo, de fluxos macroeconômicos, de planejamentos, dos orçamentos, entre outros.

- **Função reserva de valor**: o tempo decorrente entre ela ser recebida e depois ser gasta pelo seu proprietário é uma forma alternativa de guardar valor. Existem outros ativos com a mesma função, no entanto, apenas a moeda tem liquidez por excelência, pois os demais ativos são grandemente variáveis.
- **Função liberatória**: poder dado pelo Estado, uma vez que este pode impor a aceitação da moeda para saldar dívidas e liquidar débitos, livrando aquele que a possui de uma situação passiva. Assim, como particularidade, dispõe do poder liberatório ou da função liberatória.
- **Função de padrão de pagamentos diferidos**: é resultante de sua capacidade de oportunizar a distribuição de pagamentos no decurso do tempo, quer para concessão de crédito ou nas diversas formas de pagamento, exemplo disso são os salários.

- **Função de instrumento de poder**: pode assumir o papel de título de crédito; quanto maior for o montante maior será o poder de seu possuidor, que terá o direito de tomar bens e serviços disponíveis no mercado (Lopes; Rosseti, 1998).

1.1.4 Características essenciais da moeda

A moeda, com o passar do tempo, evoluiu de uma forma rudimentar para uma forma complexa, resultante das economias monetárias. No entanto, algumas características primordiais permaneceram, quais sejam: indestrutibilidade e inalterabilidade; homogeneidade; divisibilidade; transferibilidade; e facilidade de manuseio e transporte. Vejamos, a seguir, cada uma dessas características:

- **Indestrutibilidade e inalterabilidade**: a moeda deve ser suficientemente durável, de modo a não se decompor nem se desfazer à medida que é manuseada nas trocas. Essas características são entraves para a falsificação e fundamentais para confiança do público e sua aceitação em geral.
- **Homogeneidade**: unidades monetárias do mesmo valor devem ser obrigatoriamente iguais para que a moeda tenha aquiescência geral e possa exercer sua função específica.
- **Divisibilidade**: devem haver múltiplos e submúltiplos em quantidade para que as transações tanto de grande monte quando de pequeno sejam possíveis de ser realizadas sem entraves.
- **Transferibilidade**: refere-se à facilidade de transferência de um possuidor para outro; apesar de essa característica significar também um risco dos que a possuem em uso, por outro lado, facilita a troca.
- **Facilidade de manuseio e transporte**: se o porte e o manuseio forem difíceis, seu uso paulatinamente será descartado (Lopes; Rosseti, 1998).

> **Exemplificando**
>
> A **transferibilidade da moeda** é um dos atos mais corriqueiros que temos. Quando você precisa comprar um micro-ondas, por exemplo, e deseja fazer essa compra à vista, você está transferindo o dinheiro que é seu para a loja que está vendendo a você. Em posse do dinheiro, você estava correndo o risco de ser assaltado ou mesmo de perdê-lo; nesses casos, muito possivelmente, você não mais reaveria aquele valor, uma vez que o dinheiro físico que usamos para pagar nossas despesas não tem um indicador de pertencimento.

1.1.5 A origem e a evolução do metalismo

Os metais, de modo geral, melhor se adaptaram às características essenciais exigidas pelos instrumentos monetários e, além disso, seu valor de uso não compromete seu valor de troca nem compete diretamente com com tal valor, a exemplo de cereais, caso fossem a moeda utilizada na aquisição de algum produto.

Da mesma forma, a utilização de metais viabilizou o processo de cunhagem, o que possibilitava sua certificação em relação ao peso e à garantia de circulação, quando esse processo era realizado ou administrado por chefes de Estado. Os imperadores romanos usaram a moeda cunhada como meio de integração das regiões conquistadas e como propaganda, pois por intermédio da cunhagem podiam imprimir frases de efeito junto aos diferentes povos conquistados e subjugados a Roma (Lopes; Rosseti, 1998).

A cunhagem de moeda possibilitava também a cobrança de tributos. Na Idade Média, os senhores feudais tinham o poder exclusivo de cunhar as moedas e de alterar seu valor nominal. Desse modo, apropriavam-se de grande parte da base de monetária de metais, cada vez que colocavam valores nominais mais altos para iguais quantidades de metal ou ainda reduziam essas quantidades em relação à unidade expressa de valor nominal.

A esse processo de apropriação deu-se o nome de *senhoriagem* (Lopes; Rosseti, 1998).

Os metais inicialmente utilizados nos processos de cunhagem e empregados como instrumentos monetários foram o cobre, o bronze e o ferro, haja vista existirem em grande quantidade na natureza. Entretanto, não preenchiam algumas das condições basilares para ser usados como moeda. Por isso, as moedas passaram a ser cunhadas com metais mais nobres como a prata e o ouro, cujas características atendiam de forma melhor à função de troca. No entanto, a escassez ou a dificuldade de encontrá-los na natureza evidenciaram também uma forma de expressar riqueza e poder (Lopes; Rosseti, 1998).

Exemplificando

Talvez um dos trechos do Novo Testamento mais conhecidos pelos cristãos seja o momento da cobrança de impostos pelos romanos aos judeus. Em Mateus, lê-se: "Então, deem a César o que é de César e a Deus o que é de Deus" (Bíblia, 2021, Mt 22,21), uma vez que na moeda romana estava cunhada a face do imperador romano César.

1.2 Aparecimento da moeda de papel

Com a multiplicação das trocas entre regiões e países diferentes, as moedas metálicas apresentaram alguns inconvenientes como instrumento de pagamento. O peso foi um desses inconvenientes, principalmente pela necessidade de transporte da moeda por longas distâncias, tornando-se relativamente difícil o transporte, além do risco de roubos, aumentado pela péssima qualidade das estradas e dos meios de transportes da época. Também surgiu a necessidade de instrumentos monetários mais flexíveis, de modo a facilitar a efetivação de operações de crédito, ainda que esse novo instrumento monetário tivesse em contrapartida um lastro metálico integral, mas que fosse aceito de forma ampla (Lopes; Rosseti, 1998).

Assim, após o Renascimento, houve a necessidade de recorrer a instituições que estavam equipadas para manter em garantia metais monetários e outros valores. Tratava-se das casas de custódia, que começaram a aparecer entre as cidades italianas e a região de Flandres. O ouro e prata passaram a ser custodiados por judeus, cambistas, ourives e abadias, fornecendo aos depositantes certificados de depósitos, os quais passaram a circular com facilidade e segurança no lugar dos metais monetários. Com isso, estava criada a modalidade de moeda representativa ou moeda-papel, com lastro de 100% e garantia de plena conversibilidade, já que em qualquer momento poderiam ser trocadas pelos metais sem a necessidade de prévio aviso. As casas de custódia ganharam tradição e acabaram por transformar essa nova moeda em instrumento preferencial de troca e de reserva de valor (Lopes; Rosseti, 1998).

1.3 Moeda escritural

A moeda bancária, escritural ou invisível surgiu no século XIX, criada pelo Banco da Inglaterra, detentor de poder decisório e de independência dos departamentos bancários e monetário. Na atualidade, esse tipo de moeda representa a maior parcela dos meios de pagamento em conformidade com o conceito convencional de moeda na quase totalidade dos países. Essa forma é criada pelos bancos comerciais e equivale ao total dos depósitos à vista e a curto prazo nessas instituições.

O nome *moeda invisível* é dado em razão de ela não ter existência física e ser escritural, possibilitando a realização de operações de débito e crédito registrado nas contas correntes dos bancos (Lopes; Rosseti, 1998). A moeda escritural, especificamente, é representa pelos depósitos à vista, os quais têm liquidez equivalente à moeda legal, sendo, dessa forma, também considerada meio de pagamento (Lopes; Rosseti, 1998).

Exercício resolvido

Como vimos, as palavras *moeda* e *monetário* fazem referência à deusa Juno Moneta, em cujo templo eram fabricadas as "moedas". Com relação às diversas formas assumidas pela moeda ao longo da história, na Idade Antiga, quais eram as principais moedas mercadorias utilizadas pela China? Assinale a alternativa que responde a essa pergunta:

a. As principais moedas mercadorias de troca usada na Idade Antiga pela China eram conchas, seda, metais, instrumentos agrícolas, cereais e sal.
b. As principais moedas mercadorias de troca usada na Idade Antiga pela China eram anéis de cobre cobertos com ouro e prata, pérolas, ágata e arroz.
c. As principais moedas mercadorias de troca usada na Idade Antiga pela China eram fumo, cereais, carnes-secas, madeira e gado.
d. As principais moedas mercadorias de troca usada na Idade Antiga pela China eram barras de ferro, espadas de ferros e escravos.

Resposta: c.

1.4 Meios de pagamento

Os meios de pagamento (MP) são a totalidade de moeda de completa liquidez em domínio do setor não bancário, podendo realizar as trocas imediatamente.

> *Os meios de pagamentos, na sua forma mais restrita, são representados pela soma do papel-moeda em poder do público mais os depósitos à vista nos bancos comerciais, públicos (aí incluídos o Banco do Brasil e a carteira comercial da Caixa Econômica) e privados. (Nogami; Passos, 2012, p. 154)*

Os meios de pagamento, em suma, são a totalidade de ativos que o público possui, dos quais pode lançar mão para a quitação de qualquer compromisso vindouro ou à vista. Dessa forma, os meios de pagamento são mais que papel-moeda ou metálico em poder da população, incluem também os depósitos à vista dos bancos comerciais.

$$MP = PMPP + DV_{bc}$$

Em que:
MP = meios de pagamento;
PMPP = papel-moeda ou papel metálico em poder da população;
DV = depósitos à vista;
bc = bancos comerciais;
DV_{bc} = depósitos à vista dos bancos comerciais.

O papel-moeda ou metálico em poder da população (PMPP) é chamado também de *moeda manual*. Os depósitos à vista nos bancos comerciais são denominados *moeda escritural*.

No Brasil, os ativos existentes são:

- O papel-moeda e a moeda metálica em poder da população;
- Os depósitos à vista da população nos bancos comerciais;
- Os depósitos à vista da população nos bancos múltiplos;
- Os depósitos à vista da população no Banco do Brasil;
- Os depósitos à vista da população na Caixa Econômica Federal e nos bancos estaduais.

No Brasil, a indicação do total de oferta monetária (M), no conceito de pagamentos, é:

$$M = M_M + D_{BC} + D_{DM} + D_{BB} + D_{CE}$$

Em que:

M_M = saldo do papel-moeda e moeda metálica, excluídos os montantes mantidos em caixa do Banco Central (Bacen) e em bancos comerciais;

D_{BC} = depósito à vista nos bancos comerciais;

D_{DM} = depósito à vista nos bancos públicos e múltiplos;

D_{BB} = depósito à vista no Banco do Brasil;

D_{CE} = saldo do depósito à vista do público nas Caixas Econômicas (movimentos apenas em cheque).

Lembramos que, de acordo com Lopes e Rosseti (1998, p. 129), "são consideradas como moeda apenas os meios de pagamentos possuídos pelos agentes econômicos não bancários".

Figura 1.1 – Derivação do conceito de papel-moeda (incluindo as moedas metálicas) em poder do público

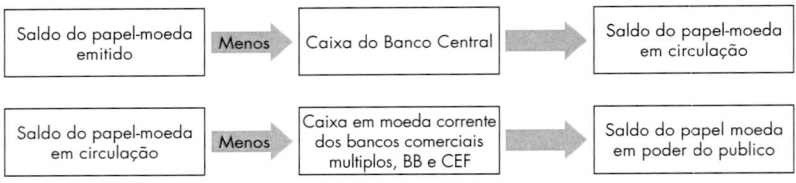

Fonte: Elaborada com base em Lopes; Rosseti (1998).

Atualmente, o Banco Central do Brasil, além do conceito convencional de moeda reconhecido como M1, adota outros três conceitos mais inclusivos, em que M2, M3 e M4 são considerados ativos financeiros quase-monetários de alta liquidez, contrariando critérios teóricos mais rigorosos. São nomeados conforme o objetivo, de M1, M2, M3 e M4, que incluem ativos financeiros que despendem juros e são de alta liquidez (apesar de que não são imediatos).

Os ativos que rendem juros são chamados de *haveres não monetários*, ou *quase-moeda*, e os M1 são denominados *haveres monetários*. Dependendo dos objetivos, temos a moeda que se chama *quase-moeda*, ativo que tem alta liquidez (apesar de não ser tão imediata) e que rende juros, por exemplo: títulos públicos e depósitos a prazo. A inserção da quase-moeda origina outras definições de moeda, como se segue:

- **M1** = moeda em poder do público + depósitos à vista nos bancos comerciais;
- **M2** = M1 + depósitos especiais remunerados + depósitos de poupança + títulos emitidos por instituições depositárias;
- **M3** = M2 + quotas de fundos de renda fixa + operações compromissadas registradas no Selic (Sistema Especial de Liquidação e Custódia);
- **M4** = M3 + títulos públicos de alta liquidez.

Exercício resolvido

A moeda passou por um caminho de valor de troca ao longo do tempo. Foram vários os fatores que levaram à utilização da moeda-papel, que surge precisamente após o Renascimento. Assinale a alternativa que representa o que realmente gerou a necessidade da criação da moeda-papel:

a. A criação da moeda papel teve seu início em razão das dificuldades da época de aceitação das moedas metais o ouro e a prata.
b. A criação da moeda papel teve seu início em razão das dificuldades da época ocasionadas pelo problema de estocagem dos metais precioso.
c. A criação da moeda papel teve seu início em razão das dificuldades da época de transporte, do perigo de assalto e das péssimas condições das estradas.
d. A criação da moeda papel teve seu início em razão das dificuldades da época de carregamento dos metais preciosos.

Resposta: c.

1.5 Criação da moeda

O processo de criação de moeda pelos bancos comerciais ocorre porque eles precisam manter como reservas apenas uma fração dos depósitos à vista que captam do público, abrindo a possibilidade de empréstimo do excedente, isto é, abrindo novos depósitos. Assim, sobre a parcela recolhida pelos bancos comerciais, estes criam meios de pagamentos adicionais utilizando o mecanismo chamado *multiplicador* (Lopes; Rosseti, 1998).

Conforme estatísticas divulgadas pelas autoridades monetárias brasileiras, a moeda escritural significa 63% do total dos meios de pagamentos (BCB, 2018). A criação de moeda é puramente fiduciária. Portanto, o governo deixa que o sistema bancário seja guiado por ele mesmo, é uma moeda fiduciária só tem valor porque o governo, a economia e as pessoas em geral atribuem valor a ela, ou seja, são simplesmente criadas pela interação desses agentes. O valor de encaixe, isto é, o valor obrigatório que o governo exige como garantia para a normalidade do banco, será o valor mínimo e nada mais será exigido (Lopes; Rosseti, 1998).

Quadro 1.3 – Tipos de moeda e seus principais possuidores em um sistema integralmente fiduciário

Tipos de moeda	Detentores		Totais
	População	Bancos comerciais	
Depósitos	D^P_{BC}	-	D
Papel-moeda	PM^P	PM^{BC}	B
		-	-
Total	MP	R_{ES}	-

Fonte: Elaborado com base em Lopes; Rosseti (1998).

Em um sistema organizado, essa é a hipótese que retrata os tipos de moedas e seus principais possuidores quando estes estiverem reunidos. Vejamos as definições fundamentais:

- **Meios de pagamento**: os meios de pagamento (MP) são representados pelo papel-moeda em poder da população mais o depósito à vista da população nos bancos comerciais. Temos, então:

$$MP = PM^P + D^P_{BC}$$

- **Caixas dos bancos comerciais**: as reservas mantidas pelos bancos comerciais são uma parte do papel-moeda depositado pela população. Não há qualquer outro tipo de compulsório de reserva. Os valores que ali estão são voluntariamente mantidos em caixa.

$$R_{ES} = PM^{BC}$$

- **Base monetária**: a base monetária (B) corresponde ao saldo do papel moeda emitido pelo Bacen; uma parte é utilizada pela população como moeda manual, ficando assim em seu poder, PM^P, e outra parte é mantida pelos bancos comerciais em caixa, PM^{BC}. Assim, temos:

$$B = PM^P + PM^{BC}$$

Além dessas três definições fundamentais, é necessário conceituar as principais relações de comportamentos que se formam no sistema monetário para entender como ocorre a criação da moeda.

São também três:

Primeira: demonstra a utilização pela população da moeda manual, apresentando a proporção entre o papel-moeda em poder da população e a totalidade dos meios de pagamentos. Isto é:

$$PM^P = \beta MP \text{ ou } \beta = \frac{PM_P}{MP}$$

Quanto maior for o β, maior será o uso, pelo público, de moeda escritural. Então, a diminuição dessa proporção significa que a população prefere ter moeda escritural como meio de pagamento (Lopes; Rosseti, 1998).

Segunda: demonstra a utilização pela população da moeda escritural, apresentando a proporção de depósitos à vista por parte da população nos bancos comerciais e a totalidade dos meios de pagamento.

$$D^p_{BC} = (1 - \beta) \text{ MP ou } 1 - \beta = \frac{D^p_{BC}}{MP}$$

Quanto menor for a proporção, maior será a intenção pelo uso da moeda manual pela população (Lopes; Rosseti, 1998).

Terceira: demonstra o comportamento dos bancos comerciais quanto à taxa percentual de encaixe que deverá ser mantida. Estabelece a proporção entre tudo que o que está mantido no caixa e a totalidade depositada pela população.

$$PM^{BC} = r \, D^p_{BC} \text{ ou, } r = \frac{PM^{BC}}{D^p_{BC}}$$

Ou, ainda, substituindo pela expressão correspondente, temos:

$$r = \frac{PM^{BC}}{(1-\beta)MP} \text{ ou } PM^{BC} = r \, (1 - \beta)MP$$

Quanto menor for a razão r, menores serão as reservas mantidas no caixa dos bancos. Isso tende a minimizar r, uma vez que maior é a confiança da população nos bancos e maior serão as quantidades de moedas fiduciárias ou, ainda, maior será o efeito multiplicador (Lopes; Rosseti, 1998).

Tendo a relação do total dos meios de pagamento MP, e a base monetária (B), sendo B equivalente ao total do papel-moeda emitido pelo Estado, a base monetária nesse modelo corresponde ao conceito de moeda de alto poder de expansão (*high-powered money*) (Lopes; Rosseti, 1998).

1.6 Expressão atual do multiplicador

No Brasil, após a reforma de 1994 e a correção da endogeneidade, houve alteração de conceitos referentes ao multiplicador. Esses conceitos limitam-se aos saldos que compõem a oferta e a base monetária, em conceitos restritos (M1 e B), sendo estes:

Meios de pagamento: (MP) são compostos primeiro pelo papel-moeda em poder da população, MP^p; seguido pelo depósito à vista da população nos bancos comerciais, nos bancos múltiplos e nas caixas econômicas D^p_{BC}.

$$MP = PM^P + D^P_{BC}$$

Figura 1.2 – Mecanismo da expansão ou contração da base monetária

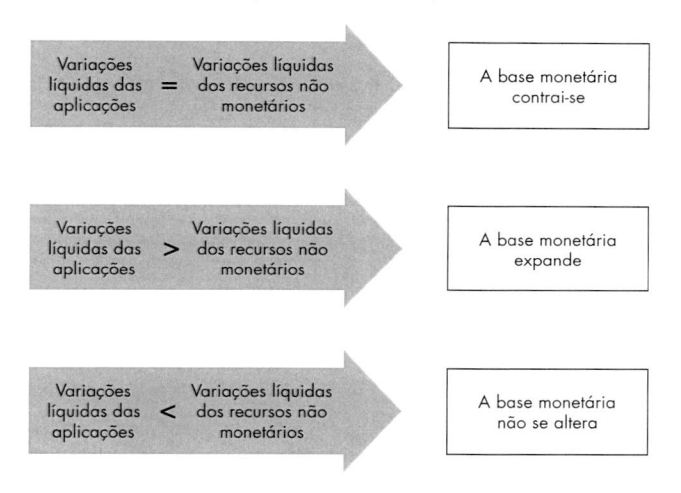

Variações líquidas das aplicações	=	Variações líquidas dos recursos não monetários	→	A base monetária contrai-se
Variações líquidas das aplicações	>	Variações líquidas dos recursos não monetários	→	A base monetária expande
Variações líquidas das aplicações	<	Variações líquidas dos recursos não monetários	→	A base monetária não se altera

Fonte: Elaborada com base em Lopes; Rosseti (1998).

Reservas bancárias: as reservas R_{ES} são compostos pelos depósitos compulsórios dos bancos comerciais e outras instituições incluídas no conceito de meios de pagamento junto ao Bacen, D^{BC}_{AM}, mais o papel-moeda em caixa do Bacen, PM^{BC}, então:

$$R_{ES} = D^{BC}_{AM} + PM^{BC}$$

Base monetária: conceito restrito, B, ocorre pelo passivo monetários das mandatárias monetárias, conforme reforma de 1986 e 1994, sendo formada por três parcelas. A primeira é o papel moeda em poder da população PM^P, depois, o papel moeda em caixa das instituições criadoras das moedas, PM^{BC}, a terceira são as reservas desses bancos junto ao Bacen. Assim:

$$B = PM^P + PM^{BC} + D^{BC}_{AM}$$

Quando o Bacen reduz as taxas, os depósitos compulsórios, a tendência é ampliar o efeito multiplicador da moeda escritural, ampliando a base monetária e a oferta convencional da moeda. Quanto maior a quantidade de papel-moeda em poder da população, menor é a amplitude do efeito multiplicado.

Quando um sujeito solicita um empréstimo a um banco, essa instituição realiza uma operação contábil de criação de depósito à vista. Para ceder o crédito, o banco lança no lado do ativo de seu balancete o valor do empréstimo. O banco, então, abre uma conta corrente com saldo no valor do empréstimo liberado para uso do devedor, que poderá, por sua vez, quitar ou fazer pagamentos usando um cartão de débito como se estivesse com moeda manual em mãos. Ao liberar o crédito, o banco cria meios de pagamento. Essa instituição pode gerar depósitos à vista com operações contábeis, uma vez que nem todos que têm direito a saque vão concretizar esse direito simultaneamente.

Figura 1.3 – Relação entre base monetária, meios de pagamento e multiplicador monetário

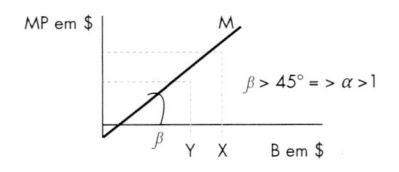

$\beta > 45° => \alpha > 1$

Eixos: MP em \$ (vertical), B em \$ (horizontal), com pontos Y, X e reta M a partir do ângulo β.

Fonte: Elaborada com base em Lopes; Rosseti (1998).

Quadro 1.4 – Operação contábil bancária de concessão de crédito e de criação de meios de pagamento

Balanço financeiro do Banco A			
Ativo		**Passivo**	
Reservas (1)	$ 20	Depósito à vista (3)	$100
Empréstimos (2)	$ 80	Saldo das demais contas (4)	
Total do ativo = 1 + 2		Total do passivo = 3 + 4	

Fonte: Elaborado com base em Mankiw (2010).

Como foi possível perceber, os depósitos desse banco são de $ 100,00 e o valor obrigatório de reserva é de $ 20,00, uma vez que a taxa de reserva é de 20% sobre o valor de depósito. Nesse exemplo, seguindo a regra, o banco empresta os $ 80,00 restantes.

Vimos que o Banco A estimula o crescimento da oferta monetária em $ 80,00 no momento em que cede o empréstimo desse valor. Para que o empréstimo seja cedido, a oferta monetária é de $ 100,00, o que equivale aos depósitos no Banco A.

Quando um banco empresta parte de suas reservas a terceiros, ele dá ao tomador do empréstimo a capacidade de realizar transações e, assim, fomenta o crescimento da oferta monetária. Entretanto, aquele que buscou o empréstimo está adquirindo uma obrigação financeira em relação ao banco. Isto é, a criação de moeda pelo sistema bancário aumenta a liquidez da economia, mas não sua riqueza (Mankiw, 2010).

1.7 Agregados monetários e conceito de liquidez

O Bacen emite papel-moeda, no entanto, somente parte da quantidade de recursos emitidos está em poder do público, permanecendo uma parte no próprio Bacen e outra parte nos bancos comerciais. Entre a totalidade emitida pelo Bacen, a rigor, apenas o valor que se destina para o caixa das instituições financeiras e para as mãos da população é que se constitui em emissão monetária. O que continua no caixa do banco central não é, conforme a norma, moeda.

> *Os meios de pagamento ($PMPP + DV_{BC}$) são ativos com plena liquidez, isto é, desempenham sua plenitude a função reserva de valor e podem, em qualquer momento, liquidar dívidas estabelecidas em contratos formais ou obrigações advindas de transações realizadas em mercados à vista. Todo ativo que possui essas características especiais é considerado moeda. A liquidez, portanto, é o atributo que qualquer ativo possui, em maior ou menor grau de (i) conservar valor ao longo tempo e (ii) ser capaz de liquidar dívidas. (Carvalho, 2000, p. 8)*

Ativos plenamente líquidos compreendem moeda e demais ativos que possam ser convertidos em moeda com rapidez e a uma taxa de conversão fixa e conhecida. Dessa forma, ativos plenamente líquidos são todos aqueles itens que são reserva de valor e que podem ser utilizados para executar obrigações contratuais e realizar transações à vista. Os ativos de liquidez imediata são o papel-moeda emitido pelo Banco Central em poder do público e os depósitos à vista no sistema bancário.

No Brasil, no período de inflação elevada, as aplicações financeiras tinham liquidez diária ou imediata: depósitos no *overnight*, fundos de aplicação financeira, fundos de curto prazo etc. Esses ativos financeiros, que rendem juros e são de alta liquidez, constituem-se em "quase-moedas". A chegada das quase-moedas levou a novos conceitos de agregados monetários, cuja diferença decorre do grau de liquidez dos ativos considerados. Para o Brasil, os agregados utilizados são:

- M1 = papel-moeda em poder do público (PP) + depósitos à vista (DV)
- M2 = M1 + depósitos especiais remunerados + depósitos de poupança + títulos emitidos por instituições depositárias
- M3 = M2 + quotas de fundo de renda fixa + operações compromissadas registradas no Selic
- M4 = M3 + títulos públicos de alta liquidez.

Subjetivamente, cada um desses diferentes agregados tem liquidez diferente, ou seja, capacidade diferente para transformar-se em moeda para realizar transações com bens e serviços; ao mesmo tempo, há um maior rendimento, conforme a perda de liquidez (Lopes; Vasconcellos, 2008).

Quadro 1.5 – Meios de pagamento (2008)

Período		M3				M4		
		Quotas de fundos de renda fixa	Operações compromissadas com títulos federais 6	Operações compromissadas com títulos privados 7	Total	Títulos federais 8	Total	Haveres de não residentes 9
2016	dez.	2.415.675	174.992	333.838	5.370.571	461.307	5.831.878	462.321
2017	dez.	2.896.876	92.203	199.580	5.770.355	456.154	6.226.509	472.132
2018	jan.	2.971.930	103.741	158.869	5.774.735	432.187	6.206.922	457.608
	fev.	2.987.768	112.221	144.548	5.800.302	426.159	6.225.461	465.161
	mar	3.005.998	103.715	138.257	5.858.215	427.631	6.285.846	455.970
	abr.	3.017.060	113.603	121.436	5.862.419	439.294	6.301.712	484.820
	maio	3.015.124	104.951	118.827	5.875.958	517.689	6.393.647	473.967
	jun.	3.015.551	115.269	119.429	5.849.146	538.762	6.387.908	474.747
	jul.	3.043.140	115.521	106.286	5.951.207	521.469	6.472.676	500.236
	ago.	3.089.483	136.157	107.790	6.048.314	530.873	6.579.186	479.311

R$ milhões

Fonte: Elaborado com base em BCB (2018).

Operações compromissadas com títulos federais 6: referem-se a títulos federais adquiridos pelos residentes no país do setor não financeiro em operações compromissadas.

Operações compromissadas com títulos privados 7: referem-se a títulos privados adquiridos pelos residentes no país do setor não financeiro em operações compromissadas.

Títulos federais 8: incluem títulos do Tesouro Nacional em poder dos residentes no país do setor não financeiro, adquiridos em operações definitivas.

Haveres de não residentes 9: incluem ativos de meios de pagamentos amplos adquiridos por não residentes (depósitos a prazo, cotas de fundos, títulos federais), os quais foram excluídos da apuração dos agregados ampliados.

Fonte: Elaborado com base em BCB (2018).

Esse quadro apresenta os meios de pagamento M3 e M4. No agregado M3, temos os fundos de investimento com características de fundos do mercado monetário, que buscam taxas de retorno próximas àquelas negociadas nas operações de mercado aberto, cujas cotas podem ser resgatadas no curto prazo. No agregado M4, além das entidades depositárias do M3, temos o Governo Federal como emissor de títulos públicos de elevada liquidez. Na última coluna, são apresentados os saldos totais dos títulos privados e públicos federais e de cotas de fundos monetários emitidos no mercado doméstico e adquiridos por não residentes, excluídos dos componentes do M4 na presente metodologia.

Para saber mais

Você sabia que houve uma nova revisão metodológica das estatísticas de meios de pagamento e apuração dos agregados monetários no Brasil divulgados a partir de agosto de 2018 com as novas séries revisadas retroagindo a dezembro de 2001?

Essas novas informações estão, na íntegra, na Nota Técnica do Banco Central do Brasil n. 48, de novembro de 2018, Brasília, elaborada pela Divisão Monetária e Bancária (Dimob) do Departamento de Estatísticas (Dstat). Você pode buscar mais informações sobre o assunto neste *link*: <https://www.bcb.gov.br/content/publicacoes/notastecnicas/NT%20 48_Dstat_Dimob_novembro_2018.pdf>. Acesso em: 26 jun. 2021.

1.8 Demanda por moeda

Comecemos o entendimento da moeda pelos economistas clássicos, pensadores econômicos que defendiam ideias liberais desde a segunda metade do século XVIII, entre eles Adam Smith, David Ricardo e Jean Batiste Say.

Uma das causas da demanda por moeda foi a imprevisibilidade de algumas despesas que podem ocorrer tanto por indivíduos quanto por empresas, podendo ocasionar gastos não programáveis ou até mesmo adversidades, exigindo a retenção de moeda manual (Lopes; Rosseti, 1998).

1.8.1 Razões para demandas individuais

Os economistas clássicos apontam dois motivos para explicar esse comportamento. O primeiro diz respeito ao fato de os indivíduos e as firmas optarem por moeda manual em razão de que o período entre os fluxos de recebimento e pagamento não coincidem, o que faz com que tomem essa decisão a fim de quitar compromissos gerados no passado ou de realizar transações correntes. O segundo refere-se à moeda como estoque de riqueza, uma vez que a demanda por moeda seria proporcional à renda, ou seja, maior seu estoque de ativos, entre os quais a moeda (Lopes; Rosseti, 1998).

1.8.2 Demanda da moeda

Para John Maynard Keynes, os motivos da demanda por moeda eram três:

1. **Motivo transação**: em sua Teoria Geral, Keynes dividiu em dois motivos, a saber, motivos renda e motivo giro de negócios. Com relação à renda, pode ocorrer a necessidade de conservar ativos líquidos para ter a segurança entre a transição do recebimento e os desembolsos, o principal motivo seria a quantidade de renda. Já o giro de negócios é muito parecido com o primeiro, apenas não há mais as necessidades do indivíduo, e sim das firmas, o intervalo de compra de insumos e remunerações de fatores e as entradas de caixas consequência das vendas. Essa necessidade de ativos teria uma variação de acordo com o saldo líquido do caixa, ou seja, para fins transacionais.

2. **Motivo precaução**: deve-se às despesas extraordinárias e incertas, sem a possibilidade de se saber quando ocorrerão certos tipos de gastos inexoráveis que levam tanto os indivíduos quanto as firmas a reter saldos monetários líquidos para sanar tais imprevistos.

3. **Motivo especulação**: para enunciar os motivos precedentes, Keynes se inspirou nos autores clássicos, e esse terceiro motivo é uma criação exclusivamente keynesiana. O autor acreditava que é irracional manter ativos monetários para a justificativa de oportunidades especulativas, desde que haja motivos para acreditar que mudanças a seu favor serão obtidas em relação a preços do título ou futuras taxas de juros (Lopes; Rosseti, 1998).

Figura 1.4 – Função *demanda por moeda motivo especulação*

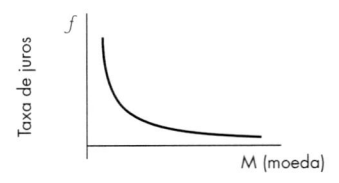

Fonte: Elaborada com base em Lopes; Rosseti (1998).

1.8.3 Contribuição de James Tobin em relação à demanda de moeda

A demanda por moeda para especulação, segundo Keynes, pode estar exposta a alguns ajustes. As três críticas, na versão keynesiana, são:

- A escolha da maior parte das pessoas talvez não fosse uma dualidade, mas uma combinação de moedas e títulos. Assim, é possível assumir que, conforme os riscos envolvidos, um misto de ativos monetários e não monetários é o que, na realidade, maximiza a satisfação do agente.
- Se a taxa de juros permanecer por um prazo relativamente longo, pode desaparecer o motivo especulativo da demanda por moeda, visto que o que era esperado seria uma diferença na taxa de juros, mas, se isso não ocorrer, o motivo especulação deixa de existir.
- A incerteza deixa existir, uma vez que os agentes econômicos parecem agir como se tivessem certeza do futuro.

Vejamos agora as contribuições de Tobin:

- Assim como Keynes, o retorno total dos títulos resulta da soma da taxa de juros mais o ganho de capital. Tobin identificou o desvio-padrão da distribuição dos ganhos prováveis de capital como risco inerente à aquisição do título.
- Os agentes econômicos somente estarão dispostos a aceitar os riscos se receberem um retorno total maior.
- As preferências dos agentes econômicos expressam suas preferências por meio de um conjunto de curvas de indiferença entre retorno total e risco assumido.
- Os agentes econômicos terão a satisfação maximizada quando a combinação do retorno do risco ocorrer no ponto em que uma de suas curvas de indiferença é tangenciada pela linha equivalente à restrição orçamentária.

1.8.4 Demanda por moeda

Milton Friedman derivou a curva de demanda de moeda, resultado da junção de duas demandas distintas à demanda das unidades familiares e das empresas. Vejamos, a seguir, cada uma delas.

A demanda de moedas pelas famílias é a função das variáveis:

- Riqueza total, derivada da soma da riqueza humana e da não humana.
- Proporção da riqueza humana sobre a da natureza não humana (material).
- Custo de oportunidade de permanência de ativos monetários (renda fixa, taxa esperada de inflação).
- Outros fatores econômicos e não econômicos de natureza institucional, oriundos do processo de desenvolvimento histórico das economias nacionais ou dos fatores puramente conjunturais com interferência momentânea nas preferências das famílias.

A demanda de moedas pelas empresas:

- **Diferenças**: para as famílias, a moeda é como uma espécie de disponibilidade líquida que integra a carteira de ativos financeiros, e para as empresas, as moedas são elementos que interagem com seus fatores de produção.
  - Não foi encontrado um indicador com o significado de riqueza total para as famílias e para as empresas.
- **Semelhanças**: para ambas, a moeda é um bem que serve de reservatório temporal de poder de compra.
  - Ambas reagem às variações das taxas de retorno dos ativos financeiros; entre as variações, a taxa de juros é mais relevante para as empresas. No entanto, quando sobe a taxa de juros tem impacto em ambas no sentido de reduzir empréstimos de curto e longo prazo, interferindo na demanda por moedas.
  - Ambas reagem à variação de preços, o aumento de preço leva as empresas a reduzir seus encaixes monetários por estoques reais.

> **Perguntas & respostas**
>
> 1. O que é riqueza humana e riqueza não humana?
>
> Podemos afirmar que a riqueza humana vem do trabalho, ocorre pelo valor pessoal de um indivíduo quando este é colocado à disposição do processo social de produção. Essa riqueza é a do tipo que gera renda e, consequentemente, riqueza. O trabalho, como fator de produção, independentemente do trabalho realizado, é um processo social. Já a riqueza não humana, ou material, é constituída por ativos financeiros de renda fixa e variável, estoque de moeda e pelo acúmulo de bens físicos que o indivíduo possua ou a família.

1.9 Oferta da moeda

A oferta de moeda é um elemento institucional subordinado ao controle das autoridades monetárias, por meio da política monetária de cada país. Assim, a moeda é percebida como uma variável exógena. No entanto, essa percepção não é unânime, podendo ser considerada por alguns estudiosos como variável endógena.

1.9.1 Conceito e medição da oferta da moeda

Os últimos séculos assistiram a duas importantes inovações em relação à moeda, representadas pela criação do papel-moeda e da moeda escritural. O papel-moeda surgiu aos poucos no sistema econômico como certificado de depósitos em banco comerciais, depois como um certificado transferível (moeda-papel) e, por último, como um certificado inconversível, que é o próprio papel-moeda. A moeda passa a ser não apenas uma intermediária de troca, mas também meio de aquisição de outros bens. Dessa forma, é absolutamente desnecessário qualquer valor pelo seu uso direto, tendo ganho um diferencial muito mais do que o ouro ou a prata e dos metais preciosos, que tinham valor indireto, apenas com valor de troca.

1.9.2 Como o Banco Central influencia na oferta da moeda

O Banco Central regula a moeda e o crédito, uma vez que este é seu objetivo. Essa regulação está alinhada com a meta da inflação determinada pela autoridade monetária. Seguem as funções do Bacen:

- **Banco emissor**: tem o monopólio das emissões de moeda e também a emissão das moedas é de sua responsabilidade.
- **Banco dos bancos**: empresta aos demais bancos o redesconto bancário. Trata-se, portanto, de órgão em que os bancos depositam seus fundos e realizam as transferências em fundos de um banco para outro.
- **Banco do governo**: realiza operações de mercado, uma vez que emite e realiza operações com os títulos do governo ao público; é por meio do Bacen que o governo implementa a política monetária.
- **Banco depositário das reservas internacionais**: é o responsável pela da administração do câmbio e das reservas de divisas internacionais do país.
- **Conselho Monetário Nacional**: além das funções citadas, executa a política de preços mínimos na agricultura e funciona como típico banco comercial.

1.9.3 A oferta da moeda sistema de reserva fracionada

A oferta da moeda sob a proteção do sistema monetário de reserva fracionada, sendo as três variáveis exógenas:

1. **Base monetária**: é controlada diretamente pelo Bacen (B) e significa o número total de moedas em poder do público sob a forma de moeda manual (C) em poder dos bancos sob a forma de reservas (R).
2. **Determinação do depósito compulsório**: é a fração de depósitos que os bancos mantêm sob a forma de reserva. Segue a política comercial ditada pelo Bacen e pelas leis que regulamentam o sistema bancário.

3. **A proporção entre moeda corrente e depósitos**: é a quantidade de moeda corrente (C) que as pessoas retêm como uma fração de seus ativos em depósitos à vista (D). Reflete as preferências das famílias em relação à forma de moeda que desejam manter (Mankiw, 2010).

1.9.4 Como o banco central muda a base monetária

As operações de mercado aberto (*open market*) são as operações de compras e vendas de títulos do governo pelo Banco Central. Quando o Bacen recompra títulos do governo em poder do público, a quantidade de moeda corrente que paga por esses títulos aumenta a base monetária e, com isso, aumenta a oferta monetária (Vasconcellos, 2011).

Quando o Banco Central vende títulos do governo para o público, a quantidade de moeda corrente recebida por ele reduz a base monetária e, com isso, diminui a oferta monetária. As operações de mercado aberto consistem no instrumento de política econômica que o Banco Central utiliza com maior regularidade, realizando-as nos mercados de títulos quase diariamente.

O Banco Central também pode alterar a base monetária e a oferta monetária emprestando reservas aos bancos. Estes contratam empréstimos junto ao Banco Central quando acreditam não ter reservas suficientes, seja para satisfazer os reguladores bancários, seja para honrar os saques dos depositantes, entre outras necessidades comercias (Vasconcellos, 2011).

Quando o Banco Central disponibiliza um empréstimo a um banco que está em dificuldade de obter fundos de outra fonte, diz-se que ele é o emprestador de última instância. Os bancos podem pedir empréstimos junto ao Banco Central de diversas formas. Usualmente, os bancos obtêm empréstimo mediante redesconto do Banco Central.

A taxa de redesconto é a taxa de juros que o Banco Central cobra quando concede empréstimos aos outros bancos. Quanto menor a taxa de redesconto, mais baratas são as reservas tomadas a título de empréstimo e maior o volume de empréstimos aos quais os bancos recorrem.

Consequentemente, uma redução na taxa de redesconto eleva a base monetária e a oferta monetária (Vasconcellos, 2011).

Exercício resolvido

A moeda passou por um longo caminho até que houvesse sua regulação. Este é o papel do Banco Central: regular a moeda e o crédito. Essa regulação está alinhada com meta da inflação determinada pela autoridade monetária. Assinale a alternativa que justifica essa regulação:

a. Banco Central realiza essa regulação, uma vez que ele tem o papel de multiplicador de moedas.
b. Banco Central realiza essa regulação, uma vez que é emissor de moeda e detém o monopólio das emissões de moedas.
c. Banco Central realiza essa regulação, uma vez ele somente faz a emissão de moedas metálicas.
d. Banco Central realiza essa regulação, uma vez que ele retira de circulação as moedas que estão sujas e rasgadas de circulação.

Resposta: b.

Comentário: Entre as muitas funções do Banco Central está a regulação. Como esse órgão é emissor de moeda e detentor do monopólio das emissões de moedas, cabe a ele regular sua circulação.

Síntese

- A primeira moeda a ser usada pelo homem primitivo foi o escambo, isto é, a troca de um produto pelo outro. A moeda de troca já foi cereal, sal, conchinha do mar, ferro, ouro, prata e vários outros metais. A dificuldade de carregar tais materiais e o risco de roubo fizeram com que surgisse a moeda-papel com garantia de 100% de conversibilidade pelas casas de custódias.

- O Banco do Brasil foi o primeiro banco brasileiro e teve dois inícios, tendo em vista a dificuldade dos governantes em conseguir levar adiante o lastro de metais com a moeda papel.
- É possível a criação de moeda. Isso acontece com o dinheiro do correntista que está de posse do banco e não será usado como moeda manual por todos os correntistas ao mesmo tempo, o que permite às instituições bancárias e bancos comerciais criar moeda, uma vez que emprestam moedas-fantasma ao realizar uma operação meramente contábil em seu balancete.
- As moedas oficiais dos países têm três funções: a função meio de troca, cujo objetivo é intermediar mercadorias ou serviços, a função unidade de conta instrumento, pela qual as mercadorias são trocadas e, por último, a reserva de valor, que é o modelo de compra que se mantém no tempo.
- A moeda tem a maior liquidez, uma vez que pode saldar dívidas e realizar compras sem a necessidade de espera para que ela tenha valor de compra ou de troca.
- O Banco Central tem algumas funções intrínsecas, entre as quais ser o emissor de papel-moeda e o controlador da liquidez da economia; ser o banco dos bancos, ser o regulador do sistema financeiro e o depositário de reservas internacionais do país. A função de emprestador, em última instância, é uma função decorrente da posição de banqueiro dos bancos.
- John Maynard Keynes desenvolveu sua teoria da preferência pela liquidez como uma teoria alternativa à tradição clássica, pois o indivíduo pode escolher pela especulação esperando uma taxa de juros que possa lhe gerar mais moedas.
- Há diferenças nas premissas seguidas por Keynes e James Tobin. Enquanto Keynes definiu a demanda pela precaução e especulação em função da existência de incerteza quanto ao futuro, no modelo de composição de carteira de Tobin, os agentes passam a agir em função de um risco mensurável.
- Milton Friedman derivou a curva de demanda de moeda, fazendo-a resultar da junção de duas demandas distintas das unidades familiares e das empresas.

Sistema financeiro

Conteúdos do capítulo:

- Sistema financeiro.
- Banco Central.
- Política monetária.
- Moeda e inflação.

Após o estudo deste capítulo, você será capaz de:

1. compreender o sistema monetário e a interferência no mercado financeiro;
2. identificar as funções dos Bancos Centrais;
3. reconhecer as diversas formas de controle do sistema financeiro;
4. entender a influência da moeda na inflação.

capítulo 2

O sistema financeiro – interativo e complexo – trata tanto de reivindicações sobre bens e serviços futuros quanto da alocação dos riscos associados a essas reivindicações. Preocupa-se com as decisões tomadas por investidores, empresas e instituições financeiras e com a regulamentação dessas instituições.

O sistema financeiro desempenha um papel vital na economia e no desenvolvimento de um país. Esse sistema incentiva a economia e o investimento, cria ligações entre poupadores e investidores, facilita a expansão dos mercados financeiros e ajuda no aprofundamento e na ampliação financeira. O sistema financeiro acelera a taxa e o volume de economia por meio da provisão de vários instrumentos financeiros e da mobilização eficiente de poupança. Um sistema financeiro é composto por instituições, serviços, mercados e instrumentos financeiros.

Tais constituintes estão intimamente relacionados e funcionam em conjunção uns com os outros. Auxiliam no aumento da produção nacional do país fornecendo os fundos aos clientes corporativos para expandir os respectivos negócios. Também protegem os interesses dos investidores e garantem transições financeiras suaves por meio dos órgãos reguladores.

2.1 Sistema financeiro

Um sistema financeiro refere-se a um sistema que permite a transferência de dinheiro entre investidores e devedores. Um sistema financeiro pode ser definido em âmbito internacional, regional ou organizacional. Quando diz respeito ao "sistema financeiro", o termo *sistema* indica um grupo de instituições, agentes, procedimentos, mercados, transações, reivindicações e passivos complexos e intimamente ligados dentro de uma economia.

O sistema financeiro transfere recursos de credores para tomadores de empréstimos e transfere os riscos daqueles que desejam evitá-los para aqueles que desejam assumi-los. É um sistema interativo e complexo, pois eventos em um componente podem repercutir significativamente em outros lugares. Existem também interações complexas entre as transações financeiras e outras formas de atividade econômica, isso porque o mau funcionamento do sistema financeiro pode causar consequências desastrosas na economia e vice-versa. O sistema evoluiu por adaptação e inovação, e a conduta de seus participantes é modificada de tempos em tempos por regulamentos concebidos para preservar sua estabilidade.

Em suma, a **função do sistema financeiro** é transferir recursos daqueles que os possuem, mas não desejam usá-los, para aqueles que desejam usá-los, mas não os possuem; e transferir o risco daqueles que desejam limitar sua exposição a ele para aqueles que desejam aceitá-lo (Martins, 2013).

2.1.1 Sistema Financeiro Nacional (SFN)

O Sistema Financeiro Nacional (SFN) está estruturado em três funções: **regulatória**, **fiscalizadora** e **operacional**: na primeira delas, os **entes reguladores** estabelecem as políticas e as regras gerais para o bom funcionamento da parte do SFN em seu âmbito; na segunda, as **entidades de supervisão** trabalham para garantir que os operadores sigam as regras dos órgãos reguladores e podem emitir regulamentação subsidiária;

já na terceira, os **operadores** do SFN são instituições intermediárias que prestam serviços financeiros ao público e instituições auxiliares que prestam os serviços necessários às atividades do SFN.

São três os **quadros regulatórios**, ou **órgãos normativos**, do SFN: o Conselho Monetário Nacional (CMN), o Conselho Nacional de Seguros Privados (CNSP) e o Conselho Nacional de Previdência Complementar (CNPC).

Conselho Monetário Nacional e Banco Central

O objetivo do Conselho Monetário Nacional (CMN) é promover o progresso econômico e social do país, por meio da definição das diretrizes das políticas monetária, de crédito e cambial. Como órgão de coordenação da política macroeconômica do governo federal, o CMN estabelece a meta de inflação, as diretrizes da política cambial e a regulamentação geral das atividades financeiras sob seu âmbito. Órgão máximo do SFN, o CMN foi criado em 1964 pela Lei n. 4.595, de 31 de dezembro de 1964 ("Lei da Reforma Bancária"), substituindo o antigo órgão conhecido como Superintendência da Moeda e do Crédito (Sumoc). Naquela época, o sistema financeiro passou por profundas mudanças estruturais e regulatórias (Farias, 2011).

O **objetivo estatutário do CMN** é definir políticas monetárias e de crédito voltadas para o crescimento econômico e o progresso social. As políticas do CMN buscam os seguintes objetivos:

- *Adequar o volume dos meios de pagamento às necessidades da economia;*
- *Regular o valor da moeda e o equilíbrio da balança de pagamentos;*
- *Definir diretrizes para a aplicação de recursos de instituições financeiras;*
- *Capacitar instituições financeiras e instrumentos financeiros para melhorar;*
- *Garantir a liquidez e solvência das instituições financeiras;*
- *Coordenar as políticas monetária, de crédito, orçamentária, bem como as políticas de dívida pública interna e externa. (Martins, 2013, p. 11)*

Conselho Nacional de Seguros Privados (CNSP)

O CNSP é o conselho de política do mercado segurador. Foi criado pelo Decreto-Lei n. 73, de 21 de novembro de 1966. Inicialmente, tinha como objetivo definir as políticas gerais do governo relativas aos seguros privados e capitalização. Mais tarde, os planos de previdência privada abertos também passaram a ser abrangidos por ela. As **responsabilidades** do CNSP incluem:

- *Definição de políticas e diretrizes gerais para seguros privados;*
- *Regulamentar a constituição, organização, funcionamento, fiscalização e sancionamento dos que operam no Sistema Nacional de Seguros Privados;*
- *Definir as características básicas dos contratos de seguros, previdência e capitalização;*
- *Estabelecer critérios para constituição de sociedades seguradoras e sociedades abertas de previdência complementar, determinando limites técnicos e legais de sua atuação. (Farias, 2011, p. 10)*

Conselho Nacional de Previdência Complementar (CNPC)

O CNPC regulamenta os planos de previdência complementar operados pelas chamadas *entidades fechadas de previdência complementar* (fundos de pensão) (Farias, 2011).

2.2 Entidades de supervisão

A entidades de supervisão do sistema financeiro tem o poder de supervisionar, sendo o Banco Central (BCB) a mais importante. A seguir, veremos quais são essas entidades e qual é o papel de cada uma.

2.2.1. Banco Central do Brasil (BCB)

O Banco Central do Brasil foi criado em 1964 por meio da Lei da Reforma Bancária (Lei n. 4.595/1964), mesmo estatuto que criou o Conselho Monetário Nacional.

Sua principal **missão** institucional é manter o poder de compra da moeda e a solidez do SFN.

De acordo com Farias (2001), as **responsabilidades** do BCB incluem:

- execução da política monetária por meio de títulos do tesouro nacional;
- determinação da taxa de referência (conhecida como *Selic*) para acordos de recompra de um dia;
- controle das operações de crédito realizadas pelas instituições integrantes do SFN;
- formular, executar e acompanhar a política cambial e a política de relações financeiras com o exterior;
- fiscalização de bancos comerciais;
- impressão de papel-moeda;
- atender à demanda de dinheiro necessária às atividades econômicas;
- manter os níveis de preços (inflação) sob controle;
- manter o controle da expansão cambial e do crédito e da taxa de juros;
- atuar no mercado de redesconto e mercado aberto e monitorar os depósitos compulsórios dos bancos;
- executar o sistema de metas de inflação;
- divulgar as deliberações do Conselho Monetário Nacional;
- manter ativos em ouro e moeda estrangeira para operar nos mercados de câmbio;
- gerir as reservas internacionais do Brasil;
- assegurar que as instituições financeiras sejam líquidas e solventes;
- autorizar o funcionamento de instituições financeiras.

2.2.2 Comissão de Valores Mobiliários (CVM)

A CVM foi criada em 7 de dezembro de 1976 pela Lei n. 6.385 para fiscalizar e desenvolver o mercado de valores mobiliários no Brasil. É um órgão independente, vinculado ao Ministério da Fazenda, mas não subordinado a ele.

Visando fortalecer sua autonomia e seus poderes de fiscalização, a Lei n. 10.411, de 26 de fevereiro de 2002, em seu art. 5º, transformou a CVM em:

> *autarquia especial, sujeita a regime especial, vinculada ao Ministério da Fazenda, com patrimônio próprio, administrativa autônoma autoridade, sem subordinação hierárquica, com prazo determinado e estabilidade de sua diretoria, e autonomia financeira e orçamentária [...]. (Brasil, 2002)*

É administrado pelo Conselho de Comissários, composto pelo presidente da República e por quatro conselheiros, indicados pelo presidente e aprovados pelo Senado Federal. Seus membros cumprem mandato de cinco anos escalonados, do qual só podem ser destituídos "por renúncia, condenação judicial transitada em julgado ou procedimento administrativo disciplinar" (Brasil, 2002, art. 6º, §2).

As responsabilidades estatutárias da CVM incluem:

- *Garantir que as bolsas de valores, bolsas de mercadorias e futuros e mercados Over-The-Counter (OTC) operem de maneira eficiente;*
- *Proteger os investidores contra a emissão irregular de valores mobiliários e ações ilegais por parte de gestores de empresas públicas e gestores de carteira;*
- *Combater esquemas de fraude ou manipulação que criem condições artificiais de demanda, oferta ou preços de valores mobiliários;*
- *Garantir o adequado acesso do público às informações sobre a negociação de valores mobiliários e seus emissores;*
- *Garantir práticas equitativas no mercado de valores mobiliários;*
- *Zelar para que as condições de utilização do crédito fixadas pelo Conselho Monetário Nacional sejam atendidas no mercado de valores mobiliários;*
- *Cadastrar e fiscalizar auditores independentes, gestores de carteira, agentes vinculados, consultores e analistas de valores mobiliários, entre outros, fazendo cumprir a regulamentação aplicável;*
- *Supervisionar e fiscalizar as companhias abertas e fundos de investimento, fazendo cumprir a regulamentação aplicável;*

- Investigar, por meio de inquéritos administrativos, atos ilícitos e práticas não equitativas de gestores de companhias abertas e demais participantes do mercado, aplicando as penalidades previstas em lei. *(Farias, 2011, p. 8)*

Ao lado do CMN está a Comissão Técnica da Moeda e do Crédito (Comoc), que tem como atribuições a assessoria técnica na formulação de políticas monetárias e de crédito. Outras comissões consultivas, em segmentos específicos de mercado, também operam no CMN.

Duas autoridades de supervisão estão vinculadas ao CMN: o Banco Central do Brasil e a Comissão de Valores Mobiliários (CVM). O Banco Central deve zelar pelo cumprimento da regulamentação do CMN, conduzindo as políticas monetária, de crédito e cambial, bem como monitorando e supervisionando as instituições financeiras sob sua jurisdição. O Banco Central é responsável apenas pela fiscalização das empresas e entidades identificadas em legislação, que expressamente outorga essa competência à instituição (Farias, 2011).

2.2.3 Conselho de Recursos do Sistema Financeiro Nacional (CRSFN)

O CRSFN é órgão colegiado do Ministério da Economia, juiz administrativo de última instância das sanções aplicadas pelo Banco Central e pela CVM. Adicionalmente, o CRSFN julga as sanções aplicadas em processos relacionados à lavagem de dinheiro pelo Conselho de Controle de Atividades Financeiras (Coaf) e demais órgãos competentes (Farias, 2011).

2.2.4 Superintendência de Seguros Privados (Susep)

A Susep foi criada em 1966 pelo Decreto-Lei n. 73, que também instituiu o CNSP, com o objetivo estatutário de fiscalizar as entidades participantes nos seguintes mercados: seguros, capitalização, previdência social aberta e resseguro. É um órgão vinculado ao Ministério da Fazenda e administrado por um conselho diretor, composto por um superintendente e por quatro diretores (Farias, 2011).

Suas principais responsabilidades são:

- *Executar as políticas do CNSP fiscalizando a constituição, organização, funcionamento de seguradoras, sociedades de capitalização, entidades abertas de previdência e resseguradoras;*
- *Proteger os fundos das pessoas investidos em seguros e outras atividades acima mencionadas;*
- *Proteger os interesses dos consumidores nos referidos mercados;*
- *Promover o aprimoramento das instituições e instrumentos dentro dos referidos mercados;*
- *Promover a estabilidade dos referidos mercados;*
- *Assegurar que as entidades nesses mercados são líquidas e solventes;*
- *Acompanhar e fiscalizar os investimentos realizados pelas entidades acima referidas, nomeadamente as que sirvam de garantia às provisões técnicas;*
- *Executar as atividades determinadas pelo CNSP e fazer cumprir suas deliberações;*
- *Funcionar como Secretaria do CNSP. (Farias, 2011, p. 10)*

2.2.5 Superintendência de Previdência Complementar (Previc)

A Previc é um órgão governamental vinculado ao Ministério da Previdência Social, responsável pela fiscalização das entidades fechadas de previdência complementar (fundos de pensão) e pela execução das políticas estabelecidas para a previdência complementar.

2.3 Operadores

São chamados *operadores* os responsáveis pela captação, intermediação e aplicação de recursos no SFN, como veremos a seguir.

2.3.1 Banco do Brasil (BB)

O BB é o banco comercial mais antigo do Brasil, tendo sido criado em 12 de outubro de 1808 pelo Príncipe D. João, que mais tarde se tornou o Rei D. João VI de Portugal. É uma empresa estatal e está listada na BM & FBOVESPA. O BB também atua como agente financeiro do Governo Federal e é o principal executor das políticas de crédito rural e industrial. Hoje ele se assemelha a um banco universal tradicional (Farias, 2011).

2.3.2 Banco Nacional de Desenvolvimento Econômico e Social (BNDES)

O BNDES foi criado em 1952, como autarquia federal, e hoje é uma empresa estatal vinculada ao Ministério do Planejamento. É responsável pelas políticas de investimento de longo prazo que o Governo Federal considera necessárias para fortalecer o setor privado.

Visando ao fortalecimento da estrutura de capital das empresas privadas e ao desenvolvimento do mercado de capitais, o BNDES oferece linhas de financiamento de longo prazo a custos competitivos para o desenvolvimento de projetos de investimento e para a comercialização de novas máquinas e equipamentos fabricados no Brasil, bem como para incrementar as exportações brasileiras (Farias, 2011).

Os empréstimos são concedidos com recursos próprios do BNDES, empréstimos e doações de entidades nacionais e estrangeiras e de entidades internacionais, como o Banco Interamericano de Desenvolvimento (BID). Parte dos recursos do Programa de Integração Social (PIS) e do Programa de Formação do Patrimônio do Servidor Público (Pasep), programas do governo brasileiro para trabalhadores, financiados por empresas, também são utilizados.

O BNDES tem duas subsidiárias: Financiamento de Máquinas e Equipamentos (Finame) e BNDES Participações (BNDESPAR), criadas com o objetivo de financiar a comercialização de máquinas e equipamentos e viabilizar a subscrição de títulos no mercado de capitais brasileiro, respectivamente. Juntas, as três empresas integram o chamado *Sistema BNDES* (Farias, 2011).

Preste atenção!

O Finame serve para compra de máquinas e equipamentos no exterior para sua empresa com uma taxa de juros, prazos, período de carência e garantia diferenciada para cada tipo de negócio.

2.3.3 Caixa Econômica Federal (CEF)

A CEF foi criada em 12 de janeiro de 1861, por D. Pedro II com o objetivo de incentivar a poupança e conceder créditos penhorados. É uma instituição financeira 100% estatal, responsável pela operacionalização das políticas do Governo Federal de habitação popular, saneamento básico e infraestrutura.

Além das atividades usuais de banco comercial, a Caixa atende trabalhadores, por meio do pagamento do Fundo de Garantia por Tempo de Serviço (FGTS), do PIS e do programa de seguro-desemprego, bem como os beneficiários de programas sociais do governo. Também administra loterias federais (Farias, 2011).

2.4 Outras instituições financeiras

Além das instituições dos governos, há outras instituições que influenciam o SFN, como veremos a seguir.

2.4.1 Instituições financeiras monetárias

São as instituições autorizadas a manter depósitos em conta corrente de clientes. As atuais categorias de autorização incluem bancos comerciais, bancos universais com atividade comercial, Caixa e cooperativas de crédito (Farias, 2011).

Incluem, ainda, as instituições não autorizadas a manter depósitos em conta corrente de clientes, tais como:

- *Agências estaduais de desenvolvimento;*
- *Associações de poupança e empréstimos;*
- *Bancos de câmbio;*

- *Bancos de desenvolvimento;*
- *Bancos de investimento;*
- *Empresas hipotecárias;*
- *Cooperativas centrais de crédito;*
- *Empresas de Crédito Imobiliário;*
- *Empresas de Crédito, Financiamento e Investimento;*
- *Empresas de crédito para microempresas;*
- *Outros intermediários financeiros. (Martins, 2013, p. 7)*

2.4.2 Instituições suplementares

As entidades que administram os mercados organizados de valores mobiliários no Brasil são consideradas complementares ao SFN. Esses mercados incluem bolsas de valores, *commodities* ou futuros e mercados OTC organizados. Além dessas entidades, englobam seguradoras, sociedades de capitalização, fundos de pensões e planos de pensões privados abertos.

Cabe salientar que **consórcio** é entendido como mecanismo de financiamento destinado à aquisição de determinados bens a prazo (por exemplo, eletrodomésticos, automóveis, imóveis) em que a posse do bem ocorre após sorteios periódicos ao longo do prazo de financiamento. O acaso determinará se a posse é concedida no início ou no final desse período (Carvalho, 2000).

2.4.3 Sistema Especial de Liquidação e de Custódia (Selic)

O Selic é o depositário central dos títulos da dívida pública federal interna de emissão do Tesouro Nacional e, como tal, é responsável por processar a emissão, o resgate, o pagamento dos juros e a custódia desses títulos. É também um sistema eletrônico que processa o registro e a liquidação financeira das operações realizadas com esses títulos, garantindo segurança, agilidade e transparência aos negócios. Entre eles, os títulos custodiados pelo Selic, sendo os principais: LFT, LTN, NTN-B Principal (Notas do Tesouro Nacional – Série B – Principal), NTN-B (Notas do Tesouro Nacional – Série B) e, por último, NTN-F (Notas do Tesouro Nacional – Série F). A seguir, vejamos dois desses cinco títulos.

Letras Financeiras do Tesouro (LFT)

A rentabilidade desse título está indexada à Taxa Selic e tem um fluxo de pagamentos simples, isto é, o investidor realiza a aplicação e vai receber o valor investido acrescido da rentabilidade na data de vencimento do título, somado ao ágio ou deságio, se houver, no momento da compra.

Letras do Tesouro Nacional (LTN)

Esse título tem a rentabilidade prefixada, isto é, sua rentabilidade é definida no momento da compra já calculada a data do resgate. A rentabilidade é auferida entre a diferença do preço de compra e seu valor nominal, também conhecida como *deságio do título* (Farias, 2011).

Perguntas & respostas

1. Qual a influência da Taxa Selic nos negócios do Brasil?

A Taxa Selic influencia os negócios no Brasil, uma vez que é por meio dela que o Governo consegue regular a inflação, estimulando ou não o consumo no mercado brasileiro. Se a Taxa Selic estiver baixa, o objetivo é que haja uma impulsão nas compras; se estiver alta, a influência é no sentido de retração no consumo por parte das famílias e das empresas, já que ela regula a taxa de juros para cima ou para baixo.

2.5 Segmentos do sistema financeiro

No que diz respeito às suas finalidades e às instituições que as praticam, de acordo com Farias (2011), as operações do sistema financeiro podem ser agregadas em cinco grandes mercados. Vejamos cada um deles a seguir.

2.5.1 Mercado monetário

Nesse segmento, são realizadas as operações de curtíssimo prazo com a finalidade de suprir as necessidades de caixa dos diversos agentes econômicos, entre os quais se incluem as instituições financeiras (Farias, 2011).

A oferta de liquidez é afetada pelas operações que sensibilizam as reservas bancárias que os bancos mantêm no Banco Central, por meio de operações de mercado aberto, para evitar flutuações muito acentuadas na liquidez bancária. Por exemplo: fundos de curto prazo, *open market*, *hot-money*, certificados de depósitos interbancários (CDIs) etc. (Farias, 2011).

2.5.2 Mercado de crédito

No mercado de crédito, são atendidas as necessidades de recursos de curto, de médio e de longo prazos, principalmente as oriundas da demanda de crédito para aquisição de bens de consumo duráveis e da demanda de capital de giro das empresas. A oferta, no mercado de crédito, é determinada fundamentalmente pelas instituições bancárias. Por exemplo: crédito rápido, desconto de duplicatas, giro, etc.

Em linhas gerais, os financiamentos de longo prazo (investimentos) são atendidos por instituições oficiais de crédito, principalmente pelo Banco do Brasil e pelo Banco Nacional de Desenvolvimento Econômico e Social (BNDES) (Carvalho, 2000).

2.5.3 Mercado de capitais

Esse segmento supre as exigências de recursos de médio e de longo prazos, principalmente com vistas à realização de investimentos em capital. Nesse mercado, é negociada grande variedade de títulos, desde os de endividamento de curto prazo (*commercial papers*) e de longo prazo (debêntures), passando por títulos representativos do capital das empresas (ações) e até de outros ativos ou valores (mercadorias, parcerias em gado etc.).

São típicos no mercado de capitais os chamados *derivativos*, ou seja, títulos emitidos a partir de variações no valor de outros títulos etc. As negociações nesse mercado podem ocorrer tanto nas bolsas de valores, mercadorias ou futuros quanto fora delas, também chamadas de *mercado de balcão* (BCB, 2021).

2.5.4 Mercado cambial

No mercado cambial, é realizada a compra e venda de moeda estrangeira, para atender a diversas finalidades, como a compra de câmbio para a importação; a venda, por parte dos exportadores; e a venda/compra para viagens e turismo. As operações no mercado cambial são realizadas pelas instituições financeiras, pelos bancos e pelas casas de câmbio autorizadas pelo Banco Central (Carvalho, 2000).

2.5.5 Mercado de seguros, capitalização e previdência privada

Nesse mercado, são coletados recursos financeiros ou poupanças destinadas à cobertura de finalidades específicas, como a proteção a riscos (seguro), capitalização e obtenção de aposentadorias e pensões (previdência privada). Em razão da importância que têm na formação de poupanças no longo prazo, essas instituições também são chamadas de *investidores institucionais* (BCB, 2021).

Exercício resolvido

O sistema financeiro nacional (SFN) está estruturado em três funções: regulatória, fiscalizadora e operacional. Com relação aos operadores do SFN, que são as instituições, qual delas atua como agente financeiro do Governo?

a. A Caixa Econômica Federal é o principal executor das políticas de crédito, sendo o agente financeiro do governo.
b. O BNDES é a instituição federal que tem como principal objetivo ser o agente financeiro do governo.
c. O Banco Central do Brasil é o principal executor das políticas de crédito do governo, principalmente porque pode financiar os débitos dos bancos privados.
d. O Banco do Brasil atua como agente financeiro do Governo Federal e é o principal executor das políticas de crédito rural e industrial.

Resposta: d.

Comentário: É o Banco do Brasil que atua como agente financeiro do Governo Federal, sendo o principal executor das políticas de crédito rural e industrial. A Caixa Econômica Federal tem como objetivo promover o desenvolvimento urbano, pois prioriza setores como saneamento básico e infraestrutura, contribuindo para melhorar a qualidade de vida da população, em especial a de baixa renda. O BNDES é responsável pelas políticas de investimento de longo prazo que o Governo Federal considera necessárias para fortalecer o setor privado. O Banco Central do Brasil tem como principal missão institucional manter o poder de compra da moeda e a solidez do SFN.

2.6 Intermediários financeiros

Os principais participantes do SFN são intermediários financeiros que desempenham tais funções negociando instrumentos financeiros que representam promessas de prestação de serviços em troca de pagamento, tais como:

- Promessas de fazer pagamentos fixos: representados por títulos;

- Promessas de pagar dividendos: representados por ações;

- Promessas de fornecer renda de aposentadoria: representadas por acordos de pensão;

- Promessas de arcar com alguns dos custos de acidentes ou perdas financeiras: representados por apólices de seguro;

- Promessas de fornecer um fluxo de caixa como reembolsos de hipotecas: representados por ativos securitizados;

- Promessas, como opções, relativas a transações em outras promessas: representadas por derivativos. (Farias, 2011, p. 3)

O sistema inclui mercados especializados, regulados por costume, regras e legislação, que preveem a negociação de instrumentos financeiros e nas moedas em que são denominados, é apoiado por serviços de prestação de informações de analistas, consultores e agências de classificação de crédito.

Conforme Farias (2011, p. 19), são quatro os componentes básicos do sistema financeiro:

1. *Instituições financeiras;*

2. *Mercados financeiros;*

3. *Instrumentos Financeiros (Ativos ou Valores Mobiliários);*

4. *Serviços financeiros.*

2.6.1 Instituições financeiras

Essas instituições facilitam o bom funcionamento do sistema financeiro, fazendo com que investidores e devedores se encontrem. Elas mobilizam as poupanças dos investidores direta ou indiretamente por meio dos mercados financeiros, mediante utilização de diferentes instrumentos, bem como no processo de utilização de vários fornecedores de serviços financeiros.

As instituições financeiras podem ser categorizados em **regulatórias**, **intermediárias**, **não intermediárias** e outros. Oferecem serviços a organizações que procuram aconselhamento sobre diferentes problemas, incluindo estratégias de reestruturação para diversificação. Além disso, elas ofertam uma gama completa de serviços para as organizações que desejam levantar fundos nos mercados e cuidar de ativos financeiros, por exemplo, depósitos, títulos, empréstimos, etc. A seguir, apontaremos os principais intermediários financeiros brasileiros (BCB, 2021).

2.6.1.1 Bancos múltiplos

Os bancos múltiplos são organizações financeiras públicas ou privadas que efetivam operações ativas, passivas e acessórias das diversas instituições financeiras, por meio das seguintes carteiras: comercial, de investimento e/ou de desenvolvimento, de crédito imobiliário, de arrendamento mercantil e de crédito, financiamento e investimento. Essas ações são subordinadas às mesmas normas legais e regulamentares aplicáveis às instituições singulares correspondentes às suas carteiras.

Como obrigatoriedade, devem ser constituídos com, no mínimo, duas carteiras, sendo uma delas comercial ou de investimento, e ser organizados sob a forma de sociedade anônima, podendo captar depósitos à vista em suas carteiras comerciais. Em sua denominação social deve constar a expressão *Banco*, de acordo com a Resolução CMN n. 2.099, de 17 de agosto de 1994 (BCB, 1994).

2.6.1.2 Bancos comerciais

Os bancos comerciais são instituições financeiras públicas ou privadas cujo objetivo principal é oferecer recursos necessários para financiar, a curto e a médio prazos, o comércio, a indústria, as empresas prestadoras de serviços, as pessoas físicas e terceiros em geral. Como atividade típica do banco comercial, pode também captar depósitos a prazo e depósitos à vista, livremente movimentáveis. Em sua denominação social deve constar a expressão *banco*, de acordo com a Resolução CMN n. 2.099/1994 (BCB, 1994).

Os bancos comerciais aceitam pagamentos de depositantes e emprestam dinheiro a tomadores de empréstimos pessoais e comerciais. Além do dinheiro que obtêm dos depositantes, eles podem obter empréstimos de curto prazo da "janela de desconto" do banco central ou do mercado monetário ou de outros bancos por meio do mercado interbancário. Eles obtêm lucros cobrando taxas de juros mais altas de seus tomadores de empréstimos do que pagam de seus credores – uma diferença que é conhecida como *spread* (BCB, 2021).

2.6.1.3 Bancos de investimentos

Os bancos de investimento são instituições financeiras privadas especialistas em operações de participação societária de caráter temporário, de financiamento da atividade produtiva para suprimento de capital fixo e de giro e de administração de recursos de terceiros. Em sua denominação social, deve constar a expressão *banco de investimento*. Esses bancos captam recursos por meio de depósitos a prazo, repasses de recursos externos, internos e venda de cotas de fundos de investimento por eles administrados, não têm contas correntes e suas operações principais são financiamento de capital de giro e capital fixo, subscrição ou aquisição de títulos e valores mobiliários, depósitos interfinanceiros e repasses de empréstimos externos, de acordo com a Resolução CMN n. 2.624, de 29 de julho de 1999 (BCB, 1999).

2.6.1.4 Bolsa de valores

Bolsa de valores é uma entidade que mantém ambientes ou sistemas de negociação eletrônica, nos quais instituições habilitadas podem negociar títulos, valores mobiliários, derivativos e mercadorias em nome próprio ou de clientes. Essas entidades também são responsáveis pela listagem dos emissores cujos ativos são negociados em mercado secundário (BCB, 2021).

2.7 Mercados primários e secundários

Os mercados primários são aqueles em que se realiza a primeira compra e venda de um ativo recém-emitido; os mercados secundários caracterizam-se por negociar ativos financeiros já negociados anteriormente: **mercados à vista**, **futuros** e de **opções**.

Os mercados à vista negociam apenas ativos com preços à vista; os mercados futuros negociam os preços esperados de certos ativos e de mercadorias para certa data futura; os mercados de opções negociam opções de compra/venda de determinados ativos em data futura (Vasconcellos, 2011).

Exercício resolvido

Com relação aos diversos tipos de bancos e suas atividades principais, seus ativos, sua forma de captação de recursos e a obrigatoriedade de denominação, existe um banco em específico que tem como característica não possuir contas correntes. Assinale a alternativa que indica corretamente esse tipo de banco:

a. Os bancos de investimentos não possuem contas correntes e suas operações principais são financiamento de capital de giro e capital fixo, subscrição ou aquisição de títulos e valores mobiliários.

b. Os bancos comerciais não possuem contas correntes e suas operações principais são financiamento de capital de giro.

c. Os bancos múltiplos não possuem contas correntes e suas operações principais são financiamentos de capital de giro e subscrição ou aquisição de títulos.

d. O Banco do Brasil não possui contas correntes e suas operações principais são financiamentos de capital de giro e subscrição ou aquisição de títulos.

Resposta: a.

> Comentário: Para saber mais sobre o sistema financeiro brasileiro, bancos, operadoras, reguladores do Governo, o que são essas instituições e quais são suas atribuições no mercado financeiro, acesse o *link*: <https://www.bcb.gov.br/pre/composicao/composicao.asp?frame=1>. Acesso em: 26 jun. 2021.

2.8 Mercados financeiros

Um mercado financeiro é o local onde os ativos financeiros são criados ou transferidos. Pode ser amplamente categorizado em mercados de dinheiro e mercados de capitais. O mercado monetário lida com ativos financeiros de curto prazo (menos de um ano), e o mercado de capitais cuida daqueles ativos financeiros que têm prazo de vencimento de mais de um ano.

Suas principais funções são:

1. Auxiliar na criação e alocação de crédito e liquidez;
2. Servir como intermediários para a mobilização de poupanças;
3. Ajudar alcançar um crescimento econômico equilibrado;
4. Oferecer conveniência financeira. (Martins, 2013, p. 10)

Outra classificação também é possível: mercados primários e mercados secundários. Os mercados primários lidam com novas emissões de títulos, ao passo que os mercados secundários cuidam dos títulos que estão atualmente disponíveis no mercado de ações.

Os mercados financeiros chamam a atenção dos investidores e permitem que as empresas financiem suas operações e atinjam o crescimento. Os mercados monetários possibilitam que as empresas tenham acesso a fundos em curto prazo, e os mercados de capitais permitem que as empresas obtenham financiamento de longo prazo para ajudar na expansão. Sem os mercados financeiros, os tomadores de empréstimos teriam problemas para encontrar credores. Intermediários como bancos auxiliam nesse procedimento. Os bancos recebem depósitos de investidores e emprestam dinheiro desse *pool* de dinheiro depositado para pessoas que precisam de empréstimo. Os bancos geralmente fornecem dinheiro na forma de empréstimos (Martins, 2013).

2.8.1 Instrumentos financeiros

Esse é um componente importante do sistema financeiro. Os produtos que são negociados no mercado financeiro são ativos financeiros, valores mobiliários ou outro tipo de instrumentos financeiros. Há uma grande variedade de títulos nos mercados, uma vez que as necessidades dos investidores e dos buscadores de crédito são diferentes. Indicam um crédito sobre a liquidação do principal no futuro ou o pagamento de uma quantia regular por meio de juros ou dividendos. Ações de capital, debêntures, títulos etc. são alguns exemplos (Farias, 2011).

2.8.1.1 Títulos

Os títulos emitidos pelo governo são denominados *títulos do tesouro* (ou *T-bonds*, nos Estados Unidos, e *Gilt-edged Securities* – ou *gilts*, no Reino Unido). Notas do tesouro dos Estados Unidos são títulos com vencimentos entre um e dez anos.

A forma mais simples de título é o **título direto** (ou *plain vanilla*), que faz um pagamento regular de juros fixos, sendo reembolsado (ou resgatado) em data predeterminada. A quantia em dinheiro pela qual o título deve ser resgatado é chamada de *valor nominal*, a taxa de juros anual paga é denominada *cupom*, e sua data de reembolso é chamada de *data de vencimento*. O cupom de um título dividido pelo seu preço de mercado é denominado *rendimento atual*, e sua taxa interna, *retorno*, levando em consideração o eventual reembolso, que é denominado *rendimento* até o vencimento.

Outras formas de caução podem ser categorizadas como adaptações particulares dessas condições de pagamento. Um **título irrecuperável** (ou "título perpétuo" ou "conso") não é, estritamente, um empréstimo, mas apenas um compromisso de fazer pagamentos de juros fixos estipulados e indefinidamente contínuos. Por outro lado, um **título de cupom zero** não paga juros, é emitido a um preço inferior ao seu valor nominal e é mantido com o objetivo de obter um ganho de capital. Um **título resgatável** tem uma data de resgate que fica a critério do emissor. Os títulos conversíveis incluem uma opção, sob condições estabelecidas, de trocá-los por um valor equivalente do patrimônio líquido do emissor. A taxa de juros paga em um *tracker bond* relaciona-se à taxa do banco ou do título do tesouro, e o pagamento de resgate de um **título indexado** está relacionado ao nível atual de um índice de preços ao consumidor.

Os títulos também podem ser classificados de acordo com o grau de segurança fornecido aos seus compradores:

- **Título coberto**: é um título garantido por outros ativos para que o investidor possa reivindicar esses ativos caso o emissor do título se torne insolvente. No Reino Unido, o termo *debênture* refere-se a um empréstimo da empresa garantido por uma reivindicação sobre os ativos da empresa, mas, nos Estados Unidos, o termo é aplicado a empréstimos não garantidos (e as debêntures são algumas vezes chamadas de *títulos*). No Reino Unido, uma "debênture de taxa fixa" especifica os ativos contra os quais está garantida, e uma "debênture de taxa flutuante" é garantida pelos ativos do emissor como um todo.
- O reembolso de um **título garantido** é assegurado por um órgão diferente do emissor – como sua empresa-mãe ou seu governo (Farias, 2011).

O termo *risco de inadimplência* significa o risco de o emissor ser incapaz de pagar o empréstimo. Já *prêmio de risco* (ou *spread*) é a diferença entre o rendimento de um título e o rendimento de um título do governo. O *soberano spread* é a diferença entre o rendimento de um título do governo e o rendimento do título de menor risco disponível. Por fim, prêmios de risco de *default* estão ligados a **classificações de risco** emitidas por agências de risco de crédito.

- *Títulos classificados abaixo de um nível mínimo de risco de crédito são denominados junk bonds ou "títulos de alto rendimento";*
- *Títulos avaliados acima desse nível são denominados "títulos de grau de investimento". (Duffie; Singleton, 2003, p. 82, tradução nossa)*

Finalmente, os títulos podem ser categorizados de acordo com sua moeda de denominação: o termo *eurobônus* (ou *título global*) refere-se a um título que é negociado fora do país, sendo assim denominado por ser frequentemente aplicado a um título emitido por uma empresa não europeia para venda na Europa (Duffie; Singleton, 2003).

2.8.1.2 Títulos do mercado monetário

Os títulos do mercado monetário são instrumentos de empréstimo de curto prazo emitidos por bancos e empresas governamentais. Aqueles que podem ser comprados e vendidos durante o período entre a emissão e o reembolso são denominados *negociáveis*. Os que são comercializados "com base no rendimento" são reembolsados na data de vencimento pelo valor investido, juntamente do pagamento de juros estipulado.

A categoria de títulos do mercado monetário que são comercializados com base no rendimento inclui "depósitos do mercado monetário", que são reembolsáveis após intervalos que variam de um dia a um ano e não são negociáveis, e "certificados de depósito", que são recebimentos de bancos por depósitos feitos com eles e são negociáveis.

Os títulos do mercado monetário que são comercializados com desconto são vendidos a um preço "abaixo do valor nominal", ou seja, abaixo do valor a ser reembolsado, mas sem qualquer pagamento de juros adicional. Essa categoria inclui letras do tesouro, que são promessas de pagar empréstimos ao governo – geralmente após 90 dias; letras de câmbio (ou duplicatas ou letras comerciais) que são semelhantes às letras do tesouro, mas são emitidas por empresas; aceites bancários, que são negociáveis; e papel comercial, que consiste em notas promissórias não garantidas emitidas por empresas (Farias, 2011).

2.8.1.3 Ações

Uma ação em uma empresa é evidência de uma participação na propriedade (ou patrimônio) dessa empresa e representa uma reivindicação sobre seus ativos e lucros. As ações de uma empresa são denominadas coletivamente *ações* ou *patrimônio líquido*.

O termo *patrimônio líquido* também é usado para significar o valor da empresa depois que todas as suas dívidas e outras obrigações foram pagas.

Com exceção das **ações sem direito a voto**, a posse de uma ação dá direito a voto nas matérias levantadas em suas assembleias gerais. Os detentores de **ações preferenciais** têm direito a uma forma específica de tratamento preferencial em comparação com os detentores de **ações ordinárias** – às vezes, um dividendo garantido, às vezes, um reembolso garantido se a empresa for liquidada. "O **valor nominal** de uma ação, às vezes, denota o valor devido na liquidação ao detentor de uma ação preferencial e não está relacionado ao valor de mercado da ação" (Farias, 2011, p. 28).

2.8.1.4 Derivados

Um **derivado** é um instrumento financeiro cujo valor depende do valor de outro instrumento. As principais categorias de derivativos são contratos de futuros, opções e *swaps* e fundos negociados em bolsa.

Um **contrato futuro** é um acordo para comprar ou vender uma quantidade especificada de um ativo em data especificada e a um preço especificado. Uma **opção** é um acordo que dá ao seu titular o direito, mas não a obrigação, de comprar ("opção de compra") ou vender ("opção de venda") um ativo, em ou antes de uma data especificada (Martins, 2013).

Preste atenção!

O termo *obrigação* é utilizado para designar um instrumento emitido por uma empresa ou pelo governo local ou central, que representa um empréstimo que é reembolsável após um intervalo não inferior a um ano. Ao contrário da maioria dos outros instrumentos de empréstimo, um título pode ser comprado ou vendido sem referência a seu emissor.

Um *swap* é um acordo para trocar uma série de fluxos de caixa de um ativo por uma série de fluxos de caixa de outro ativo. Os *swaps* são amplamente usados como transferências de risco de crédito.

Alguns derivativos são usados para criar alavancagem, como meio de especulação ou para proteção contra risco. Um fundo negociado em bolsa é um título que rastreia um índice, uma mercadoria ou uma cesta de ativos e negocia como uma ação em uma bolsa (Farias, 2011).

2.8.1.5 Hipotecas

Uma hipoteca é um empréstimo garantido sobre uma propriedade – geralmente imóveis, embora navios e aeronaves também sejam hipotecados. Uma hipoteca pode ser usada para ajudar a financiar a compra da propriedade ou para obter dinheiro para outros fins.

Os pagamentos de juros hipotecários podem ser fixos ou alterados pelo provedor do empréstimo – geralmente em resposta a mudanças no nível geral das taxas de juros.

O termo *hipoteca de taxa ajustável* é usado nos Estados Unidos para denotar uma hipoteca para a qual a taxa de juros a pagar está relacionada a um índice publicado, e uma *hipoteca híbrida* é aquela em que a taxa de juros é fixada por um período e depois variou. As hipotecas *subprime* são projetadas para o uso de tomadores com baixa classificação de crédito (nos Estados Unidos). Eles são oferecidos a taxas de juros mais altas do que para outras hipotecas, mas podem prever pagamentos reduzidos nos primeiros anos.

Se o valor de mercado da propriedade hipotecada cair abaixo do valor do empréstimo, o mutuário terá "patrimônio líquido negativo" na propriedade e, portanto, deixará de se beneficiar do contrato de hipoteca. O não cumprimento dos pagamentos acordados é denominado *inadimplência* e, geralmente, dá ao provedor do empréstimo o direito de retomar a propriedade.

Um empréstimo hipotecário pode ser financiado por seu provedor por meio da venda de créditos sobre seus reembolsos – um procedimento conhecido como *securitização* (Farias, 2011).

2.8.1.6 Finanças estruturadas

O termo *finanças estruturadas* refere-se a ativos criados pela securitização de fluxos de caixa, como reembolsos de dívidas, convertendo-os em títulos negociáveis que são estruturados de acordo com seu vencimento e sua classificação de risco e entre os quais as prioridades relativas a pagamentos e passivos por perdas são estipuladas em "cláusulas em cascata". Os fluxos de caixa que são securitizados podem ser rendimentos de títulos corporativos, caso em que os ativos criados são denominados *obrigações de dívida colateralizadas* ou *títulos garantidos por ativos* ou *hipotecas* (Kouznetsov, 2020).

2.9 Categorização

Alguns participantes do sistema financeiro se especializam em negociar em uma única categoria de instrumento financeiro, e outros julgam necessário ou mais vantajoso combinar diferentes atividades de negociação ou consultoria. A interação entre distintas atividades pode ocorrer mesmo quando são realizadas por diferentes participantes. Nos parágrafos seguintes, a atribuição de uma única atividade a cada participante é uma simplificação adotada por uma questão de clareza.

Não há diferença funcional entre bancos de investimento e outros provedores de financiamento, ambos usam empréstimos de curto prazo para pagar empréstimos de longo prazo, e o uso de alavancagem pelos bancos é frequentemente emulado por outros provedores de financiamento. Mas a facilidade de depósito fornecida pelos bancos comerciais os coloca em uma categoria funcional diferente. Em alguns contextos, é óbvio que o termo *banco* é usado para denotar um banco comercial, mas normalmente é empregado para denotar um dos tipos ou uma combinação de ambos (Kouznetsov, 2020).

2.9.1 Câmaras de compensação

Câmara de compensação é uma organização que garante o cumprimento dos contratos atuando como contraparte em todas as transações. De acordo com o sistema usual de marcação de mercado, qualquer lucro ou perda resultante da mudança de um dia no preço de mercado do ativo em questão é "liquidado" por uma transferência no final desse dia da parte perdedora para a outra parte, normalmente retirada da "margem" que havia sido, anteriormente, cobrada pela câmara de compensação à parte vencida.

2.9.2 Agências de classificação de crédito

Uma classificação de crédito reflete a estimativa de uma agência de classificação de crédito do risco de inadimplência de um tomador. Alguns fornecem tais classificações para pessoas físicas, e outros, para emissores de instrumentos de dívida e seus derivativos.

As classificações mais altas são atribuídas aos emissores que nunca devem entrar em *default* – como o tesouro dos Estados Unidos, por exemplo. Os compradores em potencial de títulos de outros emissores respondem à atribuição de uma classificação mais baixa exigindo um rendimento mais alto do que aquele obtido com títulos do tesouro (Kouznetsov, 2020).

2.9.3 Bolsa de valores

A negociação nas diferentes categorias de instrumentos ocorre em diferentes tipos de mercado, os quais veremos a seguir.

Mercados primários: para pensões e apólices de seguro, assumem a forma de transações diretas *over-the-counter* (OTC) com seus fornecedores, e raramente há qualquer negociação adicional, porque esses instrumentos são considerados **não negociáveis**. Os mercados primários de ações e títulos, geralmente, começam com uma "oferta pública inicial", na qual os emissores negociam diretamente com negociantes profissionais e, por meio deles, com o público.

A negociação subsequente desses instrumentos pode ocorrer seja como negócios de balcão entre negociantes e clientes individuais, seja em **mercados de leilão** em que vários titulares negociam entre si, ou em "mercados de negociantes" em que números de titulares negociam com os revendedores. A maneira tradicional de fazer negócios em uma bolsa é por "clamor aberto", em que vendedores e compradores gritam uma oferta, e compradores e vendedores gritam uma aceitação. Poucas bolsas financeiras agora usam esse método, e aquelas que o fazem planejam mudar para um sistema de comércio eletrônico, como o *Stock Exchange Electronic Transfer System* (Sets), de Londres, ampliado por sistemas de compensação e liquidação que fornecem ao comprador seu estoque e, ao vendedor, seu pagamento. As ações de uma empresa podem ser negociadas em bolsa de valores somente se for concedida uma "listagem", e essa participação está normalmente sujeita às regras relativas ao cumprimento de um requisito de valor mínimo de capital e às qualificações e conduta de seus diretores.

A maioria das bolsas de valores também prevê a negociação de outros instrumentos financeiros, incluindo produtos estruturados, e algumas oferecem um mercado de segundo nível para as ações de empresas menores, como o "Mercado de Investimento Alternativo de Londres". As bolsas de valores convencionais publicam com frequência listagens do preço vigente para cada título negociado, mas tem havido um crescimento recente no número de sistemas de negociação menos transparentes, conhecidos como *dark pools* (Kouznetsov, 2020).

2.10 Mercado de câmbio estrangeiro

As moedas nacionais são negociadas em países de todo o mundo e as transações são facilitadas por vários sistemas de compensação. As atividades dos comerciantes, nos diferentes países, interagem tão fortemente que o sistema se comporta como se todas as negociações fossem feitas em uma bolsa administrada centralmente.

O sistema é conhecido como mercado de câmbio estrangeiro ou *Forex*, embora não haja um mercado central para coordenar suas transações. Os bancos centrais de países com "taxas de câmbio fixas" compram e vendem as moedas de seus países para manter sua taxa de câmbio com o dólar ou outra moeda de referência dentro de uma faixa pretendida. Caso contrário, a maior parte da negociação é feita por bancos, por sua própria conta ou em nome de clientes do setor privado (Kouznetsov, 2019).

2.10.1 Mercado de crédito *default swap*

O mercado de *swap* de crédito é um importante **mercado de balcão** que começou no final dos anos 1990 como um mercado interbancário para trocar o risco de crédito sem vender os títulos subjacentes e se espalhou rapidamente para outras instituições financeiras, incluindo seguradoras e fundos de *hedge,* alcançando um volume nacional de US$ 62 trilhões no final de 2007. O volume do mercado havia caído para US$ 42 trilhões no final de 2009, mas esse aparente colapso foi causado, em grande parte, pela introdução de um acordo em que várias negociações foram combinadas em posições líquidas que assumiram a forma de novos contratos.

O prêmio pago pelo comprador da proteção ao vendedor, denominado *spread* CDS, é uma medida da probabilidade de inadimplência e é fortemente influenciado por classificações emitidas pelas principais agências de classificação de crédito (Kouznetsov, 2019).

2.10.2 Reguladores

Os governos têm procurado regular a conduta dos participantes de seus sistemas financeiros em vista da influência dessa conduta sobre outros setores. O principal objetivo da regulamentação financeira tem sido, normalmente, preservar o sistema financeiro do perigo de falha sistêmica, e, às vezes, o intuito é promover sua operação eficiente, por exemplo, exigindo acesso aberto às informações financeiras. No entanto, um objetivo secundário importante tem sido proteger os investidores contra fraude e uso indevido de informações privilegiadas (Kouznetsov, 2020).

A regulamentação, geralmente, desenvolve-se gradativamente em resposta a uma sequência de problemas, começando com os bancos e sendo aplicada em outros lugares, conforme a necessidade surgir. Além disso, nos Estados Unidos, os governos federais nomearam, ao longo do tempo, seis órgãos reguladores, abrangendo em conjunto todos os participantes de seu sistema financeiro, exceto os credores não bancários, os fundos de *hedge* e os negociantes de derivativos OTC. Até 2000, a indústria financeira da Grã-Bretanha era regulada por nove órgãos diferentes.

Na década de 1990, entretanto, sistemas unificados de regulamentação financeira foram adotados pela Noruega, Dinamarca e Suécia, seguidos, em 2000, após intensa investigação de todas as partes, pela Grã-Bretanha. Além disso, a Austrália adotou uma estrutura de "picos gêmeos" em que a regulamentação foi unificada sob uma agência, exceto para supervisão prudencial separada dos bancos e, em março de 2009, o tesouro dos Estados Unidos anunciou planos para criar "um único regulador independente com responsabilidade sobre empresas sistemicamente importantes e sistemas críticos de liquidação e pagamento " (World Bank Group, 2012, p. 35, tradução nossa).

A quebra de 2008 levou a um consenso de que os sistemas regulatórios atuais são inadequados para os fins a que se destinam, e as propostas para a introdução de várias formas de regulamentação financeira estavam sendo consideradas em 2009 (Kouznetsov, 2020).

2.10.3 Bancos centrais

Um banco central normalmente implementa a política monetária de seu país, administra suas reservas de ouro e moeda estrangeira, atua como banqueiro do governo e como credor de última instância para os bancos de seu país. Em alguns países, o banco central também regula o sistema bancário e, em países com moedas de taxa fixa, administra a taxa de câmbio operando no mercado de câmbio estrangeiro. Nesse quadro geral, as práticas nacionais diferem. Nos Estados Unidos, o *Federal Reserve Board* regula apenas os bancos membros do *Federal Reserve System*, e, na União Europeia, o Banco Central Europeu não atua como credor de última instância e não tem responsabilidades regulatórias (Kouznetsov, 2020).

2.10.4 Fluxos de capital internacional

Por uma questão de necessidade lógica, para cada tomador de empréstimo deve haver um credor, e o montante total da dívida deve ser igual ao montante total da poupança. Em termos contábeis, isso significa que a soma das balanças de pagamentos de todos os países do mundo deve ser zero. Se os poupadores e tomadores de empréstimos fossem espalhados aleatoriamente pelo mundo, essa proporção também existiria para cada país visto individualmente.

A título de observação, tem havido, de tempos em tempos, *superávits* e *déficits* nacionais da balança de pagamentos denominados "desequilíbrios". E, por uma questão de necessidade lógica, esses *superávits* e *déficits* devem ser oriundos de diferenças nacionais nas propensões de poupança de seus habitantes. Essas diferenças podem ser atribuídas a diferenças de prosperidade, às normas sociais ou às diversas taxas de juros do governo, taxas de câmbio, políticas monetárias ou fiscais. Os fluxos de capital internacional que criam tais desequilíbrios são compostos, principalmente, de investimento estrangeiro direto, investimento de portfólio privado e transferências de crédito pelos sistemas bancários e bancários paralelos, e há alguns "fluxos oficiais" envolvendo governos nacionais e fundos soberanos (Kouznetsov, 2020).

2.10.5 Banco de Compensações Internacionais

O Banco de Compensações Internacionais foi estabelecido em 1930 para lidar com os pagamentos de reparação impostos à Alemanha pelo Tratado de Versalhes.

Hoje em dia, atua como o banco dos bancos centrais e fornece um fórum para promover a discussão e a análise de políticas entre os governadores dos bancos centrais e executivos seniores. Tem cinco comitês permanentes: o Comitê de Supervisão Bancária da Basiléia, o Comitê do Sistema Financeiro Global, o Comitê de Sistemas de Pagamentos e Liquidação, o Comitê de Mercados e o Comitê *Irving Fisher* de Estatísticas do Banco Central. Embora não vinculem seus membros, os Acordos de Basileia de 1988 e de 2004 (conhecidos como Basileia I e Basileia II) são os padrões de supervisão bancária que foram adotados por bancos centrais em países desenvolvidos em todo o mundo (Kouznetsov, 2020).

2.10.6 Fundo Monetário Internacional (FMI)

O FMI foi criado pela Conferência de Bretton Woods, em 1944, principalmente para fornecer empréstimos aos governos membros em apoio as políticas para lidar com problemas de balanço de pagamentos. Nos últimos anos, também dedicou seus recursos ao fortalecimento do sistema financeiro internacional e ao alívio de crises financeiras. Além disso, informa os governos membros sobre seus problemas econômicos e, quando necessário, concede empréstimos para ajudar a resolvê-los (Kouznetsov, 2020).

2.10.7 Banco Mundial

Também criado pela Conferência de Bretton Woods, seu objetivo é reduzir a pobreza global e melhorar os padrões de vida, fornecendo empréstimos a juros baixos, crédito sem juros e doações aos países em desenvolvimento. Inclui o Banco Internacional para Reconstrução e Desenvolvimento, que fornece empréstimos para países de renda média; a Associação Internacional de Desenvolvimento, que concede empréstimos sem juros aos países mais pobres; a *International Finance Corporation*, que financia projetos do setor privado; a Agência Multilateral de Garantia de Investimentos, que garante os investidores estrangeiros contra riscos não comerciais; e o Centro Internacional para a Resolução de Disputas sobre Investimentos, que busca resolver disputas entre investidores estrangeiros e os países anfitriões (Kouznetsov, 2020).

2.10.8 Organização Internacional de Comissões de Valores Mobiliários

Trata-se de uma organização internacional que representa os reguladores nacionais dos mercados de valores mobiliários, que acordou um conjunto de princípios relativos à regulação dos mercados de valores mobiliários, fez uma série de recomendações adicionais e está representada na maioria das outras organizações internacionais que se preocupam com a manutenção da estabilidade financeira (Kouznetsov, 2020).

2.10.9 Conselho de Estabilidade Financeira

Anteriormente denominado *Fórum de Estabilidade Financeira*, é composto por altos representantes dos bancos centrais e ministérios das finanças e instituições financeiras internacionais, incluindo o Fundo Monetário Internacional, o Banco Mundial e o Banco de Pagamentos Internacionais. Foi criado em 1999 para promover a estabilidade financeira internacional, melhorar o funcionamento dos mercados financeiros e reduzir a tendência de propagação de choques financeiros de país para país.

No nível de trabalho, inclui o Grupo de Trabalho sobre Resiliência Institucional e de Mercado, cuja tarefa é identificar vulnerabilidades institucionais e recomendar ações para enfrentá-las. É atendido por uma pequena secretaria sediada no Banco de Compensações Internacionais (Kouznetsov, 2020).

2.11 Associações internacionais

A Organização para Cooperação e Desenvolvimento Econômico (OCDE) foi criada em 1961 para reunir os governos de países que estão comprometidos com a economia de mercado, a fim de promover seus interesses econômicos mútuos e os de outros países. Os 31 países da OCDE fornecem os membros de seus 250 comitês, grupos de trabalho e grupos de especialistas que são apoiados por um secretariado profissional de 2.500 funcionários (Kouznetsov, 2020).

2.11.1 Grupo dos Setenta e Sete (G77)

Criado em 1964, no final da primeira sessão da Conferência das Nações Unidas sobre Comércio e Desenvolvimento (UNCTAD), em Genebra, foi formado para articular e promover os interesses econômicos coletivos de seus membros e fortalecer sua capacidade de negociação conjunta em todas as principais questões econômicas internacionais no sistema das Nações Unidas. O número de membros do G77 se expandiu para 130 países-membros, mas o nome original foi mantido em razão de seu significado histórico (Kouznetsov, 2020).

2.11.2 Grupo dos Sete (G7)

O G7 é formado pelos principais países industrializados; são eles: Canadá, França, Itália, Alemanha, Japão, Reino Unido e Estados Unidos. Esse grupo começou a realizar cúpulas econômicas anuais (reuniões de chefes de estado ou governo) em 1975. Desde 1987, os ministros das finanças do G7 e os governadores dos bancos centrais se reuniram pelo menos semestralmente para monitorar a evolução da economia mundial e avaliar as políticas econômicas. Embora a Rússia tenha se juntado ao grupo, formando assim o **Grupo dos Oito**, o G7 continua a funcionar como um fórum para a discussão de questões econômicas e financeiras entre os principais países industrializados (Kouznetsov, 2020).

2.11.3 Grupo dos Vinte (G20)

Formalmente estabelecido na reunião de Ministros das Finanças do G7, em 26 de setembro de 1999. A reunião inaugural ocorreu de 15 a 16 de dezembro de 1999, em Berlim. O G20 foi criado como um novo fórum de cooperação e consulta em assuntos pertinentes ao sistema financeiro internacional. Esse grupo estuda, analisa e promove a discussão entre os principais países industrializados e de mercado emergente relacionadas a questões políticas relativas à promoção da estabilidade financeira internacional, buscando abordar questões que vão além das responsabilidades de qualquer organização (Kouznetsov, 2020).

2.11.4 Brics – Brasil, Rússia, Índia e China

Os Brics são um grupo de países que realiza suas próprias cúpulas e atua como um grupo de pressão dentro do G20, que defende os interesses dos países emergentes.

Vários outros grupos internacionais têm sido formados de tempos em tempos, incluindo o G10, o G15 e o G24, para lidar com um tópico definido de interesse internacional (Kouznetsov, 2020).

2.12 Clubes de credores

O Clube de Paris foi formado em 1956, quando a Argentina concordou em encontrar seus credores públicos em Paris. É um grupo informal de países credores que busca soluções para nações devedoras que enfrentam dificuldades de pagamento. Os credores do Clube de Paris concordam em reescalonar as dívidas que lhes são devidas. Embora o Clube de Paris não tenha base legal, seus membros concordam com um conjunto de regras e princípios elaborados para chegar a um acordo coordenado sobre o reescalonamento da dívida de forma rápida e eficiente (Kouznetsov, 2020).

2.12.1 London Club

É um grupo informal de bancos comerciais que se unem para negociar suas reivindicações contra um devedor soberano. O devedor inicia um processo no qual um "Comitê Consultivo" do London Club é formado. O Comitê é presidido por uma empresa financeira líder e inclui representantes de outras empresas expostas. Com a assinatura do acordo de reestruturação, o Comitê é dissolvido.

O Conselho de Estabilidade Financeira (anteriormente denominado *Fórum de Estabilidade Financeira*) é composto por altos representantes dos bancos centrais, dos ministérios das finanças e das instituições financeiras internacionais, incluindo o Fundo Monetário Internacional, o Banco Mundial e o Banco de Pagamentos Internacionais.

2.13 Serviços financeiros

Os serviços financeiros consistem em serviços prestados por sociedades de gestão de ativos e passivos para auxiliar na obtenção dos fundos necessários e também se certificar de que são implantados de forma eficiente. Tais serviços ajudam a determinar a combinação de financiamento e estendem sua prestação profissional até o estágio de serviços aos credores. Além disso, auxiliam a tomar emprestado, vender e comprar títulos, emprestar e investir, fazer e permitir pagamentos e liquidações e cuidar das exposições de risco nos mercados financeiros. Eles variam de empresas de *leasing*, casas de fundos mútuos, banqueiros mercantis, gerentes de portfólio, descontos de contas e casas de aceitação.

O setor de serviços financeiros oferece vários serviços profissionais, como classificação de crédito, financiamento de capital de risco, fundos mútuos, banco comercial, serviços de depósito, criação de livros etc. As instituições financeiras e os mercados financeiros ajudam no funcionamento do sistema financeiro por meio de instrumentos financeiros. Para desempenharem as funções atribuídas, necessitam de vários serviços de natureza financeira. Portanto, os serviços financeiros são considerados o quarto maior componente do sistema financeiro (Farias, 2011).

> ## Exercício resolvido
>
> As ações de uma empresa evidenciam uma participação na propriedade ou patrimônio dessa empresa e representam uma reivindicação sobre seus ativos e lucros. Assinale a alternativa que apresenta o outro significado que pode ser atribuído para o valor da empresa depois que todas as suas dívidas foram pagas:
>
> a. *Subprime*.
> b. *Junk bonds*.
> c. Patrimônio líquido.
> d. Debêntures.
>
> Resposta: c.
>
> Comentário: o termo *patrimônio líquido* também é usado para significar o valor da empresa depois que todas as suas dívidas e outras obrigações foram pagas. O termo *junk bonds* se refere aos títulos que oferecem alta rentabilidade por conta do alto risco. O termo *subprime* é um crédito de risco, concedido a um tomador que não oferece garantias suficientes para se beneficiar da taxa de juros mais vantajosa. O termo *debêntures* é um título de crédito representativo de um empréstimo que uma companhia realiza junto a terceiros e que assegura a seus detentores direito contra a emissora, estabelecidos na escritura de emissão.

2.14 Moeda e inflação

Os monetaristas têm como pressuposto que a inflação é um fenômeno essencialmente monetário, isto é, que a taxa de inflação é proporcional à taxa de variação do estoque de moeda da economia, e fazem inferência que a inflação deve ser eliminada por intermédio da redução da taxa de crescimento do estoque de moeda. No entanto, uma redução da taxa de expansão monetária resulta em aumento da taxa de desemprego. O dilema enfrentado pelas autoridades monetárias é que quanto maior a concentração monetária visando a uma redução drástica da inflação, maior será o desemprego. Se as autoridades quiserem combater a inflação com menores custos sociais, terão de reduzir a inflação gradualmente (Lopes; Rosseti, 1998).

Em termos de política monetária, a oferta pode ser elevada por maior disponibilidade de financiamento à produção e à diminuição das taxas de juros, inclusive subsidiadas. Entretanto, a oferta agregada é relativamente rígida no curto prazo, pois depende de recursos para ampliar as instalações da empresa, disponibilidade de mão de obra e tecnologia, o que requer um prazo maior para aquisição e posterior maturação quando a produção se inicia. Assim, para obter resultados mais rápidos, a política anti-inflacionária deve centrar-se mais no controle da demanda agregada.

Os instrumentos recomendados de política monetária seriam dirigidos no sentido de enxugar os meios de pagamento, tais como:

- aumento da taxa de juros básica (Selic);
- controle das emissões pelo Banco Central;
- venda de títulos públicos, retirando moeda de circulação;
- elevação da taxa sobre as reservas compulsórias, diminuindo a disponibilidade dos bancos comerciais de efetuar empréstimos ao setor privado;
- alteração das normas e regulamentação da concessão de créditos, diminuindo os prazos ou aumentando as exigências de contrapartida do comprador no crédito direto ao consumidor (Vasconcellos, 2011).

Síntese

- O sistema financeiro nacional lida diretamente com três tipos de mercado: (1) **mercado monetário**, aquele que fornece à economia papel-moeda e moeda escritural (que é depositada em conta corrente); (2) **mercado de crédit**o, aquele que fornece recursos para o consumo das pessoas e para o funcionamento das empresas; (3) **mercado de capitais**, aquele que permite às empresas captar recursos de terceiros e, portanto, compartilhar os ganhos e os riscos.

- Além dos bancos de fomento do governo existem bancos comerciais, de financiamento, entre outros.
- Existem bancos brasileiros com o objetivo de fomentar a compra de máquinas e equipamentos de outros países para aumentar a produtividade com prazo, taxas e atendimentos diferenciados de acordo com o cliente.
- Assim como o sistema financeiro nacional, os sistemas financeiros de outros países têm a estrutura de títulos de crédito e bancos não comerciais muito próximos aos bancos brasileiros.
- A hipoteca, especificamente no Brasil, é utilizada como ativo financeiro.
- Os monetaristas acreditam que o sistema monetário brasileiro, ou seja, a circulação da moeda no país, é que ocasiona a inflação, sendo um meio de controle.
- O mercado de câmbio é o mercado de compra e venda de moeda estrangeira.

Principais teorias monetárias

Conteúdos do capítulo

- Principais teorias monetárias.
- O futuro da moeda.
- Conceitos de criptomoedas.
- Principais criptomoedas no mercado.

Após o estudo deste capítulo, você será capaz de:

1. compreender as principais teorias monetárias;
2. identificar o futuro da moeda;
3. entender os diversos conceitos de criptomoedas;
4. reconhecer as principais criptomoedas do mercado.

capítulo 3

Desde a época do homem primitivo, os seres humanos precisavam alimentar-se e proteger-se do frio, da chuva e do calor. Com o passar do tempo, a humanidade sentiu a necessidade de trocas, já que nossa espécie deixou de ser nômade e passou a fixar moradia em um único lugar e, com isso, a plantar seu alimento, o que, consequentemente, gerava sobras que precisariam ser administradas.

No início, o escambo solucionava o problema humano do excedente de determinado alimento ou material e da falta de outros. Os homens trocavam um produto por outro, mas aumentava a complexidade de medida do valor de um produto ou de outro, passando então por vários estágios para definição de valor e de troca. Entre elas a moeda metal, a prata e o ouro. A dificuldade de armazenamento, além do peso e do risco de roubo, levou a humanidade à criação da moeda em papel. Mais adiante, surgiu a moeda fiduciária, cuja confiança era importante. Na atualidade, o homem está descobrindo uma nova moeda, não de metal ou papel, mas virtual.

A política monetária dos diversos governos pelo planeta tem como objetivo a organização e a regulação da circulação da moeda do mercado, entre outros. No entanto, a globalização e a chegada sem volta da tecnologia fizeram com que fosse pensado um novo tipo de moeda: a virtual. Diversas são as moedas digitais, e, a seguir, conheceremos algumas delas e a revolução na legislação que elas proporcionaram, além de como essa nova moeda será controlada e, sobretudo, como ocorrerão as novas trocas.

3.1 Principais teorias monetárias

A política monetária é uma das ferramentas dispostas pelos governos para influenciar o desempenho geral da economia. Com o olhar da história, que passa pelo **trinômio moeda: instrumento de troca, reserva de valor** e **unidade de conta**, cada teoria fornece respostas diferentes às questões básicas sobre moeda, isto é, aquelas relacionadas com as funções da moeda.

3.1.1 Teoria monetária clássica

A teoria monetária clássica embasa-se nos preços, que se movem direta e proporcionalmente com a oferta monetária. À medida que a oferta de moeda aumenta, os preços também aumentam na mesma proporção. A origem da teoria das quantidades remonta aos primeiros pensadores, quando estes perceberam que o aumento no nível de preços de um país com a importação ou influxo de moedas de ouro e prata eram usadas como moedas de outras partes do mundo (Volkart, 2003).

A teoria da quantidade de Irving Fischer era, na verdade, um reflexo de sua crença na neutralidade de longo prazo da moeda, ou seja, um aumento na moeda afeta diretamente os preços monetários e outras variáveis nominais, como salários, taxas de câmbio etc., sem trazer quaisquer alterações aos fatores reais, isto é, sem a capacidade de produzir quaisquer efeitos negativos para a economia (Ferguson, 2013).

A teoria da quantidade de Fischer via a estabilização dos preços como o objetivo principal e acreditava que os padrões internacionais do ouro não eram eficazes o suficiente para alcançar essa estabilidade de preços. Era favorável ao papel do Banco Central na expansão gradual do crédito para manter os preços relativamente estáveis.

A linha que separa a teoria econômica clássica da neoclássica é a própria determinação do valor. Os **economistas clássicos** interpretaram o valor dos bens como o valor da propriedade inerente a si mesma. Entrementes, muitos economistas, em diferentes lugares, constataram que o valor dos bens nos mercados difere do valor do produto. Portanto, asseguram que o valor dos bens depende mais de uma rede de relações entre seu custo de produção e uma interação muito subjetiva de utilidades marginais, chamadas de *forças de oferta e demanda*, o que é conhecido, na história do pensamento econômico, como *revolução marginalista*. A teoria monetária da era clássica permanece, essencialmente, uma teoria do valor e uma teoria quantitativa da moeda. Ambas as teorias monetárias clássicas se esforçaram para explicar o valor da moeda; no entanto, a abordagem adotada foi diferente para diversos economistas.

O que torna a **teoria monetária clássica** única é a inclusão do custo de produção de outras coisas, bem como o posicionamento da função de oferta de moeda. Além de esclarecer a singularidade da teoria monetária clássica, a seguinte elaboração pode ser suficiente. A função de demanda por moeda na teoria monetária clássica mudou simultaneamente e na mesma direção com as mudanças na função de oferta de moeda. Por exemplo, movimentos positivos da função de oferta de moeda que podem resultar de melhorias na capacidade produtiva das minas de ouro domésticas (se houver) ou de outras *commodities*, incluindo a agricultura (Ferguson, 2013).

3.1.2 Teoria keynesiana

John Maynard Keynes (1883-1946) acreditava que o problema da escassez na economia poderia ser resolvido aumentando-se continuamente o crédito para atingir o nível de pleno emprego. Segundo ele, o padrão *ouro* não apoiou a expansão do crédito e levou à manutenção do *status quo* da escassez. Portanto, a virtude da inelasticidade do ouro mais apreciada pelos economistas clássicos passou a ser criticada por Keynes como um vício que precisava ser abandonado em favor da inflação da moeda fiduciária (Keynes et al., 1971). Keynes, em sua teoria da economia, negou o entendimento ortodoxo da moeda, rejeitou a famosa dicotomia clássica que afirmava que as variáveis nominais em uma economia são determinadas por fatores nominais, e as variáveis reais, pelo real (Ferguson, 2013).

Essa dicotomia ocorria essencialmente entre o nível de **preço relativo** determinado pela demanda e oferta de bens e o nível de **preço absoluto** determinado pela demanda e oferta da moeda. Keynes afirmou que essa dicotomia surgiu do fracasso dos economistas monetários clássicos em integrar a teoria do valor à teoria monetária (Ferguson, 2013).

Sua visão radical ligava os setores real e monetário em uma economia. Keynes argumentou que a velocidade das transações dada como estável na economia clássica não é constante. Em tempos de desaceleração econômica, a moeda muda de mãos muito lentamente, pois as pessoas estão menos dispostas a gastar em razão da baixa renda. Portanto, Keynes entendia que a velocidade das transações não pode ser uma variável fixa. A confiança do consumidor e do empresário parece influenciar, em grande medida, a velocidade, mas essas variáveis são altamente voláteis (Ferguson, 2013).

Keynes também argumentou que as pessoas tendem a reter a moeda não apenas para transações. Ele apresentou sua **teoria da preferência pela liquidez**, que fornece uma ideia sobre a tendência das pessoas de reter moeda, visto que a moeda é a forma mais líquida de meio financeiro, pois é uma reserva de valor, um padrão de pagamento diferido e meio de troca usual. Além da necessidade de transações, as pessoas guardam moeda também para fins de precaução. A necessidade de precaver-se entra em jogo quando as pessoas estão incertas sobre o futuro, esperando níveis mais baixos de renda no futuro diante de desaceleração econômica, o que as leva a economizar e a manter maior quantidade de moeda como uma garantia para tempos difíceis no futuro (Vasconcellos, 2011; Nogami; Passos, 2012; Vasconcellos; Garcia, 2014).

Além disso, Keynes acreditava que as pessoas também guardavam moedas para fins especulativos. E, para isso, Keynes introduziu o papel das taxas de juros na determinação das reservas especulativas de moeda. Ele explicou que a expectativa de taxas de juros futuras é fundamental para determinar a demanda atual por moeda, uma vez que os agentes econômicos tendem a se desfazer de seus títulos em função da expectativa de elevação das taxas de juros (provavelmente, em razão das baixas taxas de juros atuais). À medida que o aumento das taxas de juros deteriora o valor dos títulos, os investidores ficam mais propensos a vender seus títulos e a aumentar a liquidez atual, ou seja, moeda. A dicotomia clássica tornou-se irrelevante, pois Keynes relacionou uma variável real (taxa de juros) na determinação de uma variável monetária (demanda por moeda) (Vasconcellos, 2011; Nogami; Passos, 2012; Vasconcellos; Garcia, 2014).

A teoria da preferência pela liquidez de Keynes é, na verdade, a rejeição da teoria dos fundos para empréstimos. Embora Keynes considerasse Jean-Batiste Say (1767-1832) um dos visionários da economia, discordou de sua opinião acerca da relação entre o consumo, a poupança e os investimentos não afetarem o emprego. O raciocínio de Say é de que, se houver um aumento geral nas propensões a economizar, a taxa de juros cairá e as taxas de juros mais baixas estimularão o investimento. A **lei de Say** argumenta que o aumento da poupança estimula a demanda por projetos de investimento. Portanto, qualquer aumento da poupança decorrente da queda do consumo é compensado por um aumento do investimento, não tendo efeitos sobre o emprego; logo, a economia está sempre em pleno emprego. A Lei de Say baseava-se na premissa de que não há motivos para acumular moeda para fins especulativos. Rejeitou a noção de acumulação de moeda, pois significaria abrir mão do rendimento que um agente econômico obteria de outra forma, concluiu, pois toda a moeda não consumida será economizada e, então, será traduzida em investimentos (Ferguson, 2013).

Exercício resolvido

A teoria econômica de Keynes versa sobre a preferência pela liquidez e fornece uma ideia sobre a tendência de as pessoas reterem moeda, visto que esse dispositivo é a forma mais líquida do meio financeiro. Considerando essa afirmação, de acordo com a teoria da preferência de liquidez, a moeda é:

a. uma reserva de valor.
b. usada de forma especulativa.
c. uma forma de multiplicar a moeda.
d. uma forma de aumentar o patrimônio.

Resposta: a.

Comentário: conforme a teoria de Keynes, a moeda é uma reserva de valor. Reserva de valor refere-se à capacidade de certos bens de preservar o poder de compra com o passar do tempo. Moeda especulativa é uma ação promovida por investidores estrangeiros no mercado de câmbio para provocar uma desvalorização significativa da moeda local em relação a uma moeda de referência (como o dólar, por exemplo). Moeda como multiplicador financeiro é uma moeda capaz de ser transacional e ter reserva de mercado.

3.1.3 Moderna escola monetarista

Milton Friedman (1912-2006) argumentou que as mudanças na oferta de moeda podem causar mudanças nas variáveis nominais, bem como nas variáveis reais, como produto e emprego. A reformulação de Friedman da teoria quantitativa foi, essencialmente, uma teoria da demanda por moeda, em que a moeda é tratada como qualquer outro ativo (Handa, 2009).

Agentes econômicos (indivíduos, empresas, governos) tendem a reter determinada quantidade de moeda em reais, termos chamados de *saldos monetários reais*. Em épocas de inflação mais alta, o poder de compra da unidade de conta é corroído, os agentes econômicos ajustarão os saldos nominais da moeda para manter a mesma quantidade dos saldos reais, conservando os saldos reais constantes. Friedman defendeu que o nível de equilíbrio real mantido pelas pessoas dependia da renda permanente (o valor presente descontado de todas as receitas futuras esperadas), do retorno relativo esperado sobre títulos e ações *versus* moeda e da inflação esperada (Ferguson, 2013).

Portanto, a demanda por saldos monetários reais, de acordo com Friedman, aumenta quando a renda permanente aumenta e diminui quando os retornos esperados de títulos, ações ou bens aumentam em relação aos retornos monetários esperados, que incluem tanto os juros pagos em depósitos quanto os serviços que os bancos fornecem aos depositantes (Wright; Hettihewa, 2009).

A teoria da quantidade moderna formulada por Milton Friedman é considerada superior à teoria da preferência pela liquidez de Keynes em razão da inclusão de outros tipos de ativos como títulos, ações, bens em oposição a apenas um ativo-título (Ferguson, 2013).

3.2 O futuro da moeda

Quase sempre, as discussões sobre o futuro da moeda são desviadas pela confusão sobre a definição de moeda e suas muitas funções, formas e a multidão de mecanismos para efetuar transações. Para a maioria dos economistas, a moeda tem três funções clássicas: unidade de conta, meio de pagamento e reserva de valor. No futuro, há poucas perspectivas de mudança nesses atributos básicos, mas há uma boa chance de que as formas atuais de moeda sejam alteradas por outras formas, embora não seja possível ainda mensurar a probabilidade de aceitação. E ainda, sem dúvida, haverá uma proliferação de métodos de mídia ou transação, tanto físicos quanto digitais, nas próximas décadas (Miller; Michalski; Stevens, 2002).

Dois conceitos adicionais tornam mais fácil avaliar as muitas trajetórias possíveis com relação às formas monetárias e aos meios de pagamento para as próximas décadas. Uma delas é a ideia de um **espaço monetário** que se refere a um domínio, tanto no sentido físico de determinado território quanto no sentido virtual de um mercado específico, dentro do qual determinada moeda serve a uma, duas ou todas as três funções. O segundo conceito útil é o de uma **hierarquia monetária**, que deve existir dentro de um espaço monetário. Essa noção ajuda a distinguir diferentes formas de moeda e as relações que existem entre eles (Miller; Miachalski; Stevens, 2002).

3.2.1 Definindo tendência: mudança para o intangível

A necessidade de um novo quadro conceitual para a economia moderna permanece primordial. Tal estrutura deve basear-se nas contribuições de serviço e abordagens da economia da informação, mas precisam ser mais amplas para abranger outras tendências significativas, como a explosão dos mercados financeiros.

Com fundamento em uma tendência abrangente, a mudança será de tangível para intangível. A paisagem econômica do presente e futuro não é mais moldada por fluxos físicos de bens materiais e produtos, mas por fluxos etéreos de dados, imagens e símbolos. Sob a perspectiva da demanda, consumimos mais e mais artefatos de informação baseados em conteúdo e entretenimento. Do lado da **oferta**, os **ativos intangíveis**, como: marca, capital humano, propriedade intelectual e conhecimento, tornaram-se os principais determinantes das empresas relativamente a desempenho e valor (Miller; Miachalski; Stevens, 2002).

Como característica principal da economia agrícola, havia uma relação entre homem, natureza e produtos naturais. Na economia industrial, a relação estava entre o homem, a máquina e os objetos artificiais criados pela máquina. Agora, com relação ao **intangível** na economia, a característica principal está em torno das relações entre **o homem**, as **ideias** e os **símbolos**. A fonte de valor econômico e riqueza não é mais a produção de bens materiais, mas a criação e manipulação de conteúdo intangível ((Miller; Miachalski; Stevens, 2002).

A mudança para o intangível é geral e duradoura. Afeta todos os setores e todos os aspectos da vida econômica. De acordo com Peter Ferdinand Drucker (1909-2005), a participação relativa de bens na produção de manufatura tem diminuído a uma taxa anual de cerca de 1% ao ano desde o fim da Segunda Guerra Mundial. Por outro lado, desde a década de 1980, a contribuição relativa da informação e do conhecimento para a produção industrial vem crescendo na mesma taxa (OECD, 2002).

A mudança para o intangível é habitualmente vista como um fenômeno puramente impulsionado pela tecnologia, daí a frequente caracterização da nova economia como a internet ou economia digital. Essa é uma simplificação enganosa. Embora tecnologia da informação seja um vetor principal da economia intangível, não é o único. O surgimento da economia intangível deve, pelo menos, ser uma tendência básica no comportamento do consumidor e no ambiente de negócios. A mudança para uma maior demanda relativa de lazer, informação e conhecimento é uma tendência duradoura no comportamento do consumidor. Inovações de negócios voltadas para a marca e a contabilidade baseada em custos levaram as empresas a prestar mais atenção à gestão de ativos intangíveis (OECD, 2002).

Embora a tendência de digitalização e proliferação de rede seja inconfundível, o impacto econômico e comercial dessa tendência permanece obscuro e a gama de resultados potenciais é amplamente aberta. Não podemos ignorar que a economia intangível continua de difícil definição e não se encaixa facilmente em categorias econômicas padrão.

Para entender a economia intangível, é melhor abordá-la com base em três diferentes prismas (que, na verdade, têm perspectivas complementares), segundo Miller, Michalski e Stevens (2002):

1. **Perspectiva da demanda**: bens intangíveis produção final para o consumo do lar.
2. **Perspectiva de oferta**: ativos intangíveis, usados pelas empresas para estabelecer e manter sua posição competitiva e sobrevivência. Isso inclui marcas, propriedade intelectual, capital humano, informações de pesquisa e desenvolvimento.
3. **Perspectiva do sistema econômico**: lógica da desmaterialização – um conjunto inter-relacionado de tendências e forças que afetam todas as atividades econômicas, mudando a natureza do transações econômicas e estruturas de mercado.

Os **bens intangíveis** incluem várias formas de informação e comunicação, alta e baixa cultura, mídia audiovisual, entretenimento e lazer, e serviços financeiros. Todos os bens são suporte aos produtos, combinando conteúdo intangível com conteúdo físico, podemos citar: uma música com um disco magnético para um CD de áudio; história e um canteiro de obras para um monumento clássico. Tradicionalmente, o conteúdo e o suporte estavam intimamente ligados, tornando-os únicos ou reproduzíveis apenas em pequena escala. O desenvolvimento das tecnologias de armazenamento e compartilhamento de conteúdo mudaram. Uma música pode ser cantada ao vivo, gravada em um CD ou exibida em um videoclipe. A dissociação do conteúdo e o apoio levaram à proliferação de artefatos intangíveis de duas maneiras. A primeira refere-se ao levantamento das restrições de capacidade. A segunda diz respeito à dimensão de proliferação, o mesmo conteúdo fornece a fonte para uma família de artefatos. Assim, um livro pode ser oferecido em capa dura, brochura, CD-ROM ou em ambiente virtual. É solidário (sempre consumido com outros produtos, tangíveis ou intangíveis). Outras características dos bens intangíveis:

- **não são destrutivos**: o mesmo artefato pode ser consumido repetidamente também pelo mesmo consumidor ou por outro;
- **não são subtrativos (ou não rival)**: o consumo de uma pessoa não reduz o consumo de outra pessoa, ou seja, o custo de oportunidade de compartilhamento é zero.

Para melhor entendimento, segue o que se conceitua como intangíveis: são frequentemente apresentados como um "bem público", comparáveis ao ar puro ou à defesa nacional, cujo consumo não pode ser limitado para um único consumidor e, portanto, são inerentemente coletivos. Um termo preferível é *bem compartilhado*, na medida em que compartilhar é uma propriedade notável dos artefatos intangíveis. Pode ser sequencial ou simultâneo. No entanto, a simultaneidade no tempo não significa unidade no espaço: a tecnologia da informação permite consumir o mesmo artefato em vários locais. Artefatos intangíveis criam seu próprio espaço-tempo, o que elimina as restrições da geografia (OECD, 2002).

O compartilhamento afeta aspectos críticos das transações de artefatos intangíveis, como a atribuição de direitos de propriedade. Enquanto um vendedor de um bem físico perde sua propriedade e direitos sobre ele, um vendedor de artefatos intangíveis continua a detê-los.

3.2.1.1 Ativos intangíveis

A mudança para o intangível não se limita à demanda. Do lado da oferta, é estimulado pela crescente importância dos ativos intangíveis. Estatísticos e contadores há muito reconheceram que a acumulação de capital e a implantação de ativos significa mais do que a aquisição de instalações físicas e equipamento. A parcela do investimento intangível está se expandindo em relação ao investimento físico. De acordo com o Instituto Nacional Francês de Informação Econômica e Estatística, o investimento intangível representou 30% do investimento total em 1992 na França e estava crescendo a uma taxa mais rápida do que os ativos fixos tradicionais (OECD, 2002).

Evidências parciais sugerem que em outros países, como o Reino Unido, a porcentagem é ainda maior. A noção de que os ativos intangíveis são mais importantes para o desempenho dos negócios é a sobrevivência de uma empresa além de seus ativos físicos.

3.2.1.2 Mercados financeiros e a moeda eletrônica

A moeda na economia intangível, não surpreendentemente, também está se tornando cada vez mais intangível. O peso relativo das transações monetárias e não monetárias agora excede o valor da moeda. Moedas e pagamentos estão cada vez mais sendo processados por redes eletrônicas, e é possível dizer que a manipulação de moeda está quase totalmente automatizada.

Além da alteração da aparência e da mecânica da moeda, existem mudanças estruturais mais profundas. O triunfo dos mercados significa que a moeda está cada vez mais sendo usada para liquidação de transações de mercado multilateral em vez de transações comerciais bilaterais. Essa evolução funcional, por sua vez, leva a modificações profundas no projeto de sistemas de compensação e redes, que precisam lidar com um volume maior, trabalhar em tempo real e oferecer acesso mais abrangente. Embora os bancos continuem a desempenhar um papel fundamental na gestão desses sistemas, a pressão externa para que outros atores também possam permear esse meio ficam mais intensos (OECD, 2002).

Além disso, a própria moeda se tornou uma mercadoria negociável. Mercados para várias formas da moeda e instrumentos monetários são maiores do que os mercados de ações ou de quaisquer bens comerciais, e fixam as variáveis de moeda, as taxas de juros e as taxas de câmbio (OECD, 2002).

Essas mudanças tornam a moeda mais visível e difundida, mas também menos estável, mais volátil em seu valor. A política monetária torna-se mais importante como uma alavanca de gestão econômica ao mesmo tempo que os clássicos agregados monetários:

- **M1**: também conhecido como base monetária, diz respeito à soma de todo o papel moeda da economia mais os depósitos bancários à vista;
- **M2**: corresponde ao M1 e às demais emissões de alta liquidez realizadas, primariamente, no mercado interno por instituições depositárias – as que realizam multiplicação de crédito;
- **M3**: consolidado bancário – passivo monetário restrito do Banco Central e passivo monetário ampliado das instituições depositárias e fundos de renda fixa; perdem sua confiabilidade como sinais de futuro econômico e crescimento da inflação (OECD, 2002).

3.2.1.3 Debate sobre moeda eletrônica

A indefinição da moeda explica a persistência da controvérsia sobre se a transformação da moeda levou ou não ao surgimento de uma nova categoria, a *moeda eletrônica* (ou *dinheiro eletrônico*).

Alguns analistas definem moeda eletrônica como qualquer forma de moeda armazenada que passou para sistemas de computador e redes de dados. Outros a caracterizam em termos mais restritivos. Uma definição comumente usada destaca o uso inovador da tecnologia. Exemplos frequentemente mencionados de moeda eletrônica apoiada em tecnologia é o porta-moedas eletrônico baseado em cartão inteligente para pequenos pagamentos de valor e a moeda digital baseada em *software* de criptografia (*token*) e em esquemas eletrônicos (*Digicash* ou *NetCash*). Outra definição se concentra em novos usos como as milhas aéreas, mais da metade das quais são geradas e usadas no solo, ou em esquemas de fidelidade multimarcas. O interesse dos esquemas de moeda eletrônica com base no uso é que não são originados nem operados por bancos (Miller; Michalski; Stevens, 2002).

As diferenças na definição são mais do que interesse acadêmico. Há implicações regulatórias substanciais. Em setembro de 1998, a Comissão Europeia (CE) publicou uma proposta para uma diretiva de moeda eletrônica. Resultado de vários anos de discussão entre os órgãos oficiais e os setores público e privado, a diretiva proposta oferece um quadro jurídico para a regulamentação da moeda eletrônica e emissão por potenciais atores não bancários.

Na proposta de diretiva, a CE define a moeda eletrônica como um instrumento polivalente. Em outras palavras, a moeda eletrônica é interpretada como um instrumento de pagamento que pode ser usado para liquidar mais de um tipo de transação, ao passo que a definição tradicional de moeda enfatiza sua dimensão universal. A nova definição leva a mais uma ampla e ambígua definição do emissor de moeda eletrônico. Uma instituição não financeira, um varejista ou um provedor de serviços de internet que emite um instrumento apropriado para vários tipos de transações (compra de bens físicos com comerciantes selecionados, compra de bens intangíveis, como informações, participando em leilão etc.) pode, portanto, ser considerado um emissor de moeda eletrônica (Miller; Michalski; Stevens, 2002).

A proposta da diretiva reconhece, explicitamente, a possibilidade de uso não bancário de emissores de moeda eletrônica e define uma estrutura regulatória e prudencial específica para eles.

Ainda em discussão, a proposta de diretiva é altamente controversa e afligida pela síndrome do meio-termo. Para entusiastas do comércio eletrônico, pode criar um fardo adicional e impedir a inovação. Para reguladores, como Bancos Centrais, pode ser muito claro. Assim, o Banco Central Europeu (BCE) prefere que a emissão de moeda eletrônica seja limitada a instituições de crédito e que a definição de instituição de crédito seja ampliada para incluir todos os emissores de moeda. Sob essa abordagem, a moeda eletrônica é similar à moeda escritural em um suporte eletrônico e, como tal, não requer uma revisão fundamental do quadro regulatório e institucional dos sistemas monetários. De acordo com muitos bancos centrais da União Europeia, como o Banque de France, *e-purse* e *e-cash* são instrumentos pré-pagos que se assemelham, em substância, a cheques de viagem, exceto que os últimos não são divisíveis. Nenhum novo *status* ou regulamento é necessário para cheques de viagem e, portanto, nenhum novo *status* é necessário para o dinheiro eletrônico (OECD, 2002).

Quanto aos esquemas de fidelidade, seu uso é restrito e não são amplamente resgatáveis, exceto dentro do conjunto designado de comerciantes. Portanto, eles não podem ser considerados como moeda.

Além das questões de definição, esquemas baseados em tecnologia e no uso levantam outras questões substantivas. O principal problema com essas iniciativas de pagamento pela internet é que elas não têm focado o suficiente no comportamento e nas atitudes dos clientes. Como resultado, a maioria desses esquemas surgiu como soluções em busca de um problema, sofrendo de exagero sem sofisticação de *marketing* e negócios. Eles foram direcionados, principalmente, em pagamentos de pequeno valor entre empresas e consumidores e eram basicamente concebidos como substitutos para pagamentos em cartão ou em dinheiro. Assim, mesmo que tivessem sucesso, não é certo que eles transformariam radicalmente o existente sistema monetário (Miller; Michalski; Stevens, 2002).

3.2.1.4 Moeda eletrônica: elementos de uma definição

A moeda eletrônica deve ser definida como uma nova categoria de moeda fiduciária e escritural. A definição deve ser sistêmica, considerando as três funções básicas da moeda, a saber, unidade de conta, meio de troca e reserva de valor. É essencial olhar para todo o processo monetário, ou seja, não apenas para a emissão, em que a maioria das discussões sobre moeda eletrônica tende a se concentrar, mas também para a liquidação e a compensação. Dentro do efeito, compensação e liquidação são tão essenciais na determinação do escopo de aceitabilidade e universalidade da moeda (fiduciária, escritural ou eletrônica) como a emissão. Além disso, é nessa área que o uso generalizado de tecnologia da informação (TI) teve o impacto mais forte. A automação de *back-office* facilitou e estimulou o crescimento explosivo no volume e escopo de pagamentos eletrônicos, no atacado e no varejo, nacional e global (Miller; Michalski; Stevens, 2002).

A moeda fiduciária vincula fortemente as três funções. Sua emissão é estritamente controlada. Na medida em que a moeda é autorreferencial, o processo de compensação e liquidação é bastante direto e visa verificar se a moeda é genuína. A moeda fiduciária não é realmente adequada para transações de mercado multilateral. A moeda escritural combina as funções de unidade de conta e meio de troca.

O valor está imobilizado. A emissão de moeda escritural é regulamentada. O processo de compensação e liquidação torna-se mais complexo. É necessário, portanto, verificar não apenas o instrumento, mas também as identidades do pagador e do recebedor; e o meio de troca e o valor subjacente precisam ser reconciliados e as trocas gravadas. Assim, a moeda escritural requer contabilidade detalhada e dedicados sistemas de compensação e liquidação. Esses sistemas são rigidamente supervisionados pela Banco Central e seu acesso é hierárquico, com os bancos comerciais atuando como guardiões.

Quando a moeda é escriturada e baseada em papel, o sistema é caro e difícil para aumentar. Daí a ênfase na automação, a fim de substituir a troca de instrumentos por transferência de conta. No entanto, compensação e liquidação automatizadas dos sistemas mantiveram, em sua maior parte, restrições de acesso e controle bancário (Miller; Michalski; Stevens, 2002).

Por outro lado, a desmaterialização da função de troca tornou mais fácil o uso da moeda escritural para a liquidação de transações de mercado. Também facilitou o surgimento de novos instrumentos baseados em contas bancárias, como débito direto ou cartão de débito e crédito.

A moeda eletrônica descompacta a função da unidade de conta, que se torna completamente desmaterializada. Na economia intangível, em que todos os valores são relativos, os valores são calculados como índices e todos esses cálculos são amplamente e prontamente disponíveis. Além disso, o valor não é necessariamente fixado no momento da troca. Por outro lado, a moeda eletrônica combina meio de troca e armazenamento de funções de valor. Não está vinculado a um único meio de troca, mas pode ser incorporada em uma variedade de instrumentos. Da mesma forma, a reserva de valor não se limita a um depósito bancário. Vários tipos de ativos intangíveis, informações, propriedades intelectuais etc. podem ser usados como uma contrapartida para a moeda eletrônica. A moeda eletrônica pode ser vista como um contrato de valor digital, e as transações de moeda eletrônica, como uma troca digital. A emissão de moeda eletrônica é bastante aberta. Por outro lado, os sistemas de compensação e liquidação são regulamentados para garantir o resgate e a conversibilidade em outras categorias de moeda (OECD, 2002).

O acesso não é mais restrito às instituições bancárias, mas àqueles que têm os privilégios de acesso necessários para satisfazer os requisitos regulamentares e prudenciais definidos.

A distinção entre os usos comerciais e de mercado da moeda eletrônica torna-se irrelevante, pois a maioria das transações comerciais são mediadas pelos mercados. Essa definição de moeda eletrônica é reconhecidamente bastante genérica. Alguns de seus elementos já estão no lugar, enquanto outros ainda estão em vários estágios de gestação. No entanto, fornece um plano que deve facilitar a compreensão de o processo contínuo de emergência da moeda eletrônica (OECD, 2002).

3.2.2 Olhando para o futuro

Certamente não faltam estudos e ensaios sobre o futuro da moeda. A maioria deles, entretanto, tende a confundir inovações atuais com tendências de longo prazo. Assim, as discussões sobre o assunto oscilam entre dois extremos. Por um lado, há os "entusiastas apocalípticos", que consideram *e-cash*, *e-purse* e semelhantes iniciativas como os cavaleiros do apocalipse, que vão destruir as finanças e sistemas como o conhecemos. A moeda digital tem potencial de causar conflito entre o ciberespaço e os Estados-nação (Tanaka, 1996). Do outro lado, há os "incrementalistas céticos", que, tendo verificado o árduo trabalho de inovações da moeda eletrônica, tendem a ver o futuro da moeda como mais do mesmo, com inovações baseadas em tecnologia sendo assimiladas pela característica da estrutura da moeda escritural.

A moeda eletrônica é uma grande inovação sistêmica. No entanto, como acontece com as outras inovações do sistema monetário, sua implantação e sua disseminação serão processos demorados, que devem ser medidos em décadas, e não em anos. Além disso, a moeda eletrônica terá um impacto significativo sobre as formas e as categorias de moeda existentes, sem necessariamente eliminá-las. Vários sistemas monetários serão intimamente integrados aos mercados intangíveis. O nexo da moeda se tornará um nexo de mercado (Miller; Michalski; Stevens, 2002).

A economia intangível tem impulso forte, no entanto, a lógica da desmaterialização não é determinística. Não aponta para uma única trajetória ótima, na verdade, amplia o leque de opções. A instabilidade e a volatilidade, que regem a demanda por intangíveis, tornam-se generalizadas e afetam todos os aspectos da economia, a saber, a competitividade nacional, as hierarquias de negócios e as estruturas de mercado, levando a choques econômicos e financeiros frequentes e, muitas vezes, grandiosos. A mudança na hierarquia é particularmente impactante nos negócios: das 500 empresas americanas que faziam parte do *ranking* da *Fortune 500*, em 1980, 40% desapareceram em 1992 (OECD, 2002). O domínio do mercado pode ser alcançado com velocidade sem precedentes e perdido com igual, senão maior rapidez, particularmente em setores de rápido crescimento, como telecomunicações e internet.

No centro da economia intangível, forças conflitantes estão em ação: economias de escala e retornos crescentes de um lado, mudança de valor para o consumidor e turbulência do mercado de outro. Sua trajetória é atingida por correntes cruzadas contraditórias: globalização e localização, concentração e fragmentação, integração vertical e competição horizontal (OECD, 2002).

Às vezes, parece que o princípio orientador das estratégias de negócios e da formulação de políticas econômicas são incoerentes. Embora a competição nunca tenha sido mais acirrada, a luta por participação de mercado mais agressiva ou a rivalidade entre empresas mais intensa, as alianças proliferam em todos os setores, e os teóricos da administração exaltam as virtudes da cooperação e do compartilhamento. Essa coexistência de competição e cooperação levou ao surgimento de um conceito conhecido por *coopetição* (Miller; Michalski; Stevens, 2002).

A economia intangível não matou a distância, mas transformou sua natureza: a topografia é menos relevante e a topologia tornou-se essencial. Distinções entre proximidade e distância permanecem altamente pertinentes. Aumentos na conectividade não levam necessariamente a um campo nivelado ou uniforme. Na verdade, o panorama da comunicação está se tornando mais pitoresco e variado. A explosão de ligações potenciais leva a uma maior seletividade e proliferação de comunidades. A densidade de *links*, conexões e relações é altamente desigual. Além disso, os contatos virtuais e físicos são complementares, e não mutuamente exclusivos (Miller; Michalski; Stevens, 2002).

3.2.2.1 Mercado e redes

Os mercados são mais importantes do que nunca. Não é por acaso que um dos principais participantes do comércio eletrônico, que saiu relativamente incólume do desastre das "pontocom", é o E-Bay, um mercado eletrônico aberto com 30 milhões de usuários, que busca negociar "praticamente qualquer coisa na Terra". No segmento *business-to-business*, (expressão identificada pela sigla B2B, é a denominação do comércio estabelecido entre empresas), a proliferação de mercados privados e virtuais tem sido um impulsionador de crescimento dominante. Mesmo que tenha ocorrido, recentemente, uma desaceleração acentuada em sua implantação, parece provável que a proporção crescente de transações entre empresas venha a ser mediada por esses mercados. Se seguirem a lógica da desmaterialização, poderão fornecer uma plataforma para a negociação generalizada de ativos, em que as empresas poderão adquirir o próprio ativo (tangível ou intangível) ou vários derivativos oferecendo direitos definidos para usá-lo.

À medida que os mercados crescem cada vez mais desmaterializados e virtuais, as distinções tradicionais entre mercados e redes se confundem. Assim, dois conceitos convergem, cada um fornecendo ferramentas úteis para o outro:

1. **Mercados como redes**: os mercados apresentam fortes externalidades de rede – quanto maior o número de usuários, maiores os benefícios para cada usuário. No caso de redes, o principal benefício é a conectividade; no caso dos mercados, é a liquidez. À medida que os mercados se tornam mais abertos, eles precisam tornar suas regras de acesso menos rígidas e mais semelhantes às de redes tradicionais, como as de telecomunicações. Os mercados também precisam abordar e implementar uma interconexão suave e transparente, a competência central das redes.
2. **Redes como mercados**: à medida que as redes se separam da infraestrutura física, o gerenciamento de acesso e capacidade torna-se mais complexo. Os *designers* de rede utilizam mecanismos de negociação de mercado para otimizar a gestão e garantir uma qualidade de serviço definida. Da mesma forma, o uso de redes como um canal para transações de comércio eletrônico cria a necessidade de aprimorar a identificação da contraparte e os procedimentos de construção de confiança, há muito estabelecidos nos mercados financeiros (Miller; Michalski; Stevens, 2002).

Nesse sentido, enquanto os mercados procuram melhorar sua conectividade, as redes buscam incorporar recursos de negociação em seu *design*. Surgem formas híbridas de empresas e organizações econômicas, que podem ser chamadas de *netmarkets* (OECD, 2002).

3.2.3 Formas emergentes de moeda eletrônica

Na economia intangível, a noção de *fungibilidade* adquire um novo significado. O significado tradicional se refere à fungibilidade entre várias formas de moedas, digamos, entre moeda e moeda escritural. O novo termo *e-fungibilidade* descreve a possibilidade de substituição e troca entre vários tipos de valor intangível: moeda, informação, propriedade intelectual, comunicações. Na medida em que todos compartilham um substrato tecnológico comum de armazenamento digital, é fácil e barato trocar moeda por informações, informações por acesso, acesso por reconhecimento de propriedade intelectual e assim por diante. Cada um deles pode ser usado alternativamente como uma reserva de valor e/ou meio de troca.

Assim, a moeda eletrônica pode, por exemplo, assumir a forma de:

- moeda de propriedade intelectual: quando o valor é baseado no conteúdo e em sua proteção;
- Moeda de comunicação: quando o valor é baseado no acesso e em serviços relacionados.

A e-fungibilidade permite calcular as paridades de troca entre diferentes formas de valor e realizar transações de câmbio, por meio do que é realmente uma troca digital (OECD, 2002).

3.2.4 Alternativas para o cenário financeiro futuro

O desenvolvimento futuro da moeda eletrônica em uma perspectiva mais ampla, sugere duas lições principais: (1) é improvável que o desenvolvimento da moeda eletrônica seja um processo suave, linear ou harmonioso – com toda a probabilidade, será uma jornada difícil, sinuosa e contenciosa; (2) vários sistemas monetários coexistirão e interagirão; para apreender o panorama financeiro futuro, podemos tentar identificar o que poderia ser chamado de *alternativas centrais*, e estas não são completas e internamente consistentes, mas feixes estreitos para o futuro, estruturados em torno de uma hipótese simples.

Três dessas alternativas podem ser identificadas:

1. a alternativa das **moedas privadas**;
2. a alternativa **monetária global**;
3. a alternativa do **nexo de mercado** (Miller; Michalski; Stevens, 2002).

3.2.4.1 Moedas privadas

A alternativa às moedas privadas postula uma proliferação de emissores e moedas. De acordo com Miller, Michalski e Stevens (2002), trata-se de uma variação de uma ideia formulada pela primeira vez por Friedrich August von Hayek (1899-1992), em 1976. Ele argumentou veementemente contra o monopólio do governo sobre a moeda e a favor de emissores privados concorrentes. Isso foi visto como uma forma de evitar a manipulação monetária, que, segundo Hayek, gerou inflação e o ciclo de "altas e baixas".

Mais recentemente, dois outros modelos de moeda privada surgiram. Um destes é o modelo de **moeda comunitária**, em que sua reserva de valor é constituída por uma gama de serviços locais. A moeda da comunidade é então usada para construir uma base de contas comum e, assim, facilitar um intercâmbio mais amplo desses serviços. No entanto, a moeda da comunidade permanece fundamentalmente local e não se destina ao resgate fora dos limites da comunidade. Provavelmente, os exemplos mais conhecidos de moeda comunitária são os esquemas de câmbio e comércio local, que foram lançados pela primeira vez no final dos anos 1970 na Colúmbia Britânica (Miller; Michalski; Stevens, 2002). O outro modelo de moeda privada é o de **moeda corporativa**. A ideia subjacente é que muitas empresas têm um balanço patrimonial mais forte do que a maioria dos bancos e suas atividades são extensas e globais. Portanto, se uma corporação como a IBM ou a Microsoft emitisse moeda, a ser resgatada contra seus produtos ou produtos de empresas afiliadas, seria tão crível quanto qualquer moeda emitida por banco; o emissor corporativo não teria dificuldade em atrair comerciantes afiliados, que aceitariam o dólar IBM ou Microsoft. Outros candidatos "naturais" para moedas corporativas são os fornecedores e operadoras de rede (OECD, 2002).

Até agora, as moedas privadas permanecem no estágio de ideia ou estão confinadas a situações locais marginais. As **moedas corporativas** também permanecem limitadas a esquemas como dólares da Disney, resgatáveis em vários parques de atrações da Disney ou pontos de fidelidade Groupe Spécial Mobile (GSM).

No entanto, a ampla disponibilidade de tecnologias capacitadoras, fornecendo ferramentas tanto para emissão quanto para compensação e liquidação, leva muitos analistas a acreditar que as moedas privadas se estabelecerão e constituirão uma forma preferencial de moeda eletrônico. Hart (2001) vê isso como uma alavanca para uma maior democracia econômica e política.

Para saber mais

A crise da moeda fiduciária começou após a falência do banco de investimentos Lehman Brothers, em setembro de 2008. Tal crise evidenciou a estreita vinculação entre a moeda fiduciária e os títulos da dívida pública nela denominados, ou, em outras palavras, as relações entre tesouro e Banco Central. Para saber mais sobre esse assunto, leia o artigo "Revelações da crise: moeda fiduciária e as relações Tesouro/Banco Central", de Maryse Farhi, disponível no *link*: <https://www.scielo.br/pdf/rep/v34n3/v34n3a03.pdf>. Acesso em: 26 jun. 2021.

3.2.4.2 Moeda única global: o GEO

Trata-se do extremo oposto da moeda privada: postula o surgimento de uma moeda única global. Isso seria uma consequência lógica de uma tendência ampla de globalização, uma tradução monetária de aprofundamento da integração econômica.

Exemplificando

O euro é um exemplo clássico – embora alguns observadores questionem convincentemente a viabilidade de uma moeda única em uma estrutura multinacional. Assim, do *euro*, do *dólar* e do *iene* poderia emergir o GEO. A tecnologia para a moeda global está disponível (apesar de não tão amplamente quanto a tecnologia para moeda privada), e a tarefa, ainda que desafiadora, não é excessivamente complexa. O que seria necessário é a criação de um sistema único de compensação e liquidação para transações denominadas geograficamente. Tal sistema seria baseado na metodologia real adotada por todos os principais bancos centrais e seria construída sobre a arquitetura e experiência do sistema *target*, utilizado pelo Banco Central Europeu para a liquidação de transações interbancárias em euros (Miller; Michalski; Stevens, 2002).

Os fatores críticos de sucesso para o GEO não são tecnológicos, mas econômicos e políticos. Economicamente, os países que entram em um sistema de moeda comum precisam aceitar uma disciplina macroeconômica comum. Politicamente, deve haver uma forte vontade de criar uma moeda comum global (Miller; Michalski; Stevens, 2002).

O GEO não surgirá espontaneamente da interação das forças de mercado e, talvez por essa razão, a alternativa geográfica teve um perfil consideravelmente mais baixo do que a alternativa de moedas privadas. No entanto, nos próximos dez a vinte anos, a questão de uma moeda global provavelmente retornará ao topo da agenda de políticas públicas (OECD, 2002).

Exercício resolvido

Uma das várias novas formas de moedas é a moeda corporativa de algumas empresas, entre elas a IBM. Por que o mercado aceitaria uma moeda, por exemplo, como dólar IBM?

a. Porque seria uma consequência lógica de uma tendência ampla de globalização, uma tradução monetária de aprofundamento da integração econômica.
b. Porque muitas empresas têm um balanço patrimonial mais forte do que a maioria dos bancos, suas atividades são extensas e globais, e estas poderiam ser resgatadas com seus produtos ou produtos de empresas afiliadas.
c. Porque seria uma consequência lógica de uma tendência ampla de grandes empresas começarem a emitir moedas para fazer concorrência aos Bancos Centrais.
d. Porque muitas empresas têm um balanço patrimonial mais forte do que a maioria dos bancos, por isso maior credibilidade.
e. Porque seria uma consequência lógica de uma tendência ampla de grandes empresas emitirem moedas criptografadas.

Resposta: b.

> Comentário: muitas empresas têm um balanço patrimonial mais forte do que a maioria dos bancos, suas atividades são extensas e globais, e estas poderiam ser resgatadas com seus produtos ou produtos de empresas afiliadas. As demais respostas estão erradas porque, se não conhecemos o nome da empresa, não podemos identificar seus balanços e, desse modo, fazer uma comparação.

3.3 Conceito e origem das criptomoedas

Estabelecer uma definição de criptomoedas não é uma tarefa fácil. As criptomoedas se tornaram uma "palavra da moda" para se referir a uma ampla gama de desenvolvimentos tecnológicos que utilizam uma técnica mais conhecida como *criptografia*. Em termos simples, a criptografia é a técnica de proteger informações, transformando-as, ou seja, criptografando-as em um formato ilegível que só pode ser decifrado ou descriptografado por alguém que possui uma chave secreta (Faulkner, 2016).

Preste atenção!

O que é a **criptografia**? É como codificamos e descodificamos dados, e somente o emissor e o receptor têm a possibilidade de decifrá-los, o que torna as criptomoedas difícil de ser copiadas ou compartilhadas com outras pessoas.

Criptomoedas, como o **Bitcoin**, são protegidas por meio dessa técnica, usando um sistema engenhoso de chaves digitais públicas e privadas. Desde o surgimento do Bitcoin, em 2009, o assunto das criptomoedas foi examinado por vários formuladores de políticas, cada um deles abordando o assunto de forma diferente. O Banco Central Europeu (BCE) classificou as criptomoedas como um **subconjunto de moedas virtuais**. Em um relatório sobre esquemas de moeda virtual de 2012, o BCE definiu tais moedas como uma forma digital não regulamentada de moeda, geralmente emitida e controlada por seus desenvolvedores, a qual é usada e aceita entre os membros de uma comunidade virtual específica (OECD, 2012).

O BCE esclareceu, ainda, que pode haver três tipos de moedas virtuais, dependendo da interação com moedas tradicionais e a economia real; são elas: (1) **moedas virtuais que só podem ser usadas em um sistema virtual fechado**: geralmente em jogos *on-line*, como o World of Warcraft Gold; (2) **moedas virtuais que estão unilateralmente ligadas à economia real**: existe uma taxa de conversão para comprar a moeda com moeda tradicional e a moeda comprada pode, posteriormente, ser usada para comprar bens e serviços virtuais, excepcionalmente, também pode comprar bens reais e serviços, como os créditos do Facebook; (3) **moedas virtuais que estão bilateralmente ligadas à economia real**: existem taxas de conversão tanto para a compra de moeda virtual como para a venda dessa moeda; a moeda comprada pode ser usada para comprar bens e serviços virtuais e reais (ECB, 2012).

Criptomoedas, como Bitcoin, são moedas virtuais do último tipo: podem ser compradas como moeda tradicional ou vendidas como moeda tradicional, sendo possível usá-las para comprar bens e serviços digitais e reais (Houben, 2015). Ainda, são conversíveis, descentralizadas e podem sofrer versões protegidas por criptografia (EBA, 2018).

No relatório de 2015 intitulado "Esquemas de Moeda Virtual uma análise mais aprofundada", o BCE apresentou uma segunda e amplamente atualizada definição de moedas virtuais. Definiu moedas virtuais como **representações digitais de valor**, não emitidas por um Banco Central, instituição de crédito ou instituição de moeda eletrônica, que, em algumas circunstâncias, podem ser usadas como alternativa a moeda. Também esclareceu que as criptomoedas, como o Bitcoin, constituem uma moeda virtual descentralizada bidirecional, ou seja, bilateral (Houben, 2015).

Da mesma forma que o BCE, o Fundo Monetário Internacional (FMI) categorizou as criptomoedas como um subconjunto de moedas virtuais, que define como representações digitais de valor, emitidas por desenvolvedores privados e denominados em sua própria unidade de conta (FATF, 2014).

De acordo com o FMI, o conceito de moedas virtuais cobre uma gama mais ampla de moedas, que vão desde simples "certificados informais de dívida" por emissores (como cupons de internet ou móveis e milhas aéreas) até moedas virtuais lastreadas em ativos como ouro e criptomoedas como Bitcoin (Löber; Houben, 2018).

O Comitê de Pagamentos e Infraestruturas de Mercado, um órgão do Banco de Pagamentos Internacionais, qualificou as criptomoedas como moedas digitais ou esquemas de moedas digitais (Löber; Houben, 2018). Os esquemas de moedas digitais apresentam as seguintes características principais:

- São ativos cujo valor é determinado pela oferta e demanda, semelhantes em conceito às mercadorias como o ouro, mas com valor intrínseco zero.
- Fazem uso de livros-razão distribuídos para permitir trocas remotas ponto a ponto de valor eletrônico na ausência de confiança entre as partes e sem a necessidade de intermediários.
- Não são operados por nenhum indivíduo ou instituição específica (Löber; Houben, 2018).

A Autoridade Bancária Europeia sugeriu referir-se às criptomoedas como moedas virtuais com representações digitais de valor que não são emitidas por um Banco Central ou Autoridade Pública nem necessariamente vinculadas a uma moeda fiduciária, mas usadas por pessoas jurídicas como meio de troca e que podem ser transferidas, armazenadas ou negociadas eletronicamente (EBA, 2018).

A Autoridade Europeia de Valores Mobiliários também se referiu recentemente às criptomoedas como moedas virtuais, em um alerta pan-europeu emitido em cooperação com a Autoridade Europeia de Seguros e Pensões Complementares de Reforma (EBA, 2018).

3.3.1 Classificando as criptomoedas

Depois de ter um crescimento constante por um período, o mercado de criptomoedas disparou em 2017, valorizando mais de 1.200%. Atualmente, existem várias centenas de moedas em circulação, com uma capitalização de mercado total de bem mais de 300 bilhões de euros, e outras continuam aparecendo regularmente.

A seguir, serão apresentadas as principais criptomoedas, sendo o Bitcoin a mais conhecida, e um número selecionado de criptomoedas alternativas, mais conhecidas como *altcoins*.

Altcoins são todas as moedas alternativas ao Bitcoin. Resumindo, existem dois tipos de altcoins: (1) altcoins construídos usando o protocolo de código aberto original do Bitcoin: com uma série de mudanças em seus códigos subjacentes, concebendo uma nova moeda com um conjunto diferente de recursos. Um exemplo desse tipo de altcoin é Litecoin (Bovaird, 2017); (2) altcoins que não são baseados no protocolo de código aberto do Bitcoin, mas que têm seu próprio protocolo e livro-razão distribuído. Os exemplos mais conhecidos de altcoins desse tipo são a Ethereum e a Ripple (Zainuddin, 2017, citado por Löber; Houben, 2018).

Apresentaremos os onze tipos de altcoins que, atualmente, têm a maior capitalização de mercado (Quadro 3.1). Essa seleção não é baseada apenas na popularidade atual dos Altcoins na "cripto-comunidade", mas também porque eles exibem uma ampla gama de recursos diferentes. Alguns deles são baseados no protocolo de código aberto original do Bitcoin, e outros constituem uma plataforma e/ou ecossistema totalmente novos. A maioria é caracterizada como pseudoanônima, embora alguns sejam considerados totalmente anônimos, o que significa que a quantidade de moedas que seus usuários possuem, enviam e recebem não é observável, rastreável ou vinculável por meio do histórico de transações do *blockchain* (Zainuddin, citado por Löber; Houben, 2018).

Quadro 3.1 – Visão geral das moedas

Nome	Símbolo		Mercado (em 27 de maio de 2018)	Limite de abastecimento
Bitcoin		BTC	$124.969.093.161	21 milhões
Ethereum		ETH	$57.462.517.858	120 milhões
Ripple		XRP	$23.790.387.789	100 bilhões

(continua)

(Quadro 3.1 – conclusão)

Nome	Símbolo		Mercado (em 27 de maio de 2018)	Limite de abastecimento
Bitcoin Cash		BCH	$17.159.025.225	21 milhões
Litecoin		LTC	$6.704.709.572	84 milhões
Stellar		XLM	$5.128.373.973	100 bilhões
Cardano		ADA	$5.034.129.651	45 bilhões
Iota		MIOTA	$4.038.240.572	2.779.530.283.277.761
Neo		NEO	$3.386.383.000	100 milhões
Monero		XMR	$2.626.586.260	18,4 milhões
Dash		DASH	$2.592.894.544	17,74 – 18,92 milhões

Fonte: Elaborado com base em Houben (2015).

3.3.1.1 Bitcoin

Bitcoin (BTC) é geralmente descrito como uma moeda virtual, descentralizada e (à primeira vista) anônima, que não é apoiada pelo governo nem por qualquer outra entidade legal e que não pode ser trocada por ouro ou qualquer outra mercadoria (Grinberg, 2011).

No centro da criação do Bitcoin está o texto "Bitcoin: um sistema de caixa eletrônico ponto a ponto" (Grinberg, 2011). Foi com base nas ideias de Satoshi Nakamoto que o desenvolvimento do Bitcoin foi acelerado. Até agora, contribui para a natureza mística do Bitcoin o fato de não estar claro se Nakamoto é uma pessoa real, um pseudônimo ou um grupo de *hackers* (Goodman, 2014).

O caráter virtual do Bitcoin implica, normalmente, o fato de não assumir uma forma física. Portanto, uma boa representação de um Bitcoin, provavelmente, é um arquivo de computador salvo em um computador pessoal ou, por meio de um serviço *on-line*, em uma carteira digital (Kaplanov, 2012).

Supostamente, é possível imprimir a combinação de caracteres que constituem o Bitcoin e, posteriormente, transferir essa impressão como instrumento ao portador. O Bitcoin é baseado em um mecanismo de *proof of work (PoW)*, em português, "prova de trabalho", ou seja, a emissão de Bitcoins ocorre mediante um processo denominado *mineração*. Para reiterar, tal processo cujos elementos inteiros são publicamente disponíveis através de *software* de código aberto, implica a disponibilização voluntária, pelas pessoas, de seus próprios computadores para a rede Bitcoin resolver problemas matemáticos complexos. Os computadores capazes para resolver tais problemas e, como consequência, capazes de criar os chamados *blocos* de transação são recompensados com Bitcoins (Kaplanov, 2012).

O número agregado de Bitcoins que pode ser criado por meio da mineração é limitado: o sistema Bitcoin é programado para que o desenvolvimento de blocos no tempo seja recompensado com cada vez menos Bitcoins e que em nenhum momento exista mais de 21 milhões de Bitcoins. O fato de a criação e o aumento ser automatizado e limitado pelo próprio sistema implica a não necessidade de intervenção de uma entidade/autoridade central para a emissão de Bitcoins (Kaplanov, 2012).

O número limitado de Bitcoins, juntamente ao fato de que as taxas de conversão para Bitcoins são determinadas pela oferta e demanda, sem que um órgão governamental seja capaz de intervir, por exemplo, imprimindo moeda adicional, resulta em uma alta volatilidade em seus preços (Bollen, 2013).

Qualquer pessoa pode entrar ou sair da rede pública Bitcoin, sem precisar ser pré-aprovada por qualquer entidade central. Tudo o que é necessário para ingressar na rede Bitcoin é adicionar transações ao livro-razão e um computador no qual o *software* relevante foi instalado.

O Bitcoin é diretamente conversível em moeda fiduciária, pode ser comprado e convertido diretamente em uma ampla gama de trocas de criptomoedas (por exemplo, Coinbase, Kraken, Anycoin Direct e Lunco). De todas as criptomoedas em circulação, o Bitcoin é uma das moedas mais fáceis de ser convertida em moeda fiduciária (Bollen, 2013).

O Bitcoin vem sendo aceito como fonte legítima de fundos por um número relativamente grande de comerciantes (*on-line*), entre os quais, grandes empresas, por exemplo: Microsoft, Expedia, Playboy, Virgin Galactic, LOT Polish Airlines. Como resultado, pode ser qualificado como meio de troca (Grinberg, 2011).

O Bitcoin é uma moeda pseudoanônima frequentemente caracterizada como uma moeda anônima. Embora todos possam verificar a cadeia de transações com base no livro-razão público, à primeira vista, nada no sistema conecta Bitcoins a indivíduos. No entanto, esse personagem anônimo está longe de ser absoluto. É tecnicamente viável, embora muito complexo e caro identificar as partes por trás de uma transação de Bitcoin reunindo fatores que acompanham essa transação (Fiedler; Uney, 2018).

3.3.1.2 Ethereum

O Ethereum, lançado em julho de 2015, é uma plataforma descentralizada que executa os chamados **contratos inteligentes**. Trata-se de contratos ou aplicativos autoexecutáveis que funcionam exatamente como programado sem qualquer possibilidade de tempo de inatividade (ou seja, o *blockchain* nunca está inativo, está sempre em execução), censura, fraude ou interferência de terceiros. O Ethereum tem uma capacidade que vai muito além de um equivalente de moeda digital puro como o Bitcoin (Shentu; Yu, 2015).

Em termos simples, é muito parecido com um sistema operacional de *smartphone*, no qual aplicativos de *software* podem ser construídos. Tecnicamente, a plataforma Ethereum em si não é uma criptomoeda. No entanto, como outros *blockchains* abertos e sem permissão, Ethereum requer uma forma de valor na cadeia para incentivar a validação da transação dentro da rede, ou seja, uma forma de pagamento para os nós da rede que executam as operações. É aqui que a criptomoeda "éter" (ETH), nativa do Ethereum, entra em jogo. Éter não apenas permite que contratos inteligentes sejam construídos na plataforma, ou seja, não apenas os alimenta, mas também funciona como um meio de troca (Hileman; Rauchs, 2017).

Como o Bitcoin, o Ethereum atualmente utiliza um mecanismo de consenso PoW, mas está se movendo lentamente em direção à adoção de um mecanismo de consenso *proof of stake* (PoS), mais conhecido como "Protocolo Casper". O desenvolvimento do Ethereum é promovido e apoiado pela Ethereum Foundation, uma organização suíça sem fins lucrativos, fundada por seus inventores. Uma grande quantidade de éter foi "pré-minerada", ou seja, extraída/criada antes de a moeda ser oficialmente lançada ao público por seus inventores e vendida em um *crowdsale* para pagar os custos de desenvolvimento e financiar a fundação (Rosic, 2017).

O Ethereum é executado em um *blockchain* aberto e sem permissão, assim como o Bitcoin. Qualquer pessoa pode entrar ou sair da rede Ethereum sem ter de ser pré-aprovado por nenhuma entidade. O éter é diretamente conversível e pode ser comprado e convertido em moeda fiduciária, em várias trocas de criptomoedas, por exemplo, Coinbase, Kraken (Rosic, 2017).

O éter é um meio de troca como o Bitcoin, está sendo aceito como meio de pagamento por um número crescente de comerciantes, por exemplo, TapJets e Overstock. Éter é uma moeda pseudoanônima, assim como o Bitcoin (Rizzo, 2017; Kaplan, 2019).

3.3.1.3 Ripple

Ripple é uma plataforma de pagamento digital descentralizada de código aberto que permite transferências quase instantâneas de moeda, independentemente de sua forma, por exemplo, dólar americano, iene, bitcoin. Foi lançado em 2012 pela empresa privada Ripple (Labs), responsável pelo desenvolvimento do protocolo Ripple. É a primeira empresa a receber um BitLicense para um caso de uso institucional de ativos digitais do Departamento de Serviços Financeiros de Nova Iorque. Ele também está recebendo o apoio de uma série de grandes participantes do setor de serviços financeiros, como Bank of America, Merill Lynch, Santander etc. (Dannen, 2017).

Após o estabelecimento de Ripple, seus inventores lançaram a criptomoeda XRP. O XRP foi criado para se tornar uma moeda-ponte que permitissem às instituições financeiras a liquidação de pagamentos internacionais muito mais rápido e mais baratos do que as redes globais de pagamento que existem hoje, que podem ser lentas e envolver vários intermediários, ou seja, os bancos. No entanto, na prática, a plataforma de pagamento da Ripple não precisa de uma moeda-ponte para realmente funcionar (Orcutt, 2018).

De acordo com Ripple, o XRP pode lidar com mais de 1.500 transações por segundo. Embora tenha sido desenvolvido inicialmente destinado ao uso empresarial, foi adotado por um grande número de usuários de criptomoedas. Ripple (XRP) não se baseia em um PoW ou um mecanismo PoS para validar transações, mas faz uso de seu próprio protocolo de consenso específico. O fornecimento total de XRP foi totalmente "pré-minerado", ou melhor, criado no início da moeda por seus inventores. Atualmente, a transação é realizada da seguinte forma:

- 8.102.265.714 XRP é detido pela empresa Ripple (Labs);
- 39.189.968.239 XRP foi distribuído; e
- 52.700.000.024 XRP foi colocado sob custódia para criar certeza de fornecimento de XRP a qualquer momento (Orcutt, 2018).

Ao contrário dos inventores de Ethereum, os inventores de Ripple não venderam uma parte de XRP por meio de uma venda coletiva em criação da XRP para financiar empresa Ripple (Labs). A organização foi financiada de forma privada.

No momento, não é totalmente transparente como o XRP é mantido pela Ripple (Labs) ou será distribuído no futuro (Bauerle, 2017).

O Ripple é executado em uma *blockchain* com permissão pública, ao contrário do Bitcoin e Ethereum. Isso ocorre porque a Ripple (Labs) determina quem pode atuar como um validador de transação em sua rede. O *blockchain* em si é considerado público, pois pode ser acessado e visualizado por qualquer pessoa (Bauerle, 2017).

O Ripple (XRP) é diretamente conversível em moeda fiduciária e em várias trocas de criptomoedas, por exemplo, Kraken, LiteBit, Anycoin Direct, Bitsane; trata-se de um meio de troca e está sendo aceito como um meio de pagamento por um número crescente de comerciantes *on-line* para vários bens e serviços, por exemplo, cigarros eletrônicos, *honey*, *coffee* (Bauerle, 2017). O Ripple (XRP) é uma pseudoanônima como o Bitcoin.

3.3.1.4 Bitcoin Cash

O Bitcoin Cash (BCH), ou Dinheiro Bitcoin, é um caixa digital descentralizado, que foi criado em 1º de agosto de 2017 e é baseado no algoritmo

SHA-256 PoW original do Bitcoin, mas com algumas alterações em seu código subjacente. Bitcoin Cash é conhecido na comunidade criptográfica como um *hard fork* do *blockchain Bitcoin*. (Buchko, 2017).

Em suma, alguns desenvolvedores de Bitcoin queriam aumentar o limite de tamanho do bloco de 1 MB (*megabyte*) para 8 MB, com vistas a reduzir as taxas de transação e melhorar tempos de confirmação, ao passo que outros tinham planos diferentes. Como a comunidade não conseguiu chegar a um consenso, a nova criptomoeda Bitcoin Cash foi criada (Buchko, 2017).

Como o Bitcoin, o Bitcoin Cash utiliza o mecanismo PoW, o que significa que pode ser extraído. O que é particular sobre o Bitcoin Cash, no entanto, e é um resultado direto do *hard fork*, é que qualquer um que detinha o Bitcoin no momento em que o Bitcoin Cash foi criado também se tornou proprietário da mesma quantidade de Bitcoin Cash. Qualquer Bitcoin adquirido após esse tempo específico segue o caminho original e não inclui Bitcoin Cash. Este é executado em um *blockchain* aberto e sem permissão. O Bitcoin Cash pode ser facilmente convertido em moeda fiduciária e vice-versa, por meio de uma série de trocas de criptomoedas, como Coinbase, Kraken, LiteBit (Buchko, 2017). Trata-se de uma moeda pseudoanônima, embora seja uma bifurcação rígida de Bitcoin, não sendo muito diferente de sua forma original (Natarajan; Krause; Gradstein, 2017).

3.3.1.5 Litecoin

Como o Bitcoin, o Litecoin (LTC) é uma criptomoeda descentralizada de código aberto. Foi lançado em outubro de 2011 e é baseado no que é conhecido como algoritmo Scrypt PoW, que utiliza o algoritmo PoW SHA-256 original do Bitcoin descrito como a "prata" do ouro do Bitcoin. Além do fato de usar um algoritmo diferente, ele difere do Bitcoin de duas maneiras (Peterson, citado por Houben, 2018).

Em primeiro lugar, resulta do uso do algoritmo Scrypt PoW, o Litecoin oferece uma velocidade de transação muito mais rápida do que o Bitcoin. O tempo necessário para gerar um bloco no Bitcoin é cerca de dez minutos, enquanto o tempo médio de criação de bloco no *blockchain Litecoin* é de aproximadamente 2,5 minutos (Martindale, 2018).

Em segundo lugar, o limite de oferta total de Litecoin é de 84 milhões de moedas, muito superior ao limite de oferta de 21 milhões de Bitcoin. O Litecoin é executado em um *blockchain* aberto e sem permissão. Tudo o que é necessário para ingressar na rede é o *download* do código do *software* livre. O Litecoin é diretamente conversível em moeda fiduciária e pode ser comprado em uma série de trocas de criptomoedas, por exemplo, BTCDirect200, LiteBit, Coinbase, Anycoin Direct. O Litecoin é um meio de troca aceito como pagamento por um número cada vez maior de comerciantes *on-line*. O Litecoin é uma moeda pseudoanônima assim como o Bitcoin. Todos podem verificar a cadeia de transações com base no livro-razão público, o que tornaria tecnicamente possível identificar o remetente e/ou destinatário das moedas (Etto, 2017).

O Litecoin e o caso de Atomic Swaps fazem notar que a comunidade Litecoin introduziu, recentemente, uma nova tecnologia no cripto-mundo que está sendo referido como a "troca atômica". Simplificando, uma troca atômica permite uma troca de cadeia cruzada ou troca de uma criptomoeda por outra criptomoeda, sem a necessidade de um terceiro (Etto, 2017).

3.3.1.6 Stellar

Como o Ripple, o Stellar (XLM) é uma infraestrutura de pagamentos distribuída de código aberto. Stellar foi criado em 2014 por um dos fundadores do Ripple. Seu objetivo é conectar as pessoas a serviços financeiros de baixo custo para combater a pobreza e desenvolver o potencial individual. Stellar também pode ser usado para construir contratos inteligentes. Não é baseado em um mecanismo de consenso PoW ou PoS, mas tem seu próprio protocolo de consenso específico; o Stellar é o lar da criptomoeda Lumen (XLM). Resumindo, os Lumens são usados para pagar por transações na rede Stellar; eles contribuem para a capacidade de movimentar dinheiro ao redor do mundo e para realizar transações entre moedas diferentes de forma rápida e segura (Town, 2018).

O desenvolvimento do Stellar é apoiado pela organização sem fins lucrativos Stellar.org (incorporada em 2014 como uma empresa no estado de Delaware, nos Estados Unidos), que contribui para o desenvolvimento de ferramentas e iniciativas de bem social em torno da rede Stellar e inclusão financeira. Seus funcionários contribuem com código para a rede, mas a própria rede é completamente independente da organização (Town, 2018).

Semelhante ao XRP da criptomoeda de Ripple, o fornecimento total de Stellar Lumens é "pré-minerado". Ele é mantido por Stellar.org, que recebeu a tarefa de distribuir gratuitamente os Lumens da seguinte maneira:

- 50% devem ser doados a indivíduos por meio de um programa de inscrição direta;
- 25% serão doados a parceiros por meio de um programa específico de parceria;
- 20% são dados aos detentores de Bitcoin e XRP; e
- 5% são reservados para despesas operacionais da Stellar.org.

A distribuição real não é conduzida de uma vez, mas ao longo do tempo, em várias rodadas. O Stellar é executado em um *blockchain* sem permissão, ao contrário do Ripple, qualquer pessoa pode entrar na rede à vontade e, se certas condições forem atendidas, as transações são validadas sem ter de ser pré-aprovado ou verificado por qualquer administrador central. O Stellar Lumens (XLM) é diretamente conversível em moeda fiduciária e pode ser convertido por meio de trocas de criptomoedas, como LiteBit até um valor máximo de 500 euros por transação ou Kraken (Town, 2018).

Os Lumens (XLM) ainda não são um verdadeiro meio de troca, pois só podem ser usados para pagar por adesivos promocionais Stellar, café da manhã em um bar em Arkansas e *sprouts*. Embora isso prove que eles estão sendo gradualmente aceitos como meio de pagamento, ainda não são um verdadeiro meio de troca. Os Lumens (XLM) são moedas pseudoanônimas e todas as transações na rede Stellar são públicas, mas não podem ser facilmente vinculadas às identidades de seus usuários (Town, 2018).

3.3.1.7 Cardano

Da mesma forma que o Ethereum, o Cardano (ADA) foi projetado e está sendo desenvolvido como uma plataforma sobre a qual contratos inteligentes e aplicativos descentralizados chamados *Dapps* podem ser executados.

O projeto Cardano começou em 2015 e foi lançado oficialmente ao público em setembro de 2017. É baseado no que é conhecido como algoritmo PoS de Ouroboros. A plataforma Cardano é o lar da criptomoeda descentralizada de código aberto ADA. O ADA pode ser usado para enviar e receber fundos digitais. Ele alimenta a plataforma Cardano, assim como o éter alimenta a plataforma Ethereum (Lyra, 2019).

Em suma, Cardano visa melhorar a escalabilidade, a segurança, a governança e a interoperabilidade com sistemas e regulamentos financeiros tradicionais, aprendendo e melhorando as lições aprendidas nas comunidades Bitcoin e Ethereum.

O que distingue o Cardano do Ethereum, e de outras criptomoedas, é ser um dos primeiros projetos de *blockchain* desenvolvidos e projetados a partir de uma filosofia científica por uma equipe dos principais acadêmicos e engenheiros. Outra diferença notável é que, no momento, a criptomoeda ADA só pode ser armazenada na carteira digital da própria Cardano, a Daedalus. O projeto Cardano, atualmente, tem três contribuintes principais, cada um com funções diferentes:

1. Fundação Cardano: com sede na Suíça, visa padronizar, proteger e promover a tecnologia e o ecossistema Cardano;
2. IOHK: uma empresa de engenharia de *blockchain* responsável pela construção do *blockchain* Cardano; e
3. Emurgo: entidade responsável pela promoção de aplicações comerciais sendo construídas no ecossistema Cardano.

Semelhantemente ao Ethereum, um bom número de ADA foi "pré-minerado" (ou seja, extraído/criado antes de a moeda ser lançada ao público) por seus inventores e vendido coletivamente para pagar os custos de desenvolvimento. O Cardano executa *blockchains* sem permissão e com permissão, é diretamente conversível em moeda fiduciária, no entanto, constatamos que, atualmente, apenas uma bolsa de criptomoedas oferece a opção de conversão direta de ADA em euros, sendo a LiteBit e apenas até um valor máximo de 500 euros por transação (Kiayias et al., 2017).

ADA pode, pelo contrário, ser facilmente trocada por outras criptomoedas, por exemplo, através de um câmbio, como Bittrex ou Binance. Essas criptomoedas podem ser convertidas em moeda fiduciária. Isso não é um verdadeiro meio de troca ainda, pois só pode ser usado para pagar por um número muito limitado de serviços, por exemplo, o Hotel Ginebra, em Barcelona. ADA é uma moeda pseudoanônima (Antonovici, citado por Löber; Houben, 2018).

3.3.1.8 Iota

Iota (Miota), lançado em 2016, é um ecossistema de código aberto onde pessoas e máquinas podem transferir valor (ou seja, moeda) e/ou dados sem quaisquer taxas de transação de forma confiável, sem permissão e ambiente descentralizado. Iota emprega tecnologia específica, que é considerada mais escalável do que a tecnologia empregada na maioria das outras moedas e promete velocidades de transação mais rápidas. Como as criptomoedas analisadas, o Iota é baseado na tecnologia de razão distribuída. No entanto, ao contrário das outras criptomoedas, o livro-razão distribuído da Iota não consiste em transações agrupadas em blocos e armazenadas em cadeias sequenciais (ou seja, não é uma "cadeia de blocos"), mas em um fluxo de transações individuais emaranhadas. Iota é baseado no que é conhecido como um gráfico acíclico direcionado (DAG). Como as transações são emaranhadas, essa tecnologia também está sendo chamada de *o emaranhado* (Lee, 2018a).

Em vez de exigir que os mineiros realizem PoW computacional e validem os blocos de transação em troca de moedas recentemente "mineradas", os participantes da rede da Iota criam um consenso validando duas transações anteriores cada vez que desejam fazer uma nova transação. Atualmente, o Iota ainda está em sua infância. O ecossistema Iota está sendo desenvolvido, apoiado, promovido e mantido pela Iota Foundation, uma fundação alemã sem fins lucrativos, fundada pelos inventores da Iota. O fornecimento total de Iota foi criado e liberado para uma série de chamados *endereços do fundador*. A maioria foi vendida pelos inventores em um *crowdsale* para pagar os custos de desenvolvimento e financiar a Fundação Iota. Iota é executado em um livro razão distribuído sem permissão, não é baseado na tecnologia *blockchain*, mas constitui uma aplicação diferente da tecnologia de livro-razão distribuído. Para colocá-lo nas palavras de seus desenvolvedores, é previsto que seja o protocolo de *backbone* público e sem permissão para a internet das coisas, que permite a verdadeira interoperabilidade entre todos os dispositivos. Iota é diretamente conversível em moeda fiduciária como o euro. No entanto, no momento, apenas uma bolsa de criptomoeda oferece a opção de conversão direta de Iota em euro, sendo a CoinFalcon. O Iota pode ser facilmente trocado por outras criptomoedas, por exemplo, por meio de uma bolsa como a Binance. Essas criptomoedas podem ser convertidas em moeda fiduciária. Iota não é um meio de troca e, atualmente, não há comerciantes *on-line* que aceitam Iota como meio de pagamento para determinados bens ou serviços (Popov, 2018).

Iota é uma moeda pseudoanônima apesar de um ecossistema único, como a maioria das criptomoedas, ela tem uma forma transparente e pública no livro-razão disponível, o que significa que a contraparte de um usuário Iota vê o saldo desse usuário, e parte do histórico das transações (Tennant, 2017).

3.3.1.9 Neo

Semelhante ao Ethereum e ao Cardano, o Neo é uma plataforma de *blockchain* de código aberto sobre a qual contratos inteligentes e aplicativos descentralizados, os chamados *Dapps*, podem ser executados. Neo, às vezes referido como *Chinese Ethereum*, foi originalmente lançado com o nome de Antshares, em fevereiro 2014. O projeto foi rebatizado de Neo em junho de 2017. Em suma, o projeto Neo visa digitalizar ativos e automatizar a gestão desses ativos a fim de criar uma chamada *economia inteligente*, ou seja, uma economia em que as partes podem chegar a acordo sobre um contrato sem a necessidade de confiar uns nos outros (Lerider, 2017).

Assim como Ethereum, o Neo em si não é tecnicamente uma criptomoeda. A moeda nativa do Neo é chamada de *GAS*. Em termos simples, o GAS é uma taxa a ser paga para poder utilizar a rede da Neo. Na verdade, é possível dizer que abastece a plataforma. O que é particular sobre a plataforma Neo e a distingue das plataformas Ethereum e Cardano é o fato de que manter o valor digital Neo (que poderia ser mais bem descrito como algum tipo de cripto-ativo híbrido) gera automaticamente uma quantidade de GAS ao longo do tempo (Lerider, 2017).

O Neo é baseado em um mecanismo de consenso conhecido na cripto-comunidade como o algoritmo delegado de tolerância a falhas, que poderia, potencialmente, suportar 10.000 transações por segundo. O fornecimento total de Neo foi "pré-minerado"; metade foi vendida em um *crowdsale* e a outra metade é gerenciada pelo Conselho Neo, ou seja, um grupo dos fundadores do projeto para apoiar o desenvolvimento e a manutenção do ecossistema Neo.

Para se tornar um validador de transação (ou seja, um nó) na rede Neo, um candidato deve ser: (a) selecionado pela equipe de desenvolvimento do Neo; e (b) votado pela comunidade Neo, ou seja, aqueles que possuem Neo. Essas características são típicas de um *blockchain* permitido.

Neo é diretamente conversível em moeda fiduciária, no momento, apenas uma bolsa de criptomoeda oferece a opção de converter diretamente Neo em euro, a Anycoin Direct. O GAS da Neo não é um meio de troca, embora a Neo esteja trabalhando em estreita colaboração com grandes empresas de tecnologia como a Microsoft. Ao contrário de uma série de outras moedas, nenhum comerciante *on-line* está disposto a aceitar as moedas como meio de pagamento. Alguns argumentam que a GAS, na verdade, não tem a intenção de ser um verdadeiro meio de troca (Lerider, 2017).

O Neo GAS é uma moeda pseudoanônima em essência, no entanto, os principais desenvolvedores estão, atualmente, trabalhando de forma ativa em um conceito que permitiria aos codificadores de contratos inteligentes vincular uma chamada identidade digital a um mundo real de identidade (Lerider, 2017).

3.3.1.10 Monero

Monero (XMR) é uma criptomoeda de código aberto "com foco em transações privadas e resistentes à censura" (Soeteman, 2018, p. 45, tradução nossa). Foi lançada em abril de 2014 e é baseada no que é conhecido como CryptoNote Algoritmo PoW. Monero foi desenvolvido, especificamente, para permitir que seus usuários executem transações em total anonimato, sendo criptograficamente privado por padrão. Em particular, usa criptografia para proteger ambos os endereços de envio e recebimento (ou seja, as chamadas *chaves*), bem como os valores transacionados (Soeteman, 2018).

O Monero (XMR) é caracterizado como totalmente fungível. Isso significa que duas unidades de XMR sempre podem ser substituídas mutuamente e não pode haver lista negra de certas unidades de XMR por fornecedores ou trocas em razão de sua associação em transações anteriores. Criptomoedas não fungíveis, como Bitcoin e Litecoin, são teoricamente suscetíveis à lista negra; se eles foram usados para uma finalidade ilegal no passado, esse histórico fica contido no *blockchain* para sempre (Zainuddin, citado por Löber; Houben, 2018).

Ao contrário de algumas outras moedas, Monero não foi pré-minerado, ou seja, é executado em um *blockchain* sem permissão. Qualquer um pode entrar na rede à vontade, sem ter de ser pré-aprovado ou verificado por qualquer administrador central. Monero é diretamente conversível em moeda fiduciária em uma série de trocas de criptomoedas, por exemplo, LiteBit, Anycoin Direct, Kraken, sendo aceito como meio de pagamento por um número cada vez maior de comerciantes *on-line* (Zainuddin, citado por Löber; Houben, 2018).

Monero é uma moeda anônima em um *blockchain* totalmente transparente, como o *blockchain* Bitcoin ou Ethereum, as transações são sempre abertas, verificáveis e rastreáveis por qualquer pessoa. Na prática, embora não seja uma tarefa fácil, os endereços de envio e recebimento de tais transações também podem estar vinculados à identidade real de uma pessoa (Vandezande, 2018).

É aqui que Monero afirma ser diferente. Ele se posiciona como uma criptomoeda segura, privada e não rastreável. Seu alto padrão de anonimato é alcançado usando-se duas técnicas:

- **Transações confidenciais de anel** (transações de toque confidencial – "RingCT"): combina a técnica de assinatura de anel e o que é referido na cripto-comunidade como *transações confidenciais*. As assinaturas de anel combinam ou "misturam" as chaves da conta de um usuário com as chaves públicas obtidas do *blockchain* do Monero para criar o que poderia ser chamado de "anel" de possíveis signatários, o que significa que observadores externos não podem vincular uma assinatura a um usuário específico. Combinado com endereços secretos, permitem completo anonimato de remetentes e destinatários de XMR. As transações confidenciais adicionam outra camada de privacidade à "mistura", ocultando também o valor de cada transação. Sem revelar os números reais, elas incluem uma prova criptográfica de que a soma dos valores de entrada é igual à soma da saída montantes (Vandezande, 2018).

- **Endereços secretos** (endereços furtivos): o Monero também usa endereços secretos, gerados aleatoriamente, ou seja, endereços únicos criados para cada transação feita pelo remetente em nome do destinatário. Todos os pagamentos enviados ao destinatário são encaminhados por meio desses endereços, garantindo que não haja *links* no *blockchain* entre o remetente e o endereço do destinatário.

A comunidade de desenvolvedores centrais e especialistas em criptografia por trás do Monero está, atualmente, trabalhando em um projeto para adicionar mais uma camada de privacidade ao ecossistema Monero, roteando e criptografando transações XMR por meio de nós do Projeto Invisível de Internet (ou *Invisible Internet Project* – I2P). O uso de I2P permite a hospedagem de serviços *web* anônimos de forma centralizada – cada serviço é hospedado no computador do usuário que o possui – ofuscará o endereço *Internet Protocol* (IP ou "Protocolo de Internet", um protocolo de comunicação usado entre todas as máquinas em rede para encaminhamento dos dados, o importante protocolo da internet IP está na camada intitulada camada de rede) de um transator e fornecerá proteção adicional contra a rede monitoramento. Este projeto, do qual uma versão *alfa* está em desenvolvimento, é mais conhecido na cripto-comunidade como *Projeto Kovri* (Bovaird, 2017).

3.3.1.11 Dash

Anteriormente conhecido como *Darkcoin*, é uma criptomoeda *peer-to-peer* (P2P), uma arquitetura de redes de computadores, onde cada um dos pontos, ou nós da rede, funciona tanto como cliente quanto como servidor, permitindo compartilhamentos de serviços e dados sem a necessidade de um servidor central, preocupada na privacidade de código aberto. Foi lançado pela primeira vez em janeiro de 2014 e é baseado no que é conhecido como algoritmo PoW X11.

Preste atenção!

O que é específico do Dash e o torna diferente da maioria das outras moedas é ter uma rede de duas camadas. O *blockchain* do Dash é protegido por meio dos chamados *masternodes*, além do PoW, feito pelos mineiros. Dessa forma, um *masternode* é um servidor conectado à rede Dash que garante um certo nível mínimo de desempenho e funcionalidade para realizar dadas tarefas relacionadas ao *PrivateSend* e *InstantSend* ("recursos de anonimato" e "transações instantâneas" do Dash).

As transações com criptomoedas tradicionais podem ser muito demoradas, ou seja, podem levar entre alguns minutos e mais de uma hora. Isso se deve ao fato de que blocos suficientes têm de passar para garantir que uma transação seja irreversível e, ao mesmo tempo, não uma tentativa de dobrar o dinheiro que já foi gasto (Higgins, 2014).

O Dash é capaz de competir com sistemas de transações quase instantâneas, como cartões de crédito. Dash é executado em um *blockchain* aberto e sem permissão como o Monero. Qualquer um pode entrar na rede à vontade, sem ter de ser pré-aprovado ou verificado por qualquer administrador central, e é diretamente conversível em moeda fiduciária por meio de várias trocas de criptomoedas, por exemplo, Anycoin Direct, Kraken. Também é um meio de troca sendo aceito como meio de pagamento por um número cada vez maior de comerciantes *on-line*. Dash é uma moeda anônima (opcional). Para dar aos seus usuários verdadeira privacidade financeira, oferece a opção de usar um recurso chamado *Envio Privado*, ou seja, permite enviar anonimamente dados privados das origens dos fundos de um usuário mediante um processo conhecido como *mistura* (Higgins, 2014).

Exercício resolvido

Entre os onze Altcoins que, atualmente, têm a maior capitalização de mercado, o primeiro que se diferenciou dos demais, por ser desenvolvido e projetado a partir de uma filosofia científica de uma equipe de acadêmicos e engenheiros foi a criptomoeda:

a. Cardano.
b. Stellar.
c. Neo.
d. Bitcoin.

Resposta: a.

Comentário: a criptomoeda Cardano, foi a primeira a ser desenvolvida e projetada com base em uma filosofia científica por uma equipe de acadêmicos e engenheiros. A Stellar é uma infraestrutura de pagamentos distribuída de código aberto. Neo é uma plataforma de *blockchain* de código aberto sobre a qual contratos inteligentes e aplicativos descentralizados, os chamados *Dapps,* podem ser executados. Bitcoin é uma moeda virtual, descentralizada e anônima que não é apoiada pelo governo nem por qualquer outra entidade legal e que não pode ser trocada por ouro ou qualquer outra mercadoria.

Estudo de caso

O presente estudo de caso aborda as criptomoedas, as moedas digitais e a infinidade de usos da plataforma *blockchain*. A intenção é problematizar a questão e incentivar o processo de reflexão-ação.

João da Silva é um empresário do mundo digital e está buscando conhecer um pouco mais sobre esse universo. Para isso, buscou artigos internacionais, ouviu palestras em universidades para entender melhor o que a tecnologia *blockchain* pode agregar à sua *startup* digital ligada à logística e ao *supplay chain*. Assim como as empresas Amazon, Apple, Google ou Microsoft começaram em casas ou até mesmo nas garagens de seus fundadores, a **Silva Up** nasceu na garagem dos pais de João da Silva. Essa empresa segue a principal premissa das *startups*, que é manter os custos baixos para obter benefícios de forma muito mais rápida. A *startup* tem dois sócios: um deles entrou com o capital para compra de computadores, e o outro, com o conhecimento em logística internacional. Seus principais produtos de importação são as matérias-primas para montagem de componentes eletrônicos e de informática. Fundada em 2017, com a missão de entregar o produto certo na hora certa, vem encontrando dificuldade em saber como fazer isso.

A Silva Up é uma empresa que atua na cadeia de materiais eletrônicos vindos da Ásia, principalmente dos Tigres Asiáticos e da China. No início do ano de 2020, estava feliz porque fecharia uma grande compra para um cliente brasileiro com empresas na Argentina e Brasil. Seu ponto forte é o *supplay chain*, ou seja, toda a cadeia de suprimentos (desde as atividades de compra dos insumos ou produtos, transporte, armazenamento, transformação, embalagem, gerenciamento interno, venda e distribuição aos clientes), incluindo as etapas da infraestrutura física e de processos necessárias para dar suporte às operações. Contudo, por tratar-se de um negócio de grande valor monetário e ser o primeiro dos muitos que poderão vir, ouvindo falar da tecnologia *blockchain* e de duas plataformas que poderiam acompanhar os contratos inteligentes, bem como dos aplicativos descentralizados, que poderiam monitorar todo processo desde a produção até a entrega ao comprador final, ficou bastante interessado. Você, como a consultoria contratada pela Silva Up, precisa indicar uma das duas plataformas *blockchain* a ser utilizada: a Ethereum ou a Cardano.

Lembre-se de que os pagamentos também poderão ser realizados por essas plataformas.

Diante disso, reflita sobre as duas plataformas e escolha a que melhor atenderá à necessidade da empresa Silva Up. Descreva as características das duas plataformas e indique por que você escolheu uma e não a outra.

Quando pensamos em plataformas *blockchain* e o que buscamos com elas, faz-se necessário saber o tempo para o contrato inteligente e para que servem. O *blockchain* é uma plataforma descentralizada que executa os chamados *contratos inteligentes*. As duas plataformas que estão disponíveis para suportar os contratos inteligentes são a Ethereum e a Cardano.

O Ethereum é uma plataforma descentralizada que executa os contratos inteligentes. Contratos inteligentes são contratos ou aplicativos "autoexecutáveis", que funcionam exatamente como programado sem qualquer possibilidade de tempo de inatividade, ou seja, o *blockchain* nunca está inativo, está sempre em execução, sem censura, fraude ou interferência de terceiros. Em termos simples, é muito parecido com um sistema operacional de *smartphone* no qual os aplicativos de *software* podem ser construídos (Hileman, 2017). Tecnicamente, a plataforma Ethereum em si não é uma criptomoeda. No entanto, como outros *blockchains* abertos e sem permissão, o Ethereum requer uma forma de valor na cadeia para incentivar a validação da transação dentro da rede, ou seja, uma forma de pagamento para os nós da rede que executam as operações.

Isso ocorre através da criptomoeda éter (ETH), nativa do Ethereum. O Ethereum não apenas permite que contratos inteligentes sejam construídos na plataforma Ethereum (ou seja, alimenta tais contratos), mas também funciona como um meio de troca. O Ethereum é um exemplo proeminente de um *blockchain* aberto e sem permissão. Qualquer pessoa pode entrar ou sair da rede Ethereum à vontade, sem ter de ser pré-aprovado por nenhuma entidade. O éter é diretamente conversível, podendo ser comprado e convertido em moeda fiduciária em várias trocas de criptomoedas.

O Cardano, assim como o Ethereum, foi projetado e está sendo desenvolvido como uma plataforma sobre a qual contratos inteligentes e aplicativos descentralizados, os chamados *Dapps*, podem ser executados. O projeto Cardano começou em 2015 e foi oficialmente lançado ao público em setembro de 2017. É baseado no que é conhecido como algoritmo PoS de Ouroboros. A plataforma Cardano é o lar da criptomoeda descentralizada de código aberto ADA, que pode ser usada para enviar e receber fundos digitais, ele alimenta a plataforma Cardano.

O que distingue Cardano de Ethereum, e de muitas outras criptomoedas, é o fato de ser um dos primeiros projetos de *blockchain* a serem desenvolvidos e projetados com base em uma filosofia científica por uma equipe dos principais acadêmicos e engenheiros. Outra diferença notável é que, no momento, a criptomoeda ADA só pode ser armazenada na carteira digital da própria Cardano, a Daedalus, assim como o éter alimenta a plataforma Ethereum (Kiayias et al., 2017).

Em suma, o Cardano visa melhorar a escalabilidade, a segurança, a governança e a interoperabilidade com sistemas e regulamentos financeiros tradicionais, aprendendo e melhorando as lições aprendidas nas comunidades. A rede Cardano é um projeto de tecnologia de terceira geração que está passando por mudanças significativas que visam atender melhor o mercado de contratos inteligentes.

Dica 1

Entenda o que é o *blockchain* e qual o papel dele nas negociações das empresas, bem como sua contribuição para a confiança do negócio e a minimização de custos. Assista ao vídeo "IBM explica o que é o *blockchain* e como essa tecnologia impactará nos negócios", disponível em: <https://www.youtube.com/watch?v=wgAMF-3zITck>, que o auxiliará a definir qual a melhor plataforma para o negócio da Silva Up. Analise os conceitos como base para a melhor tomada de decisão. Reflita se as ponderações podem ser utilizadas no *case* proposto.

Dica 2

Para conhecer um pouco melhor a tecnologia Ethereum, o que lhe ajudará na tomada de decisão para saber se este é um modelo de última geração de *blockchain* ou não, assista ao vídeo "Ethereum: saiba tudo sobre a criptomoeda", disponível em: <https://www.youtube.com/watch?v=bs_KvJe_IdM>.

Dica 3

Para conhecer melhor a plataforma Cardano, tomar a decisão em relação a qual delas é a melhor opção e descobrir se esta é uma plataforma de última geração ou não, assista ao vídeo "O que é Cardano? Tudo sobre a criptomoeda ADA", disponível no link <https://www.youtube.com/watch?v=7-O2MaQj6ZI>.

Conclusão

Como o objetivo da Silva Up é realizar negócios no curto prazo, a melhor indicação é o Ethereum, uma vez que este já está funcionando e atende às necessidades de confiança e rastreabilidade dos produtos, apesar de ainda ser uma tecnologia de segunda geração.

Síntese

- A economia clássica e a keynesiana se diferem em relação às variáveis determinantes da oferta de trabalho. O sistema clássico considera que a oferta de trabalho depende apenas do salário real, ao passo que o Keynes considera que a oferta de trabalho também é influenciada pelo salário nominal.
- O futuro da moeda faz parte de uma evolução. Assim como passamos pelo escambo, o futuro aponta para a moeda digital, desde que algumas dificuldades sejam discutidas e aceitas, principalmente, pela descentralização do controle pelos Banco Centrais.
- As criptomoedas estão cada vez mais presentes como ativos, e algumas se destacam no mercado, entre elas a mais conhecida é o Bitcoin.

Blockchain, internet das coisas e criptomoedas

Conteúdos do capítulo

- *Blockchain* e mineração.
- Internet das coisas e *blockchain*.
- O futuro e a valorização das criptomoedas.
- Contabilidade digital.

Após o estudo deste capítulo, você será capaz de:

1. compreender o que é *blockchain* e o que é minerar;
2. identificar a internet das coisas e como pode aliar-se ao *blockchain*;
3. reconhecer se existe futuro no uso e na valorização das criptomoedas;
4. entender a movimentação globalizada na busca da contabilidade digital.

capítulo 4

A popularidade crescente do mercado de moedas digitais e o grande número de criptomoedas não regulamentadas estão levando os governos a observar essa explosão de novas moedas como uma possível aliada para uma nova forma de pagamentos. A moeda, neste momento, é de alta tecnologia. As pessoas não usam apenas o papel-moeda manual emitido pelos governos, mas também, e cada vez mais, os cartões de débito e de crédito.

Da mesma maneira, os bancos movimentam milhões em moeda com o toque de apenas um botão em seus computadores. A moeda sempre foi importante para as pessoas e para a economia, tendo sido objeto de estudo de economistas como John Maynard Keynes. As formas que a moeda assumiu ao longo dos séculos sempre estiveram intimamente ligadas ao desenvolvimento tecnológico da economia. À medida que economias simples evoluíam para economias mais complicadas, a moeda se adaptava às diferentes circunstâncias econômicas. Com as últimas inovações na indústria de computadores, uma nova forma de dinheiro se desenvolveu: a moeda eletrônica.

Neste capítulo, analisaremos as criptomoedas, o *blockchain* e a contabilidade digital.

4.1 Blockchain

A tecnologia contratual em que se baseia a economia de mercado evoluiu ao longo de um período de dois mil anos. O *blockchain* promete reformulá-la, permitindo a criação de livros digitais abertos, distribuídos, seguros, criptografados e programáveis, a fim de viabilizar o comércio *peer-to-peer*, ou P2P, uma forma de pagamento que possibilita que uma pessoa transfira Bitcoins ou outra moeda digital diretamente para outra pessoa e receba seu pagamento, seguro e totalmente descentralizado.

4.1.1 Definindo *blockchain*: tecnologia com muitas faces

Blockchain (BC) é um tipo ou subconjunto específico da chamada *tecnologia distribuída de livro-razão*, ou *distributed ledger technology* (DLT). DLT é uma forma de registrar e compartilhar dados em vários armazenamentos de dados (também conhecidos como *livros*), cada um com os mesmos registros de dados mantidos e controlados coletivamente por uma rede distribuída de servidores de computador chamados de *nó* – ponto em que uma mensagem pode ser criada, recebida ou transmitida (Van De Looverbosch, 2018).

Blockchain é um mecanismo que emprega um método de criptografia que usa um conjunto de algoritmos matemáticos específicos para criar e verificar uma estrutura de dados em crescimento contínuo, na qual os dados só podem ser adicionados, nunca removidos, o que leva a uma cadeia de "blocos de transação", funcionando com uma razão de distribuição (Natarajan; Krause; Gradstein, 2017).

O BC é uma tecnologia que, inicialmente, foi utilizada para promover transações comerciais (*trades*) por meio de uma nova moeda independente de bancos e Estados, chamada *Bitcoin* (Nakamoto, 2008). Assim, seu principal objetivo é libertar as pessoas de qualquer obrigatoriedade de confiança, ora forçadas a conceder aos intermediários que regulam e "administram" uma grande parte da vida dos cidadãos.

Tal moeda digital é utilizada como meio de troca aceito pelos usuários envolvidos em uma transação. A força dessa moeda ou, mais especificamente, da criptomoeda, é que ela não é emitida por uma autoridade pública. Mas como implementar essa nova criptomoeda? Para atingir tal objetivo, diversas tecnologias e funções de segurança criptográficas foram exploradas. A sinergia entre todas essas tecnologias é o que constitui o BC. Cumpre ressaltar que essa tecnologia está começando a ser explorada em vários contextos diferentes, e não apenas para a Bitcoin.

É comum confundir-se BC com Bitcoin, mas este último termo indica uma criptomoeda que aproveita a tecnologia BC para poder circular livre e globalmente sem a supervisão de um fiador central – os bancos. Em outras palavras, o Bitcoin é apenas um caso do uso financeiro da tecnologia BC (Panarello et al., 2018).

O *blockchain* pode exibir recursos diferentes e cobre um amplo número de sistemas que vão desde o totalmente aberto e sem permissão até com permissão:

- Em uma ***blockchain* aberta e sem permissão**, uma pessoa pode entrar ou sair da rede à vontade, sem ter de ser pré-aprovada por qualquer entidade central. Tudo o que é necessário para entrar na rede e adicionar transações ao livro-razão é um computador no qual o *software* relevante foi instalado. Não há um proprietário central da rede e do *software*, e cópias idênticas do livro-razão são distribuídas a todos os nós da rede. A grande maioria das criptomoedas atualmente em circulação é baseada em *blockchains* sem permissão, por exemplo, Bitcoin, Bitcoin Cash, Litecoin e outros (Natarajan; Krause; Gradstein, 2017; Witzig; Salomon, 2018).
- Em um ***blockchain* com permissão**, validadores de transação, ou seja, os nós, têm de ser pré-selecionados por um administrador de rede, o qual define as regras para a razão para entrar na rede. Isso permite, entre outros, verificar facilmente a identidade dos participantes da rede. No entanto, ao mesmo tempo, também requer que os participantes da rede confiem em uma entidade coordenadora central para selecionar nós de rede confiáveis.

Os *blockchains* permitidos abertos ou públicos podem ser acessados e visualizados por qualquer pessoa. Entrementes, apenas participantes autorizados da rede podem gerar transações e/ou atualizar o estado da razão. Por outro lado, os *blockchains* com permissão de empresa tem seu acesso restrito, e apenas o administrador da rede pode gerar transações e atualizar o estado do livro-razão. É importante observar que, assim como em um *blockchain* aberto sem permissão, as transações em um *blockchain* aberto podem ser validadas e executadas sem a intermediação de um terceiro confiável. Algumas criptomoedas, como Ripple e Neo, utilizam *blockchains* com permissão pública (Natarajan; Krause; Gradstein, 2017; Witzig; Salomon, 2018; Shobhit, 2018).

Para saber mais

O *blockchain* da Bitcoin é o exemplo primordial de DLT. Nesse sistema, todos os usuários têm acesso a todos os dados do livro razão distribuído, que consiste em um histórico encadeado de todas as transações já efetivadas. Para saber como isso ocorre, leia o artigo "Moedas Virtuais no Brasil: como enquadrar as criptomoedas", de Júlio Cesar Stella, disponível no *link*: <https://revistapgbc.bcb.gov.br/index.php/revista/issue/download/26/A9%20V.11%20-%20N.2>. Acesso em: 26 jun. 2021.

4.1.2 Como funciona um *blockchain*: o básico

O *blockchain* é um banco de dados distribuído da seguinte forma:

- **As adições a esse banco de dados são iniciadas por um dos membros**, ou seja, os nós da rede, que criam um novo "bloco" de dados, que pode conter todos os tipos de informações. O novo bloco é então transmitido a todas as partes da rede de forma criptografada, para que os detalhes da transação não se tornem públicos. Aqueles nós na rede, ou seja, os outros nós da rede, determinam coletivamente a validade do bloco, de acordo com um método de validação algorítmica predefinido, comumente referido como um "mecanismo de consenso". Depois de validado, o novo "bloco" é adicionado ao *blockchain*, o que resulta, essencialmente, em uma atualização do livro de transações que é distribuído pela rede (BIS, 2015; Natarajan; Krause; Gradstein, 2017).

- Em princípio, **esse mecanismo pode ser utilizado para qualquer tipo de transação de valor** e pode ser aplicado a qualquer ativo que possa ser representado de forma digital (Natarajan; Krause; Gradstein, 2017).
- **Os "blocos" de transação são assinados com uma assinatura digital usando uma chave privada**. Cada usuário em uma rede *blockchain* tem um conjunto de duas chaves. Uma chave privada, que é usada para criar uma assinatura digital para uma transação, e uma chave pública, que é conhecida por todos na rede. Uma **chave pública tem dois usos**:
    - serve como um endereço na rede *blockchain*; e
    - para verificar uma assinatura digital/validar a identidade do remetente.

No *blockchain Bitcoin*, isso se traduz no exemplo a seguir.

Exemplificando

Suponha que Maria quer enviar 100 Bitcoins para João, então, antes de tudo, ela terá de assinar digitalmente essa transação usando sua chave privada (que só ela conhece). Ela terá de endereçar a transação para a chave pública de João, o endereço dele na rede Bitcoin. Em seguida, a transação será agrupada em um "bloco de transação" e deverá ser verificada pelos nós da rede Bitcoin. Aqui, a chave pública de Maria será usada para verificar sua assinatura. Se a assinatura de Maria for válida, a rede processará a transação, adicionará o bloco à cadeia e transferirá 100 Bitcoins de Maria para João. As chaves públicas e privadas de um usuário são mantidas em uma carteira digital ou *e-wallet*. Essa carteira pode ser armazenada ou salva *on-line* ("armazenamento quente") e/ou *off-line* ("armazenamento frio") (Natarajan; Krause; Gradstein, 2017).

- **Fim de intermediários**: uma das principais vantagens da tecnologia *blockchain* é que ela permite simplificar a execução de uma ampla gama de transações que normalmente exigiria a intermediação de um terceiro, por exemplo, um custodiante, um banco, um sistema de liquidação de títulos, corretoras, um repositório de transações etc. Em essência, o *blockchain* tem tudo a ver com descentralizar a confiança e permitir a autenticação descentralizada de transações. Simplificando, possibilita eliminar o "intermediário". Em muitos casos, resulta em ganhos de eficiência. No entanto, é importante ressaltar que também pode expor as partes interagentes a riscos que antes eram gerenciados por esses intermediários (Witzig; Salomon, 2018).

4.1.3 Mecanismos de consenso do *blockchain* e mineração

Em princípio, qualquer nó dentro de uma rede *blockchain* pode propor a adição de novas informações. Para validar se essa adição de informações (por exemplo, um registro de transação) é legítima, os nós devem chegar a algum tipo de acordo. Aqui, um "mecanismo de consenso" entra em ação. *Mecanismo de consenso* é um método de validação específico (criptográfico) predefinido que garante um sequenciamento correto de transações no *blockchain*. No caso de criptomoedas, esse sequenciamento é necessário para resolver a questão do "gasto duplo", ou seja, permitir que um mesmo instrumento de pagamento ou ativo possa ser transferido mais de uma vez se as transferências não forem registradas e controladas centralmente (Houben, 2015; Natarajan; Krause; Gradstein, 2017).

Um mecanismo de consenso pode ser estruturado de várias maneiras. Veremos, a seguir, as duas mais conhecidas e mais utilizadas no contexto de criptomoedas.

1. **Proof of Work (PoW)**: em um sistema PoW, os participantes da rede precisam resolver os chamados *quebra-cabeças criptográficos* para poder adicionar novos "blocos" ao *blockchain*. Esse processo de resolução de quebra-cabeças é comumente referido como "mineração". Em termos simples, esses quebra-cabeças criptográficos são compostos de todas as informações previamente registradas no *blockchain*

e de um novo conjunto de transações a ser adicionado ao próximo "bloco". Como a entrada de cada quebra-cabeça se torna maior com o tempo (resultando em um cálculo mais complexo), o mecanismo PoW requer uma grande quantidade de recursos de computação, que consomem uma quantidade significativa de eletricidade (Natarajan; Krause; Gradstein, 2017; Lee, 2018b).

Se um participante da rede (ou seja, um nó) resolve um quebra-cabeça criptográfico, isso prova que ele concluiu o trabalho e é recompensado com a forma digital de valor ou, no caso de uma criptomoeda, com uma moeda recém-extraída. Essa recompensa serve como um incentivo para manter a rede. O Bitcoin criptomoeda é baseado em um mecanismo de consenso PoW. Outros exemplos incluem Litecoin, Bitcoin Cash, Monero etc. (Natarajan; Krause; Gradstein, 2017).

2. **Proof of Stake (PoS)**: em um sistema PoS, um validador de transação, ou seja, um nó de rede, deve provar a propriedade de determinado ativo (ou, no caso de criptomoedas, de certa quantidade de moedas), a fim de participar na validação das transações. Esse ato de validação de transações é denominado "forjar" em vez de "mineração". Por exemplo, no caso de criptomoedas, um validador de transação terá de provar sua "aposta", ou seja, sua parte de todas as moedas existentes para poder validar uma transação. Dependendo de quantas moedas ele detém, terá uma chance maior de ser o único a validar o próximo bloco. Isso relaciona-se com o fato de ele ter maior antiguidade na rede, o que lhe garante uma posição mais confiável. O validador de transação recebe uma taxa de transação por seus serviços de validação pelas partes transacionantes. Criptomoedas como Neo e ADA (Cardano) utilizam um mecanismo de consenso PoS (Jagati, 2018).

Os mecanismos PoW e PoS estão longe de ser os únicos mecanismos de consenso atualmente existentes. Outros exemplos incluem a prova de serviço, a prova de tempo decorrido e a prova de capacidade (Jagati, 2018).

A tecnologia *blockchain* pode ter muitas aplicações. Embora seja frequentemente associada a esquemas de moeda digital ou virtual, pagamentos e serviços financeiros, seu escopo é muito mais amplo. O *blockchain* pode ser aplicado em uma grande variedade de setores, por exemplo, comércio, saúde, governança etc. Além disso, apresenta inúmeras outras aplicações potenciais. Pode ter impacto na prestação de garantias reais, no registro de ações, obrigações e outros bens, na transferência de títulos de propriedade, no funcionamento dos cadastros etc. (Houben, 2015; Natarajan; Krause; Gradstein, 2017).

Exercício resolvido

O *blockchain* pode exibir recursos diferentes e cobre um amplo número de sistemas. Um deles é totalmente aberto e sem permissão. O sistema sem permissão se refere a:

a. uma pessoa poder entrar ou sair da rede à vontade, sem ter de ser pré-aprovada pelo banco central do país.
b. uma pessoa poder entrar ou sair da rede à vontade, desde que seja pré-aprovada por qualquer entidade central.
c. uma pessoa poder entrar ou sair da rede à vontade, sem ter de ser pré-aprovada por qualquer entidade central.
d. uma permissão de validadores de transação, ou seja, os nós têm de ser pré-selecionados por um administrador de rede (que define as regras para a razão de entrar na rede).

Resposta: c.

Comentário: um sistema totalmente aberto e sem permissão se refere a uma pessoa poder entrar ou sair da rede à vontade, sem ter de ser pré-aprovada por qualquer entidade central. As demais opções estão erradas, pois se referem a regras ou a organismos permissionários.

4.2 Internet das coisas

Internet das coisas (IoT) significa que objetos físicos serão capazes de interagir e se comunicar por meio de sistemas embarcados ou sistemas embutidos. Isso levará a uma rede distribuída de dispositivos que podem se comunicar tanto com humanos quanto entre si (OECD, 2015).

4.2.1 Definindo internet das coisas

A internet das coisas (IoT) significa que objetos do dia a dia, como carros e refrigeradores, serão capazes de interagir e se comunicar por meio de sistemas embarcados. Isso levará a uma rede distribuída de dispositivos que podem comunicar-se tanto com humanos quanto entre si (Weber; Weber, 2010). Outros termos como *internet industrial*, *comunicação máquina a máquina* (M2M) e *internet de tudo* também têm sido usados para descrever tal fenômeno. IoT, portanto, inclui todos os dispositivos e objetos cujo estado pode ser alterado via internet com ou sem a interação de um ser humano (OECD, 2015).

O controle das "coisas" existe desde a década de 1990, quando a internet surgiu. Uma das primeiras coisas a se conectar foi uma torradeira que podia ser desligada pela internet. A expressão *internet das coisas* foi inventada por Kevin Ashton, em 1999, e apenas um ano depois, a Lifes's Good (LG) anunciou que estava prestes a lançar um refrigerador que poderia determinar se precisava de um reabastecimento. Alguns anos depois, em 2005, a IoT começou a ser mais reconhecida quando grandes publicações, como *The Guardian* e *Scientific American*, veicularam artigos sobre ela e suas futuras aplicações (Suresh et al., 2014).

Uma estimativa é de que mais de 75 bilhões de dispositivos estarão conectados à internet até 2025 (Statista, 2016). Com isso, o campo da IoT provavelmente terá um grande impacto nos fluxos domésticos e comerciais.

4.2.2 *Blockchain* e internet das coisas

IoT e *blockchain* podem trabalhar juntos. Da mesma maneira, a tecnologia *blockchain* pode ser a solução para alguns desafios que a IoT enfrenta. Por exemplo, *blockchain* pode ser usado em dispositivos conectados a um oleoduto. Os dispositivos teriam acesso a dados históricos e atuais que poderiam ser usados para ajustar o fluxo de óleo de acordo com a demanda global. No entanto, para que as empresas petrolíferas sobrevivam, é preciso que confiem nos dispositivos e nas informações. A interoperabilidade e a confiança, portanto, são fundamentais para muitas interações de IoT e, para que ocorra, pode ser possível usar a tecnologia *blockchain* (Lewis, 2017b).

Uma empresa chamada TransActive Grid está experimentando a integração da tecnologia *blockchain* com IoT em uma cidade estadunidense para produção de energia elétrica renovável. Isso permitirá um mercado ponto a ponto, onde os painéis solares podem comprar e vender sua energia. Os painéis solares da área podem registrar seu excesso de produção no *blockchain* e vendê-lo a outros painéis por meio de contratos inteligentes. Embora as transações em *blockchains* públicas sejam anônimas e o público só possa ver entre quais endereços a transação ocorreu, manter a privacidade no *blockchain* pode ser complicado, pois cada dispositivo é identificado por sua chave pública.

Todas as transações acontecem abertamente, o que significa que, ao analisar esses dados, uma parte interessada pode identificar padrões e, assim, fazer conexões entre endereços e obter informações por identidades reais (Christidis; Devetsiokiotis, 2016).

Outro exemplo de integração de *blockchain* à IoT é o uso de sua infraestrutura em nuvem para fornecer *blockchain* para itens de rastreamento. O *blockchain* pode ser usado para fortalecer a segurança da IoT e tem sido empregado para armazenar informações sobre a procedência de mercadorias, identidade e credenciais. Parece que o *blockchain* pode ser adotado para a segurança da IoT, já que alguns dos principais problemas de segurança com a nuvem são, em teoria, resolvidos pela tecnologia do *blockchain* (Kshetri, 2017).

O objetivo é colocar os dados com segurança no lugar, na hora e no formato certo. A despeito das dificuldades de se fazer isso, aplicando a tecnologia *blockchain* aos dispositivos IoT, tratando as transferências de informações como transações de criptomoeda (como Bitcoin), é possível obter maior confiança no compartilhamento de informações entre os dispositivos. Esses alavancarão contratos inteligentes para modelar o acordo entre duas partes (Kshetri, 2017).

Existem várias outras vantagens que poderiam ser alcançadas se o *blockchain* fosse implementado para a IoT. Por exemplo, a falta de controle central garantiria escalabilidade e robustez por espalhar os recursos entre os nós de participação e eliminaria o ponto único de risco de falha. O *blockchain* também dá ao sistema anonimato e a segurança de negócios confiáveis e resultados de contratos. Mas a implementação de *blockchains* no sistema IoT apresenta alguns desafios. Por exemplo, o processo de mineração do protocolo de consenso de *blockchains* PoW é muito intensivo em computação, e os dispositivos IoT normalmente têm recursos restritos. A mineração do tempo dos blocos também consome relativamente tempo, ao passo que a baixa latência é altamente desejável em muitos dispositivos IoT (Dorri; Kanhere; Jurdak, 2016).

O *blockchain* também tem um problema de escalabilidade com um fluxo de transação limitado: *blockchains* públicas podem lidar com cerca de 10 transações por segundo, enquanto, por exemplo, a Visa pode lidar com cerca de 1.700 transações por segundo (Nofer et al., 2017). Isso cria um problema, uma vez que se espera que os sistemas IoT contenham um grande número de nós (Dorri; Kanhere; Jurdak, 2016) .

4.3 O futuro e a valorização das criptomoedas

Apesar da surpreendente valorização dos preços nos últimos anos, as criptomoedas foram sujeitas a acusações de bolhas de preços. Há um trilema entre a supervisão regulatória, o potencial para uso ilícito por meio de seu anonimato dentro de um sistema de intercâmbio jovem e subdesenvolvido e as violações de infraestrutura influenciadas pelo crescimento da cibercriminalidade. Cada um influencia a percepção do papel das criptomoedas como uma classe de ativos de investimento confiável e com valor legítimo. Entretanto, não abordaremos a cibercriminalidade nesta obra.

4.3.1 Desorientação regulatória

A regulamentação de criptomoedas apresenta um desafio único e monumental para os formuladores de políticas. Muitos países ameaçaram criar proibições gerais contra o uso e o comércio de criptomoedas, mas poucos introduziram alguma regulamentação. No final de 2017 e início de 2018, a ameaça generalizada de intervenção regulatória por países como a Coreia do Sul e a China foi amplamente atribuída a uma diminuição substancial no valor do Bitcoin.

Em janeiro de 2018, a Comissão de Serviços Financeiros da Coreia do Sul introduziu uma medida que permite a negociação anônima de trocas domésticas. Estrangeiros e menores estariam totalmente proibidos de negociar por meio de contas de criptomoeda.

Os reguladores chineses têm buscado aumentar a regulamentação que proíbe as ofertas iniciais de moedas (ICOs), a supervisão dos fluxos de moeda estrangeira e o aumento da transparência nas trocas de criptomoedas. A interligação potencial entre o Bitcoin e a emissão, não se limitando ao financiamento do terrorismo, o potencial de substituição de dinheiro, o potencial de evasão fiscal e a transferência transfronteiriça de riqueza que levaram ao banco geral e parcial na Tailândia e na China (2013); na Rússia, Vietnã, na Bolívia, no Equador, no Quirguistão e em Bangladesh (2014); em Taiwan (2015); na Colômbia (2016); e na Nigéria (2017).

Além disso, a plataforma de mídia social Facebook, em 2018, introduziu uma política de publicidade que proíbe propaganda sobre a moeda, opções binárias e ICOs. A política foi introduzida como parte de um esforço contínuo para melhorar a integridade e a segurança dos anúncios do Facebook e, ao mesmo tempo, tornar mais difícil para os fraudadores gerar lucros ilegais de usuários vulneráveis da mídia social. As criptomoedas forneceram um meio perfeito, a partir do qual essa forma de fraude poderia prosperar.

Brito, Shadab e Castillo (2014) afirmam que, embora a regulamentação relacionada ao Bitcoin tenha se concentrado amplamente na regulamentação de combate à lavagem de dinheiro com base no cliente, os reguladores financeiros devem considerar a isenção ou a exclusão de certas transações financeiras denominadas em Bitcoin do escopo total dos regulamentos, semelhantes ao de ofertas de títulos privados e contratos a termo para encorajar a resiliência e a adoção e para garantir que os custos regulatórios não superem os benefícios das criptomoedas.

Hendrickson e Luther (2017) empregam um modelo monetário com busca endógena e preferências de consumos aleatórias para considerar até que ponto um governo pode banir uma criptomoeda para mostrar que isso pode ser alcançado sem a dependência de punições. Isso depende do tamanho do governo.

Böhme et al. (2015), ao focar na governança do Bitcoin, observam que, embora seu *design* tenha originalmente definido o fornecimento de um serviço, novos constituintes estão sendo adicionados, mas não está claro se eles desejam atender aos requisitos vigentes. Embora as bases subjacentes do Bitcoin pareçam estar travadas no lugar, existem inúmeras moedas virtuais concorrentes que podem atuar como uma substituição imediata.

Atzori (2017) defende o papel do Estado como um ponto central necessário de coordenação na sociedade, mostrando que a descentralização por meio do consenso baseado em algoritmos é uma teoria organizacional, mas não uma teoria política autônoma. Os autores destacam os principais riscos relacionados a uma posição dominante de poderes privados em econômicos sistemas distribuídos.

Rohr e Wright (2019) argumentam que a *Securities and Exchange Commission* (SEC) e o Congresso Nacional devem fornecer vendedores de *tokens* e as trocas que facilitam as vendas de *tokens* com certeza adicional, ao mesmo tempo que fornecem orientação sobre como o teste de *Howey* deve ser aplicado a *tokens* digitais. Em apoio a uma regulamentação mais leve, Luther e Salter (2017) apontam para o fato de que os *downloads* de quinze aplicativos Bitcoin disponíveis, na época do resgate em Chipre, aumentaram após seu anúncio. No entanto, o aumento do número de *downloads* não foi especialmente pronunciado em países identificados cujo sistema bancário é problemático.

Cumpre ressaltar que as questões regulatórias não se limitam aos aspectos de lavagem de dinheiro e se os custos das barreiras das criptomoedas poderiam prejudicar os benefícios potenciais.

Marian (2013) e Gross et al. (2017) enfatizam as implicações fiscais das criptomoedas com o fornecimento de um aviso específico de que, embora Bitcoin e criptomoedas amplas existam em formato digital, não podemos presumir que sua influência será exclusivamente digital. Seu uso pode, teoricamente, gerar efeitos na economia real. Além disso, sua existência demanda consideração internacional para saber se devem ser tratados como moeda ou propriedade e se estão sujeitos a regulamentos de ganhos e perdas de capital. O tratamento fiscal de criptomoedas amplas é ainda mais impulsionado por seu *status* financeiro.

Grinberg (2011) focou no potencial de separação do Bitcoin de sua "área cinzenta" legal, com a identificação de sua possível inclusão na legislação antifraude geral, caso seja considerado uma garantia no futuro. Tasca, Hayes e Liu (2016), por seu turno, utilizam uma análise de rede para mapear as relações de pagamento na tentativa de analisar o comportamento da transação segregada por categoria de negócios. Conforme esses autores, o mercado amadureceu em três estágios: (1) um estágio inicial de protótipo; (2) um segundo estágio interligado com produtos e empresas; e (3) um estágio marcado com uma progressão para a empresa legítima. Isso fornece evidências de uma evolução do mercado de criptomoedas.

Savelyev (2018) investigou direitos autorais na era do *blockchain* para apontar que o *blockchain* poderia oferecer vantagens potenciais de transparência na área, particularmente, em torno da pirataria de conteúdo digital e a proteção de fluxos de receita por meio de pagamentos de criptomoeda e contratos inteligentes, mas muitos dos aspectos legais de *blockchain* precisam ser considerados imediatamente.

Bollen (2013) observa que há questões legais significativas em torno do fato de que o Bitcoin não tem problemas, mas isso não deve causar obstáculos regulatórios. No que diz respeito à regulação da dinâmica de preços, Gandal et al. (2018) investigaram o impacto da atividade comercial suspeita no câmbio durante seu desaparecimento em 2013. Embasados em uma análise rigorosa, com verificações extensas de robustez, os autores demonstram que, durante os períodos identificados como "suspeitos", essa atividade comercial provavelmente causou o aumento sem precedentes na taxa de câmbio do dólar americano-Bitcoin (USD-BTC) no final de 2013, quando aumentou de cerca de $ 150,00 para mais de $ 1.000,00 em dois meses.

Viglione (2015) investigou os efeitos das tecnologias sociais relacionadas à governança sobre as diferenças entre países nos preços do Bitcoin controladas por liberdade financeira, para as quais é encontrada uma correlação positiva. Bitcoin é, portanto, visto como um novo canal que pode oferecer evasão de jurisdição nacional.

Dwyer (2015) explica como o uso de redes *peer-to-peer* e *software* livre combinado com a limitação da quantidade produzida cria um equilíbrio no qual uma criptomoeda tem um valor positivo. O uso dessa tecnologia visa evitar que o usuário gaste seu saldo mais de uma vez, também conhecido como *problema do duplo gasto*.

No Brasil, tramita o Projeto de Lei n. 2.303, de 2015, que "'dispõe sobre a inclusão das moedas virtuais e programas de milhagem aéreas na definição de 'arranjos de pagamento' sob a supervisão do Banco Central' (altera a Lei n. 12.865, de 2013, e da Lei 9.613, de 1998)" (Brasil, 2015). Durante as audiências públicas realizadas pela Comissão Especial da Câmara dos Deputados, o Banco Central se posicionou discordando do Projeto de Lei. O Banco Central do Brasil, no Comunicado n. 31.379, de 16 novembro de 2017, ressalta que as moedas digitais não são emitidas nem garantidas por qualquer autoridade monetária e não são lastreadas em ativo real de qualquer espécie (BCB, 2017a). O comunicado destaca também que as moedas virtuais não são a mesma coisa que moedas eletrônicas e por isso, não devem ser confundidas na Lei n. 12.865/2013 (BCB, 2017a).

Com relação à Constituição Federal brasileira, os artigos que orientam acerca da competência da emissão de moeda são os arts. 21: "Compete a União: inciso VII emitir moeda"; e 164: "competência para emitir moeda será exercida exclusivamente pelo Banco Central" (Brasil, 1988).

> **Exemplificando**
>
> Quando o assunto é ambiente digital, há uma grande probabilidade de exposição a um grave perigo de ter dados copiados, alterados e trocados. O *blockchain* veio com o objetivo de eliminar as duas primeiras características: uma pessoa não pode gastar um BTC duas vezes ou informar que enviou 10 BTC, mas transferiu apenas 0,03 BTC, pois o *blockchain* garante a veracidade da operação realizada.

4.3.2 Crescimento da negociação

O crescimento do uso de criptomoedas pode ser vinculado aos seus baixos custos de transação, sistema ponto a ponto e *design* livre governamental. Isso levou a um aumento no volume de negociação, na volatilidade e no preço das criptomoedas. Bitcoin é a primeira moeda digital descentralizada e continua sendo a líder do mercado de criptomoedas. Entre o período de outubro de 2016 a outubro de 2017, a capitalização de mercado do Bitcoin aumentou de $ 10,1 para $ 79,7 bilhões, e o preço saltou de $ 616,00 para $ 4.800,00 (dólares americanos).

Esse crescimento expressivo representou a oportunidade de obter 680% do retorno dos investimentos ao ano, o que não pode ser oferecido por nenhum outro ativo. Em dezembro de 2017, o preço por Bitcoin atingiu $ 19.500,00. Conforme o espaço do *blockchain* amadurece, o Bitcoin experimentará o aumento da competição no futuro próximo (Corbet et al., 2018b). Hoje, existem mais de mil moedas e criptografias, incluindo novos produtos como Ethereum, Ripple, Litecoin e Dash, que contribuíram para uma capitalização de mercado total de quase $ 190 bilhões (Corbet et al., 2018b).

4.3.3 Desenvolvimento do mercado de criptomoedas

Brière, Oosterlinck e Szafarz (2015) descobriram, por meio de testes, que os investimentos em Bitcoin oferecem benefícios de diversificação significativos para mostrar que a inclusão de até mesmo uma pequena proporção de Bitcoins pode melhorar drasticamente a negociação risco *versus* retorno de carteiras bem diversificadas. Os autores, entretanto, afirmam que os resultados devem ser considerados com cautela, pois os dados podem refletir o comportamento em um estágio inicial que pode não durar a médio ou longo prazos.

4.3.3.1 Benefícios e especulação das criptomoedas

Corbet et al. (2018b) analisaram as relações entre as três criptomoedas mais populares e uma variedade de outros ativos financeiros para encontrar evidências do isolamento relativo desses ativos em relação a outros ativos financeiros e econômicos. Os resultados mostram que as criptomoedas podem oferecer benefícios de diversificação para investidores com horizontes de investimento de curto prazo.

Baur, Hong e Lee (2018) examinaram as características estatísticas do Bitcoin para descobrir que ele não está correlacionado com as classes de ativos tradicionais em períodos de turbulência financeira. Os dados de transações de contas Bitcoin mostram que este é empregado principalmente como um investimento especulativo, e não como uma moeda ou meio de câmbio alternativo.

Dyhrberg (2016) mostra que o Bitcoin pode ser usado como uma barreira contra as ações do mercado acionário das bolsas de valores, e o dólar americano no curto prazo. No entanto, o Bitcoin tem algumas das mesmas habilidades de barreira que o ouro, podendo ser incluído na variedade de ferramentas disponíveis aos analistas de mercado para fazer barreiras de risco específico do mercado.

Bouri et al. (2017) usaram um modelo de correlação condicional dinâmico para examinar se o Bitcoin pode atuar como uma barreira segura para os quatro principais índices de ações mundiais de títulos: petróleo, ouro, índice geral de *commodities* e índice do dólar dos Estados Unidos, usando dados entre julho de 2011 e dezembro 2015. Os resultados empíricos indicam que o Bitcoin é uma barreira ruim e adequado apenas para fins de diversificação.

Demir et al. (2018) analisaram o poder de predição do índice de incerteza de política econômica ou *economic policy uncertainty index* (EPU). Em retornos diários de Bitcoin, usando modelagem autorregressiva com estimativas de regressão quantil sobre quantil e mínimos quadrados ordinários, os resultados mostram que o EPU tem poder preditivo sobre os retornos do Bitcoin com uma associação basicamente negativa, com o Bitcoin servindo como uma ferramenta de proteção contra a incerteza.

> ## Perguntas & respostas
>
> Você sabe qual foi a moeda digital com maior lucro de mercado no ano de 2017? De acordo com dados da Criptofy (Lima, 2021), a moeda digital com maior lucro em 2017 foi a Ethereum: com um investimento de R$100,00 em janeiro de 2017, o investidor receberia, em dezembro de 2017, o equivalente a R$ 10.623,00.

4.3.4 Diversificação de portfólio e volatilidade

Por milênios, o ouro tem sido uma reserva e medida de valor com ampla aceitação, oferecendo estabilidade e segurança de longo prazo no mercado financeiro (Harvey, 2014). Bitcoin e ouro são semelhantes do ponto de vista psicológico. Nenhum dos dois pode ser criado arbitrariamente: cada um deve ser extraído e cada um tem um suprimento finito. Diante disso, o ouro tem valor fundamental quando usado em joias e obras de arte, bem como em componentes eletrônicos ou médicos. O fornecimento limitado de "ouro digital", combinado com a aceitação atual do mercado deste, sugere que a Bitcoin e outras criptomoedas podem servir a um papel semelhante ao ouro. Klein, Pham Thu e Walther (2018) mostram que a dinâmica da volatilidade das criptomoedas compartilha algumas semelhanças com as do ouro e da prata.

Seguindo essa lógica, Gkillas e Longin (2018) argumentam que a Bitcoin é o novo ouro digital e investigam os benefícios potenciais durante períodos de mercado extremamente voláteis. Os autores descobriram que a correlação de retornos extremos entre a Bitcoin e os mercados de ações dos Estados Unidos e da Europa aumenta durante as quedas do mercado de ações e diminui durante o crescimento do mercado de ações. Sua conclusão é que a Bitcoin pode desempenhar um papel importante na gestão de ativos e fornecer resultados semelhantes aos do ouro. Também descobriram uma correlação extremamente baixa entre Bitcoin e ouro, quando os ativos são usados juntos em tempos turbulentos. Assim, a sugestão dos autores é de manter cautela na interpretação desses resultados, com os dados muito limitados.

Ciaian, Rajcaniova e Kancs (2018) examinaram as interdependências entre os mercados Bitcoin e Altcoin no curto e longo prazos para o período entre 2013 e 2016 e descobriram que ambos os mercados são interdependentes. A relação é considerada significativamente mais forte no curto prazo do que no longo prazo, em que os indicadores macrofinanceiros determinam a formação do preço Altcoin em um grau ligeiramente maior do que o Bitcoin.

Turk e Klinc (2017) investigaram os benefícios de diversificação do *blockchain*, concentrando-se em seu uso potencial na indústria de construção. Os autores concluíram que, embora o *blockchain* pareça fornecer soluções para alguns problemas do setor, é mais provável que seja construído em uma infraestrutura de TI genérica sobre a qual os aplicativos de construção são construídos, potencialmente, tornando o processo de construção menos centralizado.

Urquhart e Zhang (2018) avaliaram a relação entre Bitcoin e moedas na frequência horária e descobriram que o Bitcoin pode ser uma barreira intermediária para algumas moedas, são elas: franco suíço, euro e libra esterlina britânica, mas atua como um diversificador para dólar australiano, dólar canadense e yen japonês. Eles também descobriram que o Bitcoin é um porto seguro durante períodos de extrema turbulência no mercado de dólar canadense, franco suíço e de libra esterlina britânica.

4.3.5 Eficiência de mercado

A eficiência do mercado pode ser determinada por uma série de fatores específicos. No caso de criptomoedas, pode ser medida por meio de uma série de fatores progressivos, incluindo a existência de uma nova bolsa de futuros, índices líquidos de moedas cruzadas e a redução relativa da volatilidade diária, que, embora seja diária, permanece alta.

Ao investigar os aspectos comportamentais gerais das criptomoedas, Corbet et al. (2018a) examinaram a reação de um amplo conjunto de ativos digitais às taxas de juros do Fundo Federal dos Estados Unidos e aos anúncios de flexibilização quantitativa, para encontrar um grande número de respostas de volatilidade diferentes e *feedback* dependente do tipo de criptomoeda investigada, bem como se a criptomoeda era minerada ou não.

Corbet et al. (2018a) encontraram evidências do relativo isolamento do Bitcoin, Ripple e Litecoin e uma ampla variedade de outros ativos financeiros. Enquanto utilizavam a metodologia de identificação de bolhas de Phillips, Wu e Yu (2011) encontraram evidências claras de períodos em que Bitcoin e Ethereum estavam passando por fases de bolha. Os autores examinaram a relação entre a cobertura de notícias e os retornos do Bitcoin para examinar a hipótese de que esses retornos são afetados de formas semelhantes por anúncios de notícias macroeconômicas. Ao controlar uma série de vieses potenciais, os autores determinaram que as notícias relacionadas ao desemprego e aos anúncios de bens duráveis estão significativamente vinculadas aos retornos do Bitcoin.

Urquhart (2017) investigou a eficiência do Bitcoin usando uma bateria de testes robustos para descobrir que os retornos são significativamente ineficientes sobre a amostra completa selecionada, mas, ao se dividir a mesma amostra, o Bitcoin apresentou evidências de se tornar mais eficiente. O autor também encontrou evidências de agrupamento significativo de preços no mercado de Bitcoin.

Cheah et al. (2018) modelaram os preços de Bitcoin no mercado cruzado como processos de memória longa e estudaram a interdependência dinâmica em uma estrutura variável, na qual o valor é alterado em cada interação (VAR) fracionada, cointegrada e com longa memória tanto nos mercados individuais quanto no sistema de mercados que representam a ineficiência informacional não homogênea. Além disso, os mercados de Bitcoin são considerados cointegrados fracionariamente, em que a incerteza afeta negativamente esse tipo de relação de cointegração.

Caporale, Gil-Alana e Plastun (2018) empregam dois métodos diferentes de memória longa (análise R/S ou integração fracionada) nas quatro principais criptomoedas (Bitcoin, Litecoin, Ripple e Dash) e mostram que esses mercados exibem persistência e que seu grau muda ao longo do tempo. Tal previsibilidade representa evidência de ineficiência do mercado e revela que estratégias de negociação de tendência podem ser usadas para gerar lucros anormais no mercado de criptomoedas.

4.3.6 Bolhas

Chaim e Laurini (2019) analisaram os retornos diários da Bitcoin entre janeiro de 2015 e março de 2018 para investigar, empiricamente, a hipótese de bolha de preço. Os retornos da Bitcoin têm características que se esperariam de uma bolha: é muito volátil, exibe grande curtose e assimetria negativa. Para Camerer (1989), pesquisas anteriores concluíram que seria plausível que os preços do Bitcoin-USD fossem uma bolha, mas a evidência é inconclusiva. Em contraste, Henry e Irrera (2017) argumentam que as criptomoedas exibem um comportamento semelhante a bolhas.

Dong, Luo e Liang (2018), por seu turno, investigaram os resultados positivos e negativos de um modelo de criptomoeda arriscada e cara em uma economia de produção de horizonte infinito com mercados incompletos, que tem a seguinte estrutura para Bitcoin:

- enorme volatilidade;
- a dinâmica de preços é significativamente sensível ao investidor e às posições políticas;
- o mercado exibe diversas características cíclicas para os Estados Unidos e a China.

Seus resultados quantitativos, no entanto, dependem fortemente da gravidade da distorção do mercado, ou seja, a intervenção em determinado mercado por um órgão regulador, que, por sua vez, determina o tamanho das bolhas de Bitcoin.

Shu e Zhu (2019) empregam o indicador de confiança log-periódico como uma ferramenta de diagnóstico para identificar bolhas usando os dados diários sobre o preço da Bitcoin. O indicador de confiança *log-periodic power law singularity* (LPPLS) falha em fornecer avisos eficazes para detectar as bolhas quando o preço da Bitcoin sofre uma grande flutuação em um curto espaço de tempo, especialmente para bolhas positivas. A fim de diagnosticar a existência de bolhas e prever com precisão as quebras de bolhas no mercado de criptomoedas, sua pesquisa propõe uma metodologia de detecção de série temporal multinível adaptável com base no modelo LPPLS e em dados de alta frequência, o qual detecta efetivamente bolhas e prevê com precisão a ocorrência de bolhas. Em uma escala de dia a semana, o indicador de confiança LPPLS tem um desempenho estável em termos de monitoramento eficaz do *status* da bolha em uma escala de tempo mais longa – em uma escala de semana a mês. Sua metodologia adaptativa de detecção de série temporal multinível afirma fornecer detecção em tempo real de bolhas e previsão avançada de falhas para alertar sobre o risco iminente.

4.3.7 Métodos alternativos para levantar capital

O ano de 2017 trouxe um aumento nas ofertas iniciais de moeda (ICOs) semelhante às ofertas públicas iniciais, ofertas de ações aprovadas pela *Securities and Exchange Commission* (SEC). ICOs são um canal de financiamento potencialmente novo para empreendedores (Cong; He, 2018). O espaço também gerou muita atenção porque alguns investidores estão comprando ICOs sem compreender totalmente a tecnologia, bem como algumas empresas estão oferecendo um ICO sem um caso de uso economicamente significativo para a criptomoeda (Johnson; Bufton; Daniel, 2017; Amsden; Schweitzer, 2018).

Na verdade, as criptomoedas têm o potencial de reduzir significativamente o custo e a complexidade e, simultaneamente, de aumentar a velocidade dos processos de negociação e liquidação de maneira segura. Criptomoedas são *tokens*, mas outros ativos, como ações de uma empresa, podem ser tokenizados e negociados da mesma forma.

Alternativas básicas para serviços bancários tradicionais que têm um *backbone* de criptomoeda também estão sendo pesquisadas.

Panwar, Misra e Vishwanathan (2019) pesquisam uma rede de crédito baseada em *blockchain*, em que a transferência de crédito entre um par emissor-receptor acontece sob demanda. Redes de crédito distribuído (DCNs) são sistemas distribuídos de confiança entre usuários, nos quais um usuário oferece crédito financeiro, ou garante ativos a outros usuários que considere dignos de crédito, com a concessão de crédito proporcional à quantidade de confiança que existe entre os usuários, essencialmente, redes ponto a ponto de empréstimo, nas quais os usuários concedem crédito, emprestam dinheiro e mercadorias diretamente uns aos outros, enquanto minimizam o papel dos bancos, câmaras de compensação ou bolsas. Eles apresentam experimentos preliminares e análises de escalabilidade com base em sua estrutura DCN proposta.

Preste atenção!

Initial Coin Offering, ou ICO, é um mecanismo que tem se desenvolvido fortemente com o crescimento das diferentes aplicações para a tecnologia do *blockchain*. São *startups*/empresas que vendem *tokens* de seus projetos para arrecadar fundos, antes mesmo de o produto estar pronto.

4.3.8 Eficiência do produto

Bouoiyour e Selmi (2015) usam o teste para revelar o comportamento extremamente especulativo do Bitcoin, sua utilidade parcial em transações comerciais sem negligenciar sua dependência do Mercado de Ações de Xangai e da taxa de *hash*. Os autores não encontraram evidências de que o Bitcoin seja um porto seguro.

Luther (2016) afirmou que a tecnologia *blockchain* pode ser adotada se reduzir significativamente os custos de processamento de transações. No entanto, é improvável que Bitcoins e Altcoins funcionem como mais do que um nicho de dinheiro, exceto no caso improvável de hiperinflação, apoio governamental ou ambos.

Harvey (2014) ainda apoia o crescimento contínuo do Bitcoin, caso uma série de volatilidade de preços e problemas regulatórios sejam superados. Demir et al. (2018) mostram que qualquer situação com taxa fixa equivale a outra situação com tamanho de bloco limitado. Tornar o tamanho do bloco uma restrição não vinculativa e, ao mesmo tempo, permitir que a taxa seja fixada como resultado de um mercado competitivo descentralizado não pode garantir a existência do Bitcoin no longo prazo.

Prybila et al. (2017) investigou a verificação de tempo de execução para processos de negócios por meio do *blockchain* Bitcoin, que é realizado usando um protótipo de *software* totalmente funcional. Os autores mostram que sua abordagem, baseada em *blockchain*, permite o monitoramento e a verificação de execução contínua de coreografias, ao mesmo tempo que preserva o anonimato e a independência dos participantes do processo.

4.3.9 Eficiência de preço

Nadarajah e Chu (2017) investigaram a eficiência do preço de mercado do Bitcoin por meio de cinco testes diferentes nos retornos do Bitcoin e concluíram que os retornos não satisfazem a hipótese de mercado eficiente. Por outro lado, os autores demonstraram que uma simples transformação de poder dos retornos do Bitcoin satisfaz a hipótese por meio do uso de oito testes diferentes.

Alvarez-Ramirez, Rodriguez e Ibarra-Valdez (2018) descobriram que o mercado de Bitcoin apresenta correlações assimétricas com relação à tendência de aumento e diminuição de preços, com a primeira tendência ligada à antipersistência da dinâmica de retornos. Urquhart (2017), por meio de uma bateria de testes robustos, revela que os retornos são significativamente ineficientes em nossa amostra completa, mas quando se divide em dois períodos subamostrados, há evidências de que o Bitcoin é eficiente no último período.

Gronwald (2014) sugeriu que o preço do Bitcoin é, particularmente, marcado por movimentos extremos de preços; um comportamento geralmente observado em mercados imaturos. Urquhart (2017) encontrou evidências significativas de agrupamento em números redondos, com mais de 10% dos preços terminando com duas casas decimais em comparação com outras variações, mas não há um padrão significativo de retorno após o número anterior. Outros apoiam a hipótese de Harris (1991), mostrando que preço e volume têm uma relação positiva significativa com agrupamento de preços em números inteiros.

Bariviera et al. (2017) relatam efeitos diários de hora do dia, dia da semana e mês do ano para retornos de Bitcoins e volume de negociação. O uso de mais de 15 milhões de observações de preços e volumes de negociação de sete bolsas globais de Bitcoins revelam efeitos que variam no tempo, mas nenhum padrão consistente ou persistente durante o período de amostra para descobrir que os mercados de Bitcoins são eficientes.

Li e Wang (2017) realizaram um estudo empírico baseado na teoria da determinação da taxa de câmbio do Bitcoin em relação ao dólar estadunidense (USD), levando em consideração fatores tecnológicos e econômicos. Para abordar a cointegração em uma mistura de séries de tempos estacionários e não estacionários, o autor usa o modelo *autoregressive distributed lag* (ARDL), ou modelo de *lag* autorregressiva distribuída, com uma abordagem de teste de limites na estimativa, e, para detectar mudanças estruturais potenciais, eles estimam o modelo empírico em dois períodos separados pelo fechamento de um dos maiores mercados de câmbio Bitcoin, o MtGox. Seus resultados indicam que, no curto prazo, a taxa de câmbio do Bitcoin se ajusta às mudanças nos fundamentos econômicos e nas condições de mercado. A taxa de câmbio do Bitcoin de longo prazo é mais sensível aos fundamentos econômicos e menos sensível aos fatores tecnológicos.

Hayes (2017) usou um modelo de regressão que foi estimado e aponta para três impulsionadores principais do valor da criptomoeda: o nível de competição na rede de produtores, a taxa de produção da unidade e a dificuldade de algoritmo meditado para "minerar" a criptomoeda. O autor fornece uma situação de não arbitragem para criptomoedas semelhantes ao Bitcoin, seguida pela formalização de um modelo de custo de produção para determinar o valor justo de um Bitcoin.

Tiwari et al. (2018) investigaram a eficiência informacional do Bitcoin usando uma bateria de estimadores de dependência de longo alcance, computacionalmente eficientes para um período que vai de 18 de julho de 2010 a 16 de junho de 2017. Os autores descobriram que o mercado é informacional e eficiente (Urquhart, 2017; Nadarajah; Chu, 2017).

Feld, Schönfeld e Werner (2014) apresentaram novidades sobre a rede ponto a ponto (P2P) do Bitcoin com foco especial em sua distribuição entre sistemas autônomos distintos. Suas descobertas levaram a conclusões sobre a resiliência do ecossistema Bitcoin, a clareza do *blockchain* em uso e a propagação e verificação dos blocos de transação.

Brauneis e Mestel (2018) estenderam a literatura existente realizando vários testes de eficiência de diversas criptomoedas e, adicionalmente, vincularam a eficiência a medidas de liquidez para encontrar um aumento ineficiente conforme a liquidez aumenta.

Lahmiri e Bekiros (2018) investigaram os padrões não lineares de volatilidade em sete mercados de Bitcoin com ênfase particular na dependência fracionária de longo alcance em conjunto com a estocasticidade inerente potencial da série temporal de volatilidade sob quatro suposições distribucionais diversas (Normal, Student-t, Generalizado Erro [GED] e distribuição *t-Skewed*). Seus resultados empíricos significam a existência de memória de longo alcance na volatilidade do mercado de Bitcoin, independentemente da inferência distributiva. Como os mercados de Bitcoin são altamente desordenados e arriscados, não podem ser considerados adequados para fins de barreiras. Esses resultados fornecem evidências fortes contra a hipótese de mercado eficiente.

Bariviera et al. (2017) investigaram as propriedades estatísticas do mercado de Bitcoin comparando-o à dinâmica de moedas-padrão e se concentrando na análise de retornos em diferentes escalas de tempo. Os autores testaram a presença de memória longa em séries temporais de retorno de 2011 a 2017, usando dados de transações de uma plataforma Bitcoin e calcularam o expoente de Hurst por meio do método de Análise de Flutuação Detrended, usando uma janela deslizante para medir a dependência de longo alcance. Seus resultados indicam que os expoentes de Hurst mudam significativamente durante os primeiros anos de existência do Bitcoin, tendendo a se estabilizar nos últimos tempos. Além disso, a análise multiescala mostra um comportamento semelhante do expoente de Hurst, implicando um processo semelhante.

Kim (2017) examinou os custos de transação empíricos do *Bitcoin* em transações internacionais para descobrir que o custo de transação do Bitcoin é inferior ao dos mercados de câmbio de varejo. Os mercados de Bitcoin têm, em média, *spreads bid-ask* 2% mais estreitos do que os mercados de câmbio de varejo, e quando o dólar é convertido para outras moedas via Bitcoin, as taxas de câmbio resultantes são, em média, 5% melhores do que o a taxa de câmbio de varejo.

Ciaian, Rajcaniova e Kancs (2018) exploraram a formação de preço do Bitcoin considerando ambos os determinantes tradicionais do preço da moeda, por exemplo, forças de oferta e demanda de mercado, bem como fatores específicos de moedas digitais, por exemplo, atratividade do Bitcoin para investidores e usuários. O arcabouço conceitual é baseado no modelo de Barro (1979), do qual derivam hipóteses testáveis. Usando dados diários de seis anos (2009-2015) e aplicando mecanismos analíticos de série temporal, os autores descobriram que as forças de mercado e a atratividade do Bitcoin para investidores e usuários têm um impacto significativo no preço do Bitcoin, mas com variação ao longo do tempo (Ciaian; Rajcaniova; Kancs, 2018).

4.3.10 Sustentabilidade

O rápido crescimento dos preços do Bitcoin atraiu muitos investidores de todo o mundo, gerando não apenas um aumento na dificuldade de mineração, mas também empurrando o consumo de energia do Bitcoin para um nível enorme. Atualmente, está se tornando mais difícil encontrar um novo bloco e, consequentemente, cada transação consome mais eletricidade agora do que costumava ser no passado.

De acordo com o Relatório de Sustentabilidade do Bitcoin, em janeiro de 2018, o consumo de energia do Bitcoin por uma transação aumentou 53% e equivale a 397 quilowatt-hora (KWh), o que é suficiente para abastecer uma residência nos Estados Unidos por mais de 13 dias. Em fevereiro de 2018, o consumo de eletricidade do Bitcoin aumentou até 764 KWh por transação única. O consumo anual de eletricidade do Bitcoin aumentou de 9,5 Terawatt-hora (TWh) para 50,8 TWh nos últimos 12 meses, e, em fevereiro de 2018, o Bitcoin alcançou o nível de consumo de energia equivalente ao do Uzbequistão, representando 0,23% da eletricidade mundial (Cardoso, 2018).

Exercício resolvido

O crescimento do uso de criptomoedas pode ser vinculado aos seus baixos custos de transação, sistema ponto a ponto e *design* livre governamental. A eficiência do mercado de criptomoedas pode ser medida por meio de uma série de fatores progressivos, incluindo a existência de órgãos reguladores. São eles:

a. mercado regulador com a aliança dos Bancos Centrais de todo mundo.
b. nova bolsa de futuros, índices líquidos de moedas cruzadas e redução relativa da volatilidade diária; embora diária, a volatilidade permanece alta.
c. empresas e negociadores distintos com identificação prévia para realizar negociações.
d. mercado de compradores que possam realizar mineração com baixo impacto ambiental.

Resposta: b.

> Comentário: a eficiência do mercado de criptomoedas pode ser medida por meio de uma nova bolsa de futuros, índices líquidos de moedas cruzadas e a redução relativa da volatilidade diária; embora diária, a volatilidade permanece alta. As demais respostas estão incorretas, uma vez que apenas as bolsas de futuros podem avaliar financeiramente as criptomoedas.

4.4 Contabilidade digital

A criptomoeda mais popular e amplamente usada é o Bitcoin, no entanto, existem mais de 1.500 criptomoedas em circulação. As partes interessadas estão preocupadas com as implicações contábeis e fiscais associadas às criptomoedas. Cada uma dessas criptomoedas tem seus próprios recursos e características únicas, o que torna sua compreensão e contabilidade particularmente desafiadora. As ofertas de criptomoedas em 2018, como as *initial coin offerings* (ICO), ou ofertas iniciais de moedas, estão ganhando força nos mercados financeiros globais com um tamanho médio da ICO de US$ 31,08 milhões, quase duas vezes mais que em 2017, que foi de US$ 15,98 milhões. Os criptoativos constituem uma classe de ativos em evolução e crescimento rápido, mas ainda relativamente novos. Como resultado, não há pronunciamentos específicos de órgãos contábeis que tratam da contabilização de tais ativos na perspectiva do titular (Yatsyk, 2018).

O Australian Accounting Standards Board (AASB) apresentou um documento de discussão sobre moedas digitais ao International Accounting Standards Board (Iasb), e o Accounting Standards Board do Japão (ASBJ) emitiu uma minuta de exposição para comentários públicos sobre a contabilidade de "moedas virtuais". Outrossim, o Iasb discutiu certas características das transações envolvendo moedas digitais durante sua reunião de janeiro de 2018, e discutirá no futuro se deve iniciar um projeto de pesquisa nessa área (Asaf, 2016; ASBJ, 2018).

A capitalização de mercado do Bitcoin, em novembro de 2018, era de US$ 109.881 milhões. Tendo em vista o aumento no número de transações e a capitalização de mercado, bem como as expectativas de uso de moedas semelhantes e o tempo que leva para desenvolver um padrão, espera-se os padrões de contabilidade sejam capazes de lidar com um desenvolvimento de mercado significativo, como moedas digitais, já que as normas existentes (*The International Financial Reporting Standards* – IFRS; e as normas Internacionais de Relatório Financeiro – IFRS) não se referem explicitamente à criptomoedas. Em dezembro de 2016, o AASB lançou o documento "Moeda digital: um caso para atividade de definição de padrões". Essa instituição examinou a literatura atual do IFRS e avaliou se as moedas digitais devem ser contabilizadas como caixa ou equivalentes de caixa, ativos financeiros, ativos intangíveis ou estoques (Asaf, 2016; Yatsyk, 2018).

As normas internacionais de contabilidade vigentes, emitidas antes de 2004, são denominadas *International Accounting Standards* (IAS). As normas internacionais de relatório financeiro, emitidas a partir de 2004, são denominadas IFRS. Atualmente, estão vigentes as normas internacionais de relatório financeiro. Entre IFRS e IAS, contamos com 41 IAS emitidas em fevereiro de 2001. Essas normas internacionais abordam itens como: o pagamento baseado em ações; a aquisição e o controle de organizações; a contabilização de valores de exploração e avaliação de recursos minerais; a classificação, a contabilização e a apresentação dos instrumentos financeiros; os contratos de seguro (vigente a partir de 1º de janeiro de 2021); e as diretrizes para elaborar e apresentar as demonstrações.

De acordo com o AASB, as criptomoedas têm as seguintes características:

- Não atendem à definição de caixa ou equivalentes de caixa do IAS 7, pois carecem de ampla aceitação como meio de troca (no momento) e não são emitidas por um Banco Central.
- Não atendem à definição de um instrumento financeiro (diferente de caixa) segundo o IAS 39, pois não há relação contratual que resulte em um ativo financeiro para uma parte e um passivo financeiro para outra.
- Atendem à definição de ativo intangível segundo o IAS 38, pois são um ativo não monetário identificável sem substância física. No entanto,

não está claro como interpretar a exceção de escopo da IAS 38 para ativos mantidos para venda no curso normal dos negócios no contexto de moedas digitais.
- Poderiam ter o IAS 2 como inventário, no entanto, não há clareza para a interpretação da exceção de mensuração para corretores-negociantes de *commodities* no contexto de moedas digitais.
- Destacam uma questão mais ampla nas IFRSs com relação a ativos intangíveis e mercadorias mantidas para fins de investimento.

Além disso, a aplicação dos requisitos de mensuração da IAS 38 ou IAS (exceto nos casos em que uma entidade é considerada uma corretora-negociante de *commodities*) não fornece informações relevantes ou úteis para os usuários das demonstrações financeiras no contexto de moedas digitais (Grant Thornton, 2018).

A IAS 7, "Demonstração dos Fluxos de Caixa", define caixa como dinheiro em caixa e depósitos à vista. Nenhuma definição adicional de *dinheiro* ou *depósitos à vista* é fornecida. A IAS 32, "Instrumentos Financeiros: Apresentação", inclui *caixa* na definição de um instrumento financeiro, de acordo com a IAS 323, moeda (caixa) é um ativo financeiro porque representa o meio de troca e, portanto, a base sobre a qual todas as transações são mensuradas e reconhecidas nas demonstrações financeiras no contexto de moedas digitais (Grant Thornton, 2018).

Um depósito de dinheiro em um banco ou em uma instituição financeira é um ativo financeiro porque representa o direito contratual do depositante de obter dinheiro da instituição ou sacar um cheque ou instrumento semelhante contra o saldo em favor de um credor no pagamento de um passivo financeiro (Yatsyk, 2018).

Do que foi apresentado até o momento, é importante ressaltar que, como meio de troca, as moedas digitais ainda não alcançaram ampla aceitação e claramente não são apoiadas por um banco central ou reconhecidas como moeda legal. Portanto, é difícil concluir que, no momento, as moedas digitais atendem à definição de dinheiro com referência à orientação do IAS 32.

No entanto, essa posição pode mudar à medida que as moedas digitais ganhem aceitação no futuro. Os preços da moeda digital, conforme negociados em bolsas, são sempre representados em alguma outra moeda (por exemplo, dólar americano, euro etc.). A volatilidade dos preços negociados em bolsa para moedas digitais é muito significativa e, como resultado, as moedas digitais não conseguiriam definir o equivalente em dinheiro. A maior parte da literatura contábil considera que a moeda digital atende à definição de ativos intangíveis, conforme definido na IAS 38, "Ativos intangíveis" (Grant Thornton, 2018).

4.4.1 Ativo intangível

Uma moeda digital não é um instrumento financeiro, conforme definido no IAS 32, mas pode resultar em um ativo financeiro para uma parte, e em um passivo financeiro para outra. Com base na literatura IFRS atual, moedas digitais atenderiam à definição de ativo intangível. No entanto, o tratamento contábil sob o IAS 38 não forneceria informações financeiras relevantes e úteis. Embora as moedas digitais atendam à definição de ativos intangíveis, o IAS 38 exclui de seu escopo os ativos intangíveis mantidos por uma entidade para venda no curso normal dos negócios. Esses ativos intangíveis devem ser contabilizados como estoque de acordo com o IAS 2, "Estoques". A fim de determinar como contabilizar um ativo, é necessário estabelecer como o ativo é usado no negócio:

- Entidades que negociam com moedas digitais seriam consideradas como detentoras de tais moedas digitais para venda no curso normal dos negócios.
- Entidades que detêm moedas digitais para fins de investimento, ou seja, valorização do capital.
- Entidades que aceitam moeda digital como meio de pagamento por seus produtos ou serviços.

Além disso, a IAS 2 não se aplica à mensuração de estoques mantidos por corretores-negociantes de *commodities* que calculam seus estoques como valor justo menos custo de venda e reconhecem as mudanças no valor justo menos custo de venda no resultado no período da mudança. Em razão da falta de tratamento contábil, diferentes empresas têm políticas contábeis distintas (Yatsyk, 2018).

Em 14 de março de 2018, o Conselho de Padrões de Contabilidade do Japão (ASBJ) emitiu a "Solução Prática sobre a Contabilidade de Moedas Virtuais sob a Lei de Serviços de Pagamento" (a qual chamaremos de "o padrão") como parte do *Generally Accepted Accounting Principles* (GAAP) japonês. A norma entrou em vigor no início do ano fiscal que começou em 1º de abril de 2018. Após considerar as categorias potenciais de ativos, o ASBJ concluiu que não há categoria de ativos apropriada para moedas virtuais. Consequentemente, o ASBJ decidiu prescrever que as moedas virtuais fossem uma categoria independente de ativos. Além disso, a Lei de Serviços de Pagamento define *moedas virtuais* como o valor proprietário que pode ser transferido usando um sistema de processamento eletrônico de dados e ser usado por contrapartes não especificadas como meio de pagamento, negociado com partes não especificadas ou ser trocado com outras moedas virtuais (Yatsyk, 2018).

Quadro 4.1 – Elementos de um ativo intangível de moeda digital

Elementos da definição (IAS 38)	Descrição
Identificável	De acordo com o IAS 38, um ativo é identificável se for divisível, ou seja, é capaz de ser separado ou dividido da entidade e vendido, transferido, licenciado, alugado ou permutado, ou se resultar de um direito contratual ou legal. As unidades de moeda digital são identificáveis porque são vendidas em unidades em uma bolsa.
Ativo	De acordo com o IAS 38, um ativo é definido como um recurso controlado por uma entidade como resultado de eventos passados e dos quais se espera que benefícios econômicos futuros fluam para a entidade. Controle, nesse contexto, significa que a entidade tem o poder de obter os benefícios econômicos que o ativo irá gerar e de restringir o acesso de terceiros a esses benefícios. Depois de obter a moeda digital, a entidade será capaz de obter seus benefícios econômicos ao vendê-la ou usá-la como meio de pagamento (quando aceito).

(continua)

(Quadro 4.1 – conclusão)

Elementos da definição (IAS 38)	Descrição
Não monetário	Se as moedas digitais ainda não forem consideradas moeda (ou "meios de pagamento", no contexto da IAS 38), ainda assim seriam um ativo não monetário.
Intangível	As moedas digitais são exatamente isso: digitais. Elas não têm nenhum atributo físico.

Fonte: Elaborado com base em Asaf (2016).

O Quadro 4.1 consegue demonstrar o que é um ativo intangível, permitindo uma maior compreensão da dificuldade em tornar as criptomoedas em ativos e, portanto, contabilizadas.

Exercício resolvido

Para a contabilização das criptomoedas ainda não está bem clara a forma como isso pode ocorrer em razão de suas particularidades. De acordo com o AASB, as criptomoedas apresentam algumas características possíveis de definição. Por que há dificuldades de contabilização das criptomoedas?

a. Porque não atendem à definição para ativos mantidos para venda do IAS 7 no curso normal dos negócios no contexto de moedas digitais.
b. Porque não há definição de estoque do IAS 33 necessário para lançamento no balanço patrimonial;
c. Porque não há definição de caixa ou equivalentes de caixa do IAS 7, pois ainda carecem de ampla aceitação como meio de troca e não é emitida por um Banco Central.
d. Porque não há definição de contabilização no IAS 11 em virtude do grande número de moedas, tornando-se inviável os lançamentos em um DRE.

Resposta: c.

> Comentário: não há definição de caixa ou equivalentes de caixa do IAS 7, pois carece de ampla aceitação como meio de troca (no momento) e não é emitida por um Banco Central. Isso porque cada uma das possibilidades de classificação tem uma numeração específica em relação à sua contabilização, e IAS 7 é única resposta correta.

Síntese

- *Blockchain* é um mecanismo que emprega um método de criptografia que usa um conjunto de algoritmos matemáticos específicos para criar e verificar uma estrutura de dados em crescimento contínuo, à qual os dados só podem ser adicionados e dos quais os dados existentes não podem ser removidos, que leva a forma de uma cadeia de "blocos de transação" e que funciona com uma razão de distribuição.
- Em um sistema Proof of Work (PoW), os participantes da rede precisam resolver os chamados *quebra-cabeças criptográficos* para que possam adicionar novos "blocos" ao *blockchain*.
- Em um sistema Proof of Stake (PoS), um validador de transação, ou seja, um nó de rede, deve provar a propriedade de determinado ativo (ou, no caso de criptomoedas, de certa quantidade de moedas), a fim de participar na validação das transações.
- O crescimento do uso de criptomoedas pode ser vinculado aos seus baixos custos de transação, sistema ponto a ponto e *design* livre governamental. Isso levou a um aumento no volume de negociação, na volatilidade e no preço das criptomoedas.
- No Brasil, não há legislação para transações de criptomoedas especificamente, mas existe um Projeto de Lei que trata do assunto. No entanto, a maior dificuldade está na orientação da Constituição Federal de 1988.
- O mundo ainda não tem legislação específica para tratar das transações em moedas digitais.

- Existe um organismo internacional responsável pelo controle contábil das criptomoedas. Os primeiros pronunciamentos contábeis publicados pela IASC foram chamados de *International Accounting Standard* (IAS).

Mercado financeiro do futuro

Conteúdos do capítulo

- Balanço de pagamentos.
- Impacto das moedas virtuais no sistema financeiro.
- Mercado financeiro, pagamentos e moedas digitais.
- *E-commerce* e moedas digitais.

Após o estudo deste capítulo, você será capaz de:

1. compreender as dificuldades do balanço de pagamentos;
2. identificar o impacto das moedas virtuais no sistema financeiro;
3. reconhecer o funcionamento do mercado financeiro e de pagamentos com as moedas digitais;
4. entender o que é *e-commerce* e o papel das moedas digitais.

capítulo 5

Menos de uma década se passou desde o surgimento do Bitcoin, a primeira moeda digital descentralizada privada com alcance global. Apesar de muitas opiniões acreditando que não daria certo, esse experimento sobreviveu, tem ampla popularidade e encontrou muitos seguidores. Hoje, o Bitcoin não está sozinho; existem mais de 1.500 moedas virtuais, mas apenas algumas registram volume de mercado e capitalização significativos. O Bitcoin continua sendo o líder entre elas.

Inicialmente, o Bitcoin e outras moedas virtuais atraíram pouca atenção de economistas e autoridades monetárias e regulatórias nos mais diversos países em que surgiram. As criptomoedas eram consideradas um fenômeno de nicho, uma espécie de folclore tecnológico que poderia desaparecer tão rapidamente como apareceu. Elas foram amplamente analisadas e propagadas por especialistas em tecnologia da informação (TI).

No entanto, mais recentemente, a situação mudou radicalmente. Como o Bitcoin não desapareceu, ao contrário, continuou sua expansão e encontrou seguidores em todo o mundo, ele se tornou um assunto popular de discussão entre economistas, especialistas do mercado financeiro e, até mesmo, políticos, uma vez que precisamos de legislação para a respectiva regulação. Esse interesse crescente em moedas virtuais foi parcialmente sustentado pelo rápido crescimento da bolha financeira do Bitcoin em 2017 e seu subsequente estouro no início de 2018. Desse modo, vamos estudar as criptomoedas e o impacto que elas causam na economia.

5.1 Balanço de pagamentos

A palavra *moeda* é definida como "um sistema de moeda de uso geral em determinado país" (BIS, 2003, p. 8, tradução nossa). Uma moeda é mais conhecida como uma forma aceita de dinheiro que circula dentro de uma economia, sendo emitida por um governo.

5.1.1 Funções da moeda e funções da moeda digital

A uma moeda podem ser atribuídas três funções principais:

1. **Meio de troca**: a moeda é utilizada como intermediária nas negociações, a fim de evitar um sistema que confia na troca pura. Para cumprir essa função, uma moeda deve ter características reconhecíveis, utilidade constante, baixo custo de preservação, transportabilidade e divisibilidade.
2. **Unidade de conta**: uma moeda serve como uma unidade monetária padrão para medir o valor de bens, serviços e ativos. Para concluir essa função, uma moeda precisa ser divisível em unidades menores sem qualquer perda de valor. Também deve ser fungível, o que significa que uma unidade da moeda é equivalente a outra unidade do mesmo valor, e deve ter uma medida, um tamanho ou um peso específico a fim de ser contável de forma verificável.
3. **Reserva de valor**: o valor da moeda deve permanecer estável ao longo do tempo. Isso significa que deve ser possível armazenar e recuperar a moeda de forma confiável ao longo do tempo (Gartz; Linderbrandt, 2017).

5.2 Tipos de moedas

Existem vários tipos de moedas, utilizadas em diversas situações e com diferentes finalidades. Há as moedas-mercadoria, as moedas fiduciárias, a moeda escritural, a moeda nacional, cada uma com uma origem e com um papel diferente da economia. Vejamos, a seguir, os principais tipos.

5.2.1 Moeda tradicional

A moeda tradicional corresponde às notas e moedas emitidas pelo banco central dos países. Uma moeda tradicional cumpre todas as três funções de uma moeda e depende de um fundo de confiança do Banco Central que fornece o dinheiro. As moedas tradicionais são centralizadas, contando com um organismo governamental para fornecimento dessa moeda, usa bancos e outras instituições financeiras para aplicação e validação de segurança (Gartz; Linderbrandt, 2017).

5.2.2 Moeda digital

São moedas digitais aquelas que apenas são armazenadas e transferidas eletronicamente, também chamadas de *moedas eletrônicas*. As moedas digitais constituem uma ampla categoria, que inclui tanto as moedas virtuais quanto as criptomoedas, bem como moedas tradicionais armazenadas em contas bancárias. As moedas digitais existem puramente em formato eletrônico, mas podem ser transformadas em dinheiro, por exemplo, fazendo um saque em dinheiro em um caixa eletrônico. A moeda digital é trocada e transferida por meio de tecnologias e, portanto, tornou possível fazer transações bancárias *on-line*, eliminando a dependência de moeda ou a necessidade de ir pessoalmente a um banco. Hoje, cerca de 95% do dinheiro no mundo é digital (Arvidsson; Hedman; Segendorf, 2017).

5.2.3 Moeda virtual

Uma moeda virtual é um tipo de moeda digital que não é emitida por um Banco Central, mas também depende de um sistema de confiança. Ela pode ser definida como uma representação digital de valor que é usado em uma comunidade virtual específica e emitido pelos desenvolvedores do sistema. Um exemplo é o jogo de computador World of Warcraft, em que a moeda virtual, chamada WoW Gold pode ser usada para compras no jogo. A moeda virtual é feita para ser um complemento ao dinheiro normal, uma vez que só é utilizada em plataformas específicas, e não em outros contextos. Cada moeda virtual tem sua maneira de funcionar, dependendo dos algoritmos que constituem a base do sistema, mas a maioria das moedas virtuais são centralizadas, isto é, o controle do suprimento de moeda é centralizado para os desenvolvedores do mundo virtual (Gartz; Linderbrandt, 2017).

5.2.4 Criptomoeda

As criptomoedas são um tipo de moeda digital que usa a criptografia para aplicação de segurança, dificultando a falsificação. O que as difere das moedas virtuais é que elas são projetadas para substituir potencialmente as moedas tradicionais. Ao contrário das moedas tradicionais, digitais e virtuais, as criptomoedas são descentralizadas, isto é, não há autoridade central ou terceiro controlando a oferta de dinheiro.

Assim, as criptomoedas eliminam a necessidade de um Banco Central, como a maioria dos mercados de câmbio se estrutura hoje. A criptomoeda com a maior participação de mercado em 29 de abril de 2017 era a Bitcoin (Gartz; Linderbrandt, 2017).

5.3 Sistema de pagamentos

O dinheiro é, normalmente, baseado em uma das duas tecnologias básicas: *tokens* de valor armazenado ou contas (Green, 2008; Mersch, 2017a). O dinheiro e muitas moedas digitais são baseados em *tokens*, ao passo que os saldos em contas de reserva e a maioria das formas de dinheiro de banco comercial são baseados em contas.

Uma distinção: a moeda baseada em *token* e em conta é a forma de verificação necessária quando é trocado (Kahn; Roberds, 2009). A moeda baseada em *token* ou sistemas de pagamento depende criticamente da capacidade do beneficiário de verificar a validade do objeto de pagamento.

Com a moeda, a preocupação é a falsificação, e no mundo digital a preocupação é se o *token*, ou "moeda", é genuíno ou não (considerando a falsificação eletrônica) e se já foi gasto. Por outro lado, os sistemas baseados na moeda da conta dependem fundamentalmente da capacidade de verificar a identidade do titular da conta (Löber; Houben, 2018).

Uma das principais preocupações é o roubo de identidade, que permite que os perpetradores transfiram ou retirem moeda de contas sem permissão. A identificação é necessária para vincular corretamente pagadores e beneficiários e para verificar os respectivos históricos de contas. A moeda digital do banco central está no centro do dinheiro. A taxonomia distingue entre três formas de moedas digitais do banco central ou *central bank digital currencies* (CBDCs). Dois formulários são baseados em *tokens*, e o outro é baseado em contas. As duas versões baseadas em *tokens* diferem. A primeira, por quem tem acesso, o que, por sua vez, depende do uso potencial do CBDC, um instrumento de pagamento amplamente disponível, voltado principalmente para transações de varejo, mas também disponível para uso muito mais amplo (Löber; Houben, 2018). A segunda é um *token* de liquidação digital de acesso restrito para transações de liquidação e pagamento no atacado, *token* de uso geral (banco central) e *token* de atacado (Banco Central). A versão baseada em conta prevê que o banco central forneça contas de uso geral a todos os agentes na jurisdição. Embora a escala seja de uma magnitude diferente, a tecnologia para fazer isso está indiscutivelmente disponível atualmente. A novidade seria a decisão de implementar tais contas (Löber; Houben, 2018).

5.3.1 Propriedades das moedas digitais

Além das quatro propriedades principais destacadas anteriormente, há outras características que determinam como um CBDC pode servir como meio de pagamento e reserva de valor. Essas escolhas terão implicações para os pagamentos, a política monetária e a estabilidade financeira da seguinte forma:

- **Disponibilidade**: atualmente, o acesso à moeda digital do Banco Central é limitado ao horário de funcionamento desse banco, tradicionalmente menos de 24 horas por dia e, geralmente, cinco dias por semana. Os CBDCs podem estar disponíveis 24 horas por dia e sete dias por semana ou apenas durante determinados horários específicos, como o horário de funcionamento de sistemas de pagamento de grande valor, por exemplo. O CBDC pode estar disponível permanentemente ou por um período limitado, por exemplo, pode ser criado, emitido e resgatado em uma base intradiário.

- **Anonimato**: o CBDC baseado em *token* pode, em princípio, ser projetado para fornecer diferentes graus de anonimato de uma forma semelhante aos *tokens* digitais privados. Uma decisão importante para a sociedade é o grau de anonimato em relação ao Banco Central, equilibrando, entre outras coisas, preocupações relacionadas à lavagem de dinheiro, financiamento do terrorismo e privacidade.

- **Mecanismo de transferência**: a transferência de moeda é conduzida ponto a ponto, e os depósitos do banco central são transferidos por meio do banco central, que atua como intermediário. O CBDC pode ser transferido em uma base pessoa por pessoa ou por um intermediário, que pode ser o banco central, um banco comercial ou um agente terceirizado.

- **Rendem juros**: Tal como acontece com outras formas de passivos digitais do banco central, é tecnicamente viável pagar juros (positivos ou negativos) sobre os CBDCs baseados em *token* e conta. A taxa de juros sobre o CBDC pode ser definida igual a uma taxa de política existente ou em um nível diferente para encorajar ou desencorajar a demanda por CBDC. Tanto as contas não remuneradas quanto as contas remuneradas podem ser usadas para transações de pagamento de varejo ou atacado. O pagamento de juros positivos, provavelmente, aumentaria a atratividade de um instrumento que também serve como reserva de valor.

- **Limites**: diferentes formas de limites quantitativos ou limites sobre o uso ou posse de CBDC são frequentemente mencionadas como uma forma de controlar implicações potencialmente indesejáveis ou para direcionar o uso em determinada área. Por exemplo, limites ou tetos podem tornar um CBDC menos útil para pagamentos no atacado do que no varejo. No momento, esses limites ou tetos sobre participações/uso são mais facilmente visualizados em sistemas baseados em contas não anônimas (Löber; Houben, 2018).

5.3.2 Outras considerações sobre CBDC

Além de sistemas de liquidação e pagamentos mais eficientes e seguros, o CBDC poderia trazer benefícios adicionais. Tendo em vista que um CBDC pode permitir registros e rastreamentos digitais, ele poderia melhorar a aplicação de regras voltadas para *anti-money laundering/combating the financing of terrorism* (AML/CFT) – ou seja, o combate à lavagem de dinheiro e ao financiamento do terrorismo – e, possivelmente, ajudar a reduzir as atividades econômicas informais. Esses ganhos podem, entretanto, ser pequenos porque o sistema formal de pagamento, especialmente se houvesse um CBDC rastreável, não seria, necessariamente, o principal canal para transações ilícitas e atividades econômicas informais (Löber; Houben, 2018).

Também existem custos. Os bancos comerciais podem perder uma interface valiosa com seus consumidores, visto que, em alguns projetos de CBDC, a função "conheça seu cliente" pode recair sobre o banco central. Os bancos centrais teriam de assumir um papel muito maior nesse campo, com custos associados. Os bancos centrais também podem ser solicitados a fornecer informações para autoridades fiscais e outras autoridades, por exemplo, para questões judiciais. Além disso, eles teriam de gerenciar questões de privacidade e anonimato decorrentes dos *insights* obtidos em transações privadas. De forma geral, os bancos centrais podem ter de lidar com muitas solicitações e clientes, incluindo alguns agora excluídos, para os quais não estão necessariamente bem equipados, embora alguns desses desafios possam ser mitigados ou evitados por um projeto cuidadoso (Löber; Houben, 2018).

Outro argumento é que um CBDC poderia melhorar a inclusão financeira. Em alguns países, uma porção considerável da população não participa do sistema financeiro formal e, portanto, pode perder os benefícios associados. Um CBDC, no entanto, não alivia necessariamente todas as restrições de acesso; para alguns segmentos da população, as barreiras ao uso de qualquer moeda digital podem ser grandes, e a preferência por alternativas confiáveis como moeda é forte. Além disso, um CBDC pode permitir melhores dados em tempo real sobre a atividade econômica, mas esses ganhos já são amplamente alcançáveis com os dados de pagamentos existentes. Um argumento mais persuasivo é que um CBDC pode ajudar a manter uma ligação direta entre os bancos centrais e os cidadãos, especialmente onde o uso de dinheiro está diminuindo, o que poderia ajudar a promover a compreensão do público sobre os papéis dos bancos centrais e a necessidade de independência (Mersch, 2017b).

5.3.3 Principais desafios de viabilidade e operacionais

Mesmo que os CBDCs fossem considerados desejáveis, a exploração inicial e experimentação esbarrariam em uma série de questões legais, técnicas e operacionais que os bancos centrais e outras partes relevantes devem considerar antes que um instrumento possa ser considerado adequado para uso em larga escala (Löber; Houben, 2018).

Em alguns países, existem considerações legais. Nem todos os bancos centrais têm autoridade para emitir moedas digitais e expandir o acesso às contas, e a emissão pode exigir mudanças legislativas, o que pode não ser viável, pelo menos a curto prazo. Outras questões incluem verificar se um CBDC é legal, ou seja, se um instrumento de pagamento é legalmente reconhecido para cumprir obrigações financeiras e se as leis existentes relativas às transferências de valor e finalidade são aplicáveis (Löber; Houben, 2018).

Os bancos centrais também teriam de levar em consideração as preocupações e os requisitos de AML/CFT se emitissem o CBDC. Não seria aconselhável emitir um CBDC que não cumpra adequadamente com esses e outros regimes de supervisão e impostos. Até a data de hoje, não estão claros como os requisitos AML/CFT podem ser implementados de forma prática para formas anônimas de CBDC. As formas de CBDC que podem ser facilmente transferidas através das fronteiras ou usadas *offshore* são especialmente desafiadoras a esse respeito. Como tal, o risco da reputação para o banco central decorrente de um CBDC de propósito geral deve ser considerado (Löber; Houben, 2018).

O uso de depósitos do Banco Central e de bancos comerciais, normalmente, fornece algum nível de privacidade para bancos e agentes individuais, respectivamente, e o uso de moeda fornece anonimato a todos os usuários. O grau adequado de privacidade, também esperada pela sociedade, é um desafio em um ambiente digital.

Para o CBDC, o grau apropriado de privacidade da moeda precisaria ser considerado com cuidado, o que poderia acarretar difíceis escolhas de desenho de políticas públicas para um banco central (Löber; Houben, 2018).

A segurança cibernética é atualmente um dos desafios operacionais mais importantes para os sistemas do Banco Central e para o setor financeiro em geral. Ameaças cibernéticas, como *malware* (*software* projetado especificamente para interromper, danificar ou obter acesso não autorizado a um sistema de computador) e fraude, são riscos para quase todos os sistemas de pagamento, compensação e liquidação. Eles representam, no entanto, um desafio particular para um CBDC de propósito geral, que está aberto a muitos participantes e pontos de ataque (Löber; Houben, 2018).

Além disso, o efeito potencial da fraude pode ser mais significativo em razão da facilidade com que grandes quantias podem ser transferidas eletronicamente. Métodos robustos de mitigação de risco cibernético seriam, portanto, um pré-requisito para a emissão de CBDC.

De modo geral, a robustez de novas tecnologias possíveis para garantir uma estrutura sólida de gerenciamento de risco é incerta. Como os serviços do banco central são essenciais para o bom funcionamento de uma economia, requisitos muito robustos de confiabilidade, escalabilidade, rendimento e resiliência são necessários. Portanto, os bancos centrais normalmente têm requisitos operacionais muito rigorosos para seus sistemas e serviços. Algumas das tecnologias propostas para a emissão e gestão de CBDC, como as tecnologias de registro distribuído, ou *distributed ledger Technologies* (DLT), ainda estão sendo testadas, e até mesmo o setor privado está na fase inicial de desenvolvimento e aplicação de DLT para uso comercial. Muitas questões em torno da gestão de risco operacional e governança precisam ser respondidas antes que a implantação possa ser prevista. Esse pode ser, especialmente, o caso de países em estágios iniciais de desenvolvimento de infraestrutura financeira (Löber; Houben, 2018).

5.3.4 Aspectos de política monetária

As consequências da emissão do CBDC para a implementação e transmissão da política monetária estão diretamente relacionadas a quão amplo é o acesso ao CBDC e se ele é remunerado de forma atrativa. Os argumentos de política monetária para a emissão de CBDC incluem o fortalecimento potencial do repasse da taxa de juros para os mercados monetários, as taxas de depósito e ajuda a aliviar a restrição zero (ou efetiva) do limite inferior. Esses argumentos devem ser considerados com cuidado. Não está claro se o repasse da taxa básica de juros precisa de reforço, e a introdução de um CBDC também pode trazer novos riscos para a política monetária. Além disso, as ferramentas existentes podem, em muitos casos, atingir os mesmos objetivos. Uma vez que a moeda digital do Banco Central já está disponível para as contrapartes monetárias e algumas contrapartes não monetárias (Löber; Houben, 2018).

O acesso digital mais amplo ao banco central pode fortalecer o repasse da taxa de juros para os mercados monetário e de empréstimo. As implicações da política monetária são, provavelmente, mais pronunciadas se o CBDC surgir como um ativo atraente para se manter. As características cruciais do projeto que determinam até que ponto o CBDC pode funcionar como tal incluem as regras que regulam seu acesso por diferentes tipos de agente, sua disponibilidade além do uso intradiário, se ele rende juros e a qual taxa. Somente se combinasse essas opções seria um passivo novo e líquido do Banco Central, que, provavelmente, teria um impacto sobre os canais de uso das taxas de juros para o mercado monetário e outros mercados (Löber; Houben, 2018).

Em particular, um CBDC atrativamente remunerado em comparação com outras taxas de juros pode afetar as participações por investidores institucionais de outros instrumentos líquidos de baixo risco, como títulos do governo de curto prazo e recompras validadas por garantias soberanas, por exemplo. Se os investidores institucionais pudessem manter tal instrumento sem limites, a taxa de juros sobre ele ajudaria a estabelecer um piso rígido sob as taxas do mercado monetário, o que é indiscutivelmente útil (Löber; Houben, 2018).

Uma variante de uso geral com juros também pode tornar o repasse mais direto. Se as famílias considerassem um CBDC como uma alternativa aos depósitos de bancos comerciais, os bancos teriam menos margem para definir, independentemente, a taxa de juros sobre depósitos de varejo.

Na medida em que um CBDC atrativamente remunerado reduza a substituição de moeda, o que é uma possibilidade em alguns países, o repasse de forma geral poderia ser ampliado, inclusive no que diz respeito aos preços domésticos (Löber; Houben, 2018).

Existem, no entanto advertências e contra-argumentos importantes. O grau em que as taxas básicas de mercado se movem em conjunto com a taxa básica de juros parece satisfatório para a maioria dos bancos centrais. Se a passagem para os mercados monetários, por exemplo, é impedida de forma material, não está claro (Potter, 2017).

Além disso, não está claro se devemos esperar que as taxas de depósito bancário respondam imediatamente às mudanças nas taxas de juros. Os *spreads* entre a taxa básica de juros e as taxas de varejo representam compensações para vários riscos e custos de transação, inclusive para serviços que são implicitamente subsidiados (os bancos comerciais fornecem uma gama mais ampla de serviços para investidores de varejo do que qualquer CBDC). De forma geral, os depositantes de varejo tendem a ser menos sensíveis ao preço do que os investidores de atacado. E a rigidez dos depósitos de varejo permite que os bancos comerciais desempenhem com mais facilidade seus papéis de maturidade, risco de crédito e transformação de liquidez na economia (Löber; Houben, 2018).

Na prática, a falta de uma resposta individual aos aumentos e cortes nas taxas de juros não representa um desafio, desde que os bancos centrais tenham controle adequado sobre as condições financeiras. Os bancos levam em consideração uma gama mais ampla de fatores do que simplesmente a taxa de política na determinação do preço de seus depósitos de varejo, incluindo taxas de longo prazo que abrangem prêmios de risco de crédito e liquidez, ou seja, eles olham para as oportunidades de investimento relevantes. Dito isso, a presença de um CBDC atraente pressionaria os bancos comerciais a aumentar suas taxas de depósito de varejo para evitar a perda de financiamento de varejo. Ao mesmo tempo, alguns duvidam que ferramentas adicionais fortaleceriam a capacidade do banco central de atingir seus objetivos (Bindseil, 2016a). Além disso, mesmo que o repasse justifique o fortalecimento, existem outras ferramentas convencionais, como letras do banco central, depósitos a prazo e facilidades de recompra reversa que podem atingir o mesmo objetivo.

Perguntas & respostas

1. O que é *malware*?

Malware é um *software* projetado especificamente para danificar um sistema de computador, interromper seu funcionamento ou para que pessoas não autorizadas consigam acessá-lo.

5.3.5 Impacto da política monetária

A presença do CBDC teria um impacto limitado na implementação da política monetária, isto é, na forma como os bancos centrais usam seus balanços para controlar as taxas de juros de curto prazo. Mesmo que um banco central precisasse acomodar a demanda por CBDC, os fluxos para o CBDC drenariam a quantidade de reservas no sistema, exatamente da mesma forma que os fluxos para notas e depósitos do banco central mantidos por contrapartes não monetárias. Em um sistema de corredor, todos os fluxos de entrada e saída do CBDC precisam ser compensados por meio de operações no mercado aberto – ou operações de *open market* (OMOs) –, de injeção e absorção de liquidez para manter a quantidade desejada de reservas (Löber; Houben, 2018).

Portanto, o CBDC não altera a mecânica básica da implementação da política monetária. A demanda por CBDC seria apenas outro fator a considerar para que as respostas das políticas fossem consistentes com o controle contínuo sobre as taxas de juros de curto prazo. No entanto, existem duas implicações práticas. Primeiro, dependendo do grau de substituição, um balanço patrimonial maior pode ser necessário para implementar a política monetária, à medida que os agentes substituem o CBDC por dinheiro físico, depósitos em bancos comerciais e outros ativos seguros. Segundo, a volatilidade geral dos fatores autônomos pode ser afetada, o que, por sua vez, pode afetar sua previsibilidade (Löber; Houben, 2018).

Embora, provavelmente, exijam balanços patrimoniais maiores, os bancos centrais ainda teriam liberdade de escolha na definição dos ativos que detêm para acomodar a demanda por CBDC, assim como têm por notas. Teoricamente, os ativos podem ser constituídos por participações definitivas de qualquer tipo ou empréstimos garantidos a contrapartes monetárias em quaisquer termos e condições. Sujeito ao fornecimento geral de vários tipos de ativos e alterações deles, a duração adicional, liquidez e risco de crédito decorrentes de acomodar a demanda por CBDC é, portanto, determinada pelo próprio Banco Central, como é o caso das notas (Löber; Houben, 2018).

A demanda por CBDC pode ser volátil diariamente, visto que entradas e saídas resultam de pagamentos entre titulares de CBDC e não CBDC. Se isso leva a uma maior volatilidade geral, depende das correlações com outros fatores. Se a volatilidade for particularmente alta, os bancos centrais podem ser forçados a operar por meio de um sistema mínimo. Se a qualidade da previsão de liquidez é prejudicada, depende da previsibilidade dos fluxos diários de entrada e saída do CBDC (Löber; Houben, 2018).

Os efeitos gerais do CBDC sobre a estrutura (de prazo) das taxas de juros são muito difíceis de prever e dependerão de muitos fatores. Para atrair a demanda, os papéis do governo de curto prazo e as operações compromissadas *overnight* com garantia do tesouro podem ter de fornecer algum aumento de rendimento em relação a um CBDC remunerado orientado para o atacado. Isso significa que a ponta curta da curva de juros soberana pode acabar acima da taxa CBDC. Ao contrário do piso rígido que a variante CBDC de atacado pode colocar sob as taxas do mercado monetário, a variante de propósito geral, provavelmente, colocará apenas um piso flexível nas taxas de depósito de varejo, dada a menor sensibilidade ao preço dos depositantes de varejo e custos de troca (Löber; Houben, 2018).

Ao mesmo tempo, dependendo dos ativos específicos mantidos para acomodar o CBDC emitido, os bancos centrais, eventualmente, precisariam envolver-se em vários tipos de maturidade, liquidez e transformação de risco de crédito. É difícil prever como essas duas forças se equilibram em termos de várias taxas de juros entre as classes de ativos e os vencimentos. De forma geral, as implicações de um CBDC em relação a outros instrumentos dependem do ambiente operacional específico de cada jurisdição. Além disso, uma vez que os ambientes operacionais podem mudar no futuro, as análises de custo-benefício da política monetária relacionadas ao CBDC podem demandar revisão periódica (Löber; Houben, 2018).

5.4 Papel do Banco Central

Uma questão fundamental levantada pela emissão do CBDC diz respeito aos papéis apropriados na intermediação financeira e na economia em geral dos participantes do mercado financeiro privado, governos e bancos centrais. Com os CBDCs, poderia haver um papel maior para os bancos centrais na intermediação financeira. À medida que a demanda por CBDC cresce, se os depósitos de dinheiro não diminuem, os bancos centrais talvez precisem adquirir (ou aceitar como garantia) direitos soberanos adicionais e, dependendo do tamanho, ativos privados, por exemplo, hipotecas securitizadas, fundos negociados em bolsa e outros. Se a demanda se tornar muito grande, os bancos centrais podem precisar manter títulos menos líquidos e mais arriscados, influenciando os preços de tais títulos e potencialmente afetando o funcionamento do mercado. Os bancos centrais também podem ter de fornecer maturidade substancial, liquidez e transformação de risco de crédito para bancos e mercados. Uma vez que os bancos centrais poderiam assumir papéis mais importantes, isso teria um impacto maior sobre os empréstimos e as condições financeiras (Löber; Houben, 2018).

Tendo em vista que tudo isso pode desafiar o sistema bancário de dois níveis, as implicações estruturais precisam ser mais bem compreendidas antes que a emissão do CBDC possa ocorrer. Um papel maior para os bancos centrais na alocação de crédito acarreta perdas econômicas gerais se os bancos centrais forem menos eficientes do que o setor privado na alocação de recursos, por exemplo, por impedirem o uso eficiente do conhecimento descentralizado na sociedade (Hayek, 1945).

Por exemplo, da perspectiva de uma alocação eficiente de crédito, uma abordagem centralizada envolvendo a posse total de títulos corporativos seria preferível a uma abordagem descentralizada baseada em bancos e outros atores privados concedendo empréstimos a empresas e investindo em títulos. Da perspectiva de infraestrutura, os bancos centrais teriam de decidir sobre o desenho da tecnologia apropriada, criar infraestrutura e governança necessárias e gerenciar essa nova forma de dinheiro, o que ensejaria grandes demandas operacionais e custos associados (iniciais), com a possível criação de novos riscos (Löber; Houben, 2018).

Também pode haver mudanças na liquidez do mercado e nas interligações. Se a demanda por CBDC exceder o declínio na demanda por dinheiro e/ou reservas, maiores participações definitivas de CBDC podem prejudicar o funcionamento do mercado se reduzirem a parcela de livre flutuação dos títulos em circulação. Embora um CBDC fosse por si só muito líquido, ele poderia resultar em liquidez reduzida e maior "especialidade" nos mercados de garantias. A profundidade dos mercados de recompra e de contas do governo de curto prazo poderia diminuir à medida que a demanda fosse redirecionada para o uso do CBDC no mercado de atacado. Embora o Banco Central pudesse intervir no lado da demanda desses mercados, ele precisaria ampliar seus ativos para atender ao aumento de seus passivos. Esse papel ampliado dos bancos centrais nos mercados de atacado também poderia reduzir a atividade interbancária e o papel de descoberta de preços desses mercados (Löber; Houben, 2018).

Pode ocorrer problemas de coordenação entre o Banco Central e o escritório de gestão da dívida do governo, assim as operações dos bancos centrais podem tornar-se mais desafiadoras. Por ter de acomodar passivamente a demanda por CBDC, o Banco Central poderia, potencialmente, introduzir uma demanda volátil por dívida governamental. As questões relacionadas incluem qual parte do setor público é mais adequada para emitir a dívida pública de curto prazo de um país e determinar o perfil de vencimento da dívida pública consolidada. Se o CBDC substituísse uma grande parte dos depósitos bancários, a demanda do banco central por títulos do governo poderia ser grande, o que afetaria os mercados de dívida soberana. De forma mais ampla, um balanço patrimonial maior pode apresentar desafios, pois reduz o papel do mercado na definição de preços. Essa redução pode levar a distorções alocativas e comprometer ativos de qualidade superior. Isso poderia, por sua vez, afetar adversamente o funcionamento dos mercados de garantias. Tudo isso teria implicações para a estabilidade financeira.

Dependendo do projeto, a receita de senhoriagem dos bancos centrais também pode ser afetada. Da mesma forma, se o CBDC pagasse juros, o Banco Central estaria diretamente exposto às partes interessadas, que poderiam, às vezes, exercer pressões para aumentar as taxas de juros. A aplicação de taxas diferenciadas, por exemplo, por montante detido ou contraparte, também pode ser necessária para a implementação eficaz da política monetária, mas isso pode revelar-se tecnicamente difícil no caso do CBDC baseado em *tokens*. Também pode levar à arbitragem, além de ser controversa, por exemplo, uma taxa CBDC para famílias abaixo da taxa de remuneração sobre os saldos de reservas excedentes (Löber; Houben, 2018).

Exercício resolvido

Entre os tipos de moedas existentes no mercado, existe uma que se destaca pelo uso da criptografia para aplicação de segurança, dificultando a falsificação. O que difere as criptomoedas das moedas virtuais é que elas são projetadas para substituir potencialmente:

a. as moedas tradicionais.
b. as moedas virtuais.
c. as moedas em ouro.
d. as moedas em papel.

Resposta: a.

Comentário: as criptomoedas foram projetadas para substituir potencialmente as moedas tradicionais. As moedas digitais são usadas como um meio de pagamento, e o ouro foi substituído pela moeda em papel, portanto não podem ser as respostas corretas.

5.5 O impacto das moedas virtuais

O Banco Central Europeu – ou European Central Bank (ECB) – define as moedas virtuais como um "tipo de moeda digital não regulamentada, que é emitido e geralmente controlado por seus desenvolvedores, e usada e aceita entre os membros de uma comunidade virtual específica" (ECB, 2012, p. 14, tradução nossa).

De acordo com a definição da Força Tarefa de Ação Financeira (FATF, 2014, p. 4, tradução nossa),

> *Moeda virtual é uma representação digital de valor que pode ser negociada digitalmente e funciona como:*
>
> *I) um meio de troca; e / ou*
>
> *II) uma unidade de conta; e / ou*
>
> *III) uma reserva de valor, mas não tem status de curso legal (ou seja, quando oferecida a um credor, é uma oferta de pagamento válida e legal) em qualquer jurisdição.*

As moedas virtuais não têm valor intrínseco no sentido de que não estão vinculadas a nenhuma *commodity* ou moeda soberana subjacente. No entanto, a esse respeito, elas não diferem da maioria das moedas legais contemporâneas. O valor das moedas digitais surge, exclusivamente, da capacidade de transferi-la de um lugar para outro dentro do "ecossistema eletrônico" da moeda virtual específica e depende inteiramente da confiança, pois não há maneira legal de forçar ninguém a aceitá-la como meio de pagamento (Dabrowski; Janikowski, 2018).

O termo *moeda virtual* pode ser enganoso ao sugerir que uma moeda virtual é uma moeda legal, emitida por uma autoridade pública, como um banco central, e oficialmente reconhecida como moeda com curso legal em pelo menos uma jurisdição. Em vez disso, elas representam a forma de uma moeda privada (Dabrowski; Janikowski, 2018).

Da mesma forma, a questão de saber se as moedas virtuais compartilham as características da moeda completa também permanece controversa. Söderberg (2018), Chiu e Wong (2014), o Bank of England (2014) e

Yermack (2013), entre outros, argumentam que as moedas virtuais não satisfazem a definição tradicional de moeda discutida na literatura econômica. Em particular, em sua opinião, elas não cumprem as condições descritas por Jevons (1875).

De acordo com essa definição, a moeda deve cumprir três requisitos básicos: ser um **meio de pagamento**, uma **unidade de conta** e uma **reserva de valor**. Os críticos afirmam que as moedas digitais servem como meio de pagamento em uma extensão muito limitada, já que apenas um número reduzido de comerciantes as aceita, o número de transações ainda é insignificante em comparação com moedas emitidas pelos bancos centrais, os salários não são pagos em moedas virtuais e nenhum governo conhecido aceita como moeda com curso legal ou unidade de conta. As moedas virtuais também deixam de servir, efetivamente, como reserva de valor diante da enorme volatilidade de seu poder de compra. Por outro lado, há a possibilidade de que um número de usuários e transações aumentem ao ponto de as moedas virtuais se tornarem um substituto de pleno direito das moedas legais no futuro. Assume-se que as moedas virtuais têm potencial para servir como moeda privada de pleno direito, independentemente de sua participação futura no volume geral de transações e ativos financeiros (Dabrowski; Janikowski, 2018).

As moedas virtuais são frequentemente chamadas de *criptomoedas* porque a maioria das moedas virtuais depende amplamente do uso de algoritmos criptográficos. Em resumo, as moedas virtuais compartilham as seguintes características:

- são a forma de moeda privada geralmente criada de forma descentralizada;
- existem exclusivamente em formato digital;
- a maioria das moedas virtuais foram baseadas na tecnologia *blockchain*, mas talvez outras tecnologias possam ser empregadas no futuro;
- a maioria delas tem um caráter global, ou seja, trabalham além das fronteiras nacionais (Dabrowski; Janikowski, 2018).

5.6 Limites de regulamentos de moedas virtuais

Será necessário ainda um tempo para que o fenômeno das moedas virtuais e suas potenciais consequências econômicas e jurídicas sejam completamente compreendidos. Todas as principais jurisdições tentarão regular o uso dessas moedas e, como no caso de outras regulamentações financeiras, isso demandará muito esforço para harmonizá-las (Dabrowski; Janikowski, 2018).

Mesmo com o passar do tempo, não se pode esperar, no entanto, que as moedas virtuais serão aceitas como meio oficial de pagamento ou unidade de conta no curto prazo. Portanto, pagar impostos, salários do setor público, pensões e outros benefícios sociais, ou fazer transferências públicas, entre outros, em moedas virtuais parece um cenário altamente improvável. O mesmo se aplica à possibilidade de usar as moedas como uma unidade de conta em relatórios financeiros oficiais, fiscais ou estatísticos (Dabrowski; Janikowski, 2018).

Além disso, as autoridades de supervisão financeira podem, cada vez mais, considerar as moedas digitais como ativos financeiros de risco sujeitos a regulamentos de precaução estrita ou mesmo proibições legais que podem limitar seu uso por instituições financeiras licenciadas e, portanto, pelo público em geral. O investimento em moedas digitais pode ficar sujeito a impostos sobre a renda ou sobre transações, um fenômeno já observado em vários países, que pode limitar o interesse de potenciais investidores (Dabrowski; Janikowski, 2018).

No entanto, mesmo as regulamentações e proibições mais rígidas não poderão eliminar totalmente o uso de moedas digitais como meio de pagamento em casos de transações privadas (especialmente as internacionais) ou como reserva de valor (um ativo financeiro no qual alguns agentes econômicos terão interesse em investir). A harmonização transfronteiriça das regulamentações financeiras e fiscais e a cooperação das autoridades reguladoras financeiras nunca serão perfeitas, o que deixará espaço para a arbitragem transfronteiriça. Ademais, como a história ensina, as regulamentações financeiras sempre ficam atrás das inovações financeiras

(Dabrowski, 2017), e as moedas digitais são uma nova invenção com grande potencial para um maior desenvolvimento tecnológico.

Portanto, as autoridades de supervisão financeira ou monetária não serão capazes de regular antecipadamente todas as novas variantes potenciais de moedas que possam surgir. Por todas as razões mencionadas, é preciso estar preparado para que as moedas digitais continuem sendo um componente estável da arquitetura monetária e financeira global por vários anos (Dabrowski; Janikowski, 2018).

5.6.1 Instrumentos para apoiar as moedas legais

Na maioria dos países, a demanda por moeda legal emitidas por bancos centrais ou governos é apoiada por vários tipos de regulamentos legais, começando com a Constituição e passando pela legislação do banco central, regulamentação do setor bancário e financeiro, código civil, legislação trabalhista e tributária, câmbio, regulamentos e normas contábeis e estatísticas, entre outros. Normalmente, esses regulamentos exigem a realização e o relato de transações domésticas nas respectivas moedas legais. O mesmo se aplica ao pagamento de impostos, salários, benefícios sociais e subsídios governamentais. Os regulamentos também dão ao Banco Central o direito exclusivo de emitir moeda (Brasil, 1988).

No entanto, todos esses instrumentos jurídicos têm limites para sua aplicação. Em primeiro lugar, a maioria das economias está aberta a um mundo externo em termos de comércio de bens e serviços, transações financeiras, investimento e movimento de pessoas, para citar alguns. As transações com não residentes geralmente exigem o uso de outras moedas além da moeda nacional, a menos que seja uma das principais moedas globais aceitas em todo o mundo. Em segundo lugar, na maioria dos países, os residentes têm liberdade de escolha da moeda com que fazem suas economias ou investimentos financeiros, isto é, usar a moeda em sua função como reserva de valor. Essa liberdade é a norma em todas as economias que aceitam a conversibilidade da conta de capital. Também é aceita ou tolerada em países que continuam com restrições de conta de capital. Além disso, a história dos regimes comunistas ou de outros regimes totalitários demonstra que mesmo as proibições mais severas do uso de moeda estrangeira (respaldadas por penalidades criminais) permaneceram inaplicáveis. Terceiro, se os residentes considerarem a moeda nacional instável ou se seu uso for inconveniente por qualquer razão prática, eles podem preferir usar moeda estrangeira também para fins de transação. Normalmente, isso se aplica a transações maiores, como venda ou compra de imóveis, carros ou outros bens duráveis de maior valor ou concessão de empréstimos privados. A legislação que exige a realização de tais transações na moeda nacional legal, em geral, pode ser facilmente contornada (Dabrowski; Janikowski, 2018).

Em suma, uma legislação que exija o uso da moeda nacional legal pode ajudar a impulsionar a demanda por essa moeda e desestimular o uso de outras moedas, mas apenas na medida em que não contrarie os interesses dos agentes econômicos. Se os agentes econômicos considerarem determinada moeda legal instável ou se seu uso permanecer inconveniente por outros motivos, por exemplo, para transações com não residentes ou para diversificação de carteira, eles contornarão tal legislação (Dabrowski; Janikowski, 2018).

5.6.2 Preferências do setor privado

A era do padrão ouro e do sistema de Bretton Woods acabou. Na realidade, vivemos em um mundo de livre competição monetária com taxas de câmbio amplamente flutuantes.

O próprio fato de o dólar americano e, em um grau menor, o euro dominarem o comércio e as transações financeiras e terem se tornado as principais reservas de moeda não deixa os políticos de muitos países felizes. Consequentemente, há iniciativas políticas para inventar uma moeda de reserva politicamente "neutra", diferente do dólar ou do euro, com base, por exemplo, nos Direitos Especiais de Saque (DES) do Fundo Monetário Internacional (FMI). No entanto, essas iniciativas não tiveram chances de se materializar até agora porque não houve demanda do mercado por tal moeda (Dabrowski, 2010).

Em razão de sua natureza privada e das características tecnológicas, as criptomoedas, pelo menos em sua forma atual e em um futuro previsível, não têm chance de se tornar reservas de moedas oficiais. No entanto, é possível que elas ultrapassem pelo menos parte do papel desempenhado pelo dólar americano, pelo euro e por algumas das outras moedas importantes, como o iene japonês, a libra esterlina ou o franco suíço, em transações internacionais privadas (Dabrowski, 2010).

Mais uma vez, as externalidades de rede desempenham um papel dominante aqui: a forte posição de mercado das principais moedas legais, especialmente do dólar americano, é determinada não apenas por sua reputação e estabilidade esperada, o tamanho de seus mercados e, às vezes, a regulamentação financeira e cambial, mas, em primeiro lugar, pelas preferências dominantes de outros participantes do mercado. Isso permite custos de transação reduzidos. Por sua vez, essas preferências são determinadas pelo tamanho e pela profundidade de um mercado financeiro global em determinada moeda, ou seja, a disponibilidade de vários tipos de instrumentos financeiros em dada moeda.

Essa é a principal razão por trás do papel dominante e contínuo do dólar americano como reserva internacional e moeda de transação, tanto no governo quanto no setor privado, apesar de suas flutuações periódicas em relação a outras moedas e do desempenho macroeconômico nem sempre superior da economia dos Estados Unidos (Dabrowski, 2010).

5.7 A fonte de competição para moedas legais

O monopólio oficial para moedas legais em cada país não é e não pode ser completo, em razão do papel das transações internacionais, da liberdade de escolha dos agentes econômicos em relação à moeda de suas poupanças ou investimentos financeiros, e da inexequibilidade de regras que são muito restritivas. Logo, a globalização financeira e a sofisticação cada vez maior dos serviços financeiros facilitam uma competição crescente entre moedas individuais, mesmo em economias macroeconômica e financeiramente estáveis.

Se determinado país sofre de instabilidade e incerteza macroeconômica ou política (ou ambas), há fortes incentivos para fugir de sua moeda legal; esse fenômeno é conhecido como *substituição de moeda*. Novamente, surge a questão de saber se as moedas digitais podem beneficiar-se de tais situações, isto é, a pessoa que foge da moeda legal problemática estará pronta para escolher uma moeda digital?

5.7.1 Aumento da demanda por moeda no Banco Central

Apesar de todas as especulações sobre as perspectivas de retirar a exclusividade da emissão de moeda do Banco Central, especialmente moeda em mãos, por moeda digital, tanto as moedas legais em formato eletrônico quanto as criptomoedas privadas (Dabrowski, 2017), as estatísticas disponíveis não confirmam tal tendência. Pelo contrário, desde o início da crise financeira global de 2008, é possível observar um rápido aumento da participação da moeda do Banco Central (chamada *moeda de reserva*, *base monetária*, *base monetária* ou *moeda de alta potência*) na moeda ampla nas principais áreas monetárias como resultado da desintermediação financeira relacionada à crise, regulamentação financeira mais rígida pós-crise, substituição de moeda em favor das principais moedas (principalmente na forma de dinheiro), inflação baixa e taxas de juros baixas, entre outros (Dabrowski, 2018).

Mesmo que essa tendência venha a ser revertida em algum momento como resultado da esperada "normalização" da política monetária e da recuperação da intermediação financeira, os bancos centrais, especialmente nas principais áreas monetárias, não enfrentarão o risco de uma demanda decrescente por sua moeda e, portanto, de perder o controle sobre a política monetária.

5.8 Mercado financeiro e pagamentos: criptomoedas

Grandes transformações em pagamentos e liquidações já ocorreram e ainda vão ocorrer. A primeira geração de pagamentos era baseada em papel, e os prazos de entrega dos instrumentos de pagamento levavam vários dias no mercado interno e semanas no exterior.

A segunda geração envolveu a informatização com processamento em lote. Os *links* entre os sistemas de pagamento eram feitos por meio de interfaces manuais ou baseadas em arquivos. O período de transição entre as tecnologias foi longo. Alguns instrumentos em papel, como cheques e dinheiro, permanecem em uso.

A terceira geração, que vem surgindo, envolve programas de pagamento eletrônico e móvel que permitem pagamentos integrados, imediatos e de ponta a ponta, bem como de transferências de liquidação. Por exemplo, sistemas de liquidação por *real-time gross settlement* (RTGS) estão disponíveis em quase todos os países. A *distributed ledger technology* (DLT) tem sido vista como uma plataforma potencial para a próxima geração de sistemas de pagamento, aprimorando a integração e a reconciliação de contas de liquidação e seus livros.

5.8.1 Moedas virtuais e o livro-razão

A tecnologia de razão distribuída, a DLT, refere-se aos processos e tecnologias relacionadas que permitem que os nós em uma rede ou arranjo proponham, validem e registrem com segurança mudanças de estado ou atualizações em um livro-razão sincronizado que é distribuído entre os nós da rede.

A DLT permite que as entidades realizem transações em sistemas de pagamento e liquidação sem necessariamente depender de uma autoridade central para manter um único livro-razão. As redes DLT podem ser abertas ou fechadas (com permissão), dependendo de suas políticas de participação. Vários protocolos DLT foram usados até agora em experimentos com pagamentos e acordos de liquidação de títulos. Um protocolo de validação define como as transações são validadas e incluídas no histórico geral de transações.

Os principais objetivos do histórico de transações são evitar gastos duplicados e reconciliar as partes distribuídas do livro-razão. As informações descentralizadas podem ser facilmente copiadas e reutilizadas sem um mecanismo de prevenção de gastos duplos.

As principais diferenças entre os protocolos DLT estão na construção do mecanismo de consenso, ou seja, como a validação é feita e por qual tipo de validadores, por exemplo, instituições, entidade privada ou pública, indivíduos, e assim por diante. Quando houver mais de um participante de validação, eles precisam chegar a um consenso sobre o histórico de transações. Outra diferença fundamental está na transparência do histórico de transações, o que afeta a possibilidade de auditoria desse histórico.

As primeiras configurações de DLT eram baseadas em *tokens* e especializadas para manter contas de fundos, mas as gerações posteriores permitiram soluções de contratos inteligentes e novos aplicativos.

Preste atenção!

Você sabe o que é um contrato inteligente? Trata-se de um protocolo de computador que permite a programação de lógica ou condicionalidade em um ativo ou transação, geralmente, associado a aplicativos DLT.

A DLT pode ser usada para manter diferentes tipos de registros distribuídos, além de contas. Por exemplo, os títulos podem ser vistos como contas de ativos de *tokens* ou um registro de contratos inteligentes que transferem títulos de propriedade para ações e títulos individuais. Todos os testes de prova de conceito de iniciativas, lideradas pelo Banco Central, indicam que apenas as redes DLT permitidas são adequadas para infraestruturas do mercado financeiro, considerando conformidade e outros requisitos regulatórios. Esses protocolos têm recursos diferentes. Além disso, os projetos em andamento estão buscando protocolos de melhoria contínua, e pesquisas adicionais permanecem para estabelecer um protocolo estável e sustentável.

5.8.2 Sistema de pagamento em moeda local (Brasil)

O *Local Currency Payment System* (SML) é um sistema de pagamento que permite o comércio exterior em moedas locais, possibilitando que importadores e exportadores do Brasil enviem e recebam pagamentos de e para suas contrapartes no Uruguai e na Argentina, usando moedas locais, eliminando a necessidade de realizar trocas de moeda para operações de importação/exportação (BCB, 2017c).

Assim, o SML reduz os custos das transações de comércio exterior para importadores e exportadores desses três países ao negociar dentro daquela região. Atualmente, a troca financeira entre as contrapartes locais e estrangeiras nesse sistema é realizada em três rodadas. Simplificando, conforme BCB (2017b):

1. Primeira rodada:
   - os bancos centrais recebem ordens de transferência de bancos locais dos importadores;
   - os bancos centrais trocam arquivos digitais com pedidos e concordam com uma taxa de câmbio.

2. Segunda rodada:
   - os bancos centrais debitam na conta reserva dos bancos locais dos importadores;
   - as ordens de transferência líquidas dos bancos centrais são feitas e, também, o cálculo de quanto é necessário para liquidar;
   - a liquidação é realizada usando transferências de moeda estrangeira.

3. Rodada final:
   - conta de reserva de crédito dos bancos centrais dos bancos locais dos exportadores.

A tecnologia *blockchain* seria capaz de agilizar esse processo, criando um banco de dados compartilhado em tempo real com validação de entrada para minimizar os esforços de reconciliação e eliminar a assimetria de informação, já que muito tempo é perdido garantindo que ambas as partes compartilhem e concordem com os mesmos dados. O protocolo Interledger de Ripple, por exemplo, propõe acelerar os tempos de liquidação integrando os livros-razão dos bancos centrais por meio de trocas de moeda, ou seja, conectores (Thomas; Schwartz, 2015).

Sobre esse assunto, um relatório recente do Banco da Inglaterra apresenta um teste bem-sucedido do protocolo Interledger no processamento de pagamentos internacionais em sistemas de Liquidação Bruta em Tempo Real (LBTR) simulados. A instituição considera seu julgamento positivo, embora aponte alguns desafios pendentes que devem ser enfrentados em provas de conceito posteriores (BCB, 2017b).

Particularmente, o tratamento da disponibilidade de liquidez em pagamentos transfonteiriço deve ser explorado, uma vez que Ripple (a tecnologia *blockchain* testada) foi projetada para transações de varejo e empresas, uma aplicação para a qual tal característica não é essencial. No entanto, a equipe do Banco Central do Brasil optou por não explorar mais a aplicação de *blockchain* ao SML, principalmente porque ele já é suportado por sistemas em execução. Para a prova de conceito, idealmente, a equipe buscou um sistema candidato para o qual não há solução, atualmente, alcançável usando paradigmas centralizados convencionais. Em qualquer caso, o SML continua sendo um caso muito bom para otimização de processos usando tecnologia de razão distribuída e inovações financeiras (BCB, 2017b).

Preste atenção!

Qual é o regulamento maior que outorga ao Banco Central o direito exclusivo de emitir moeda no Brasil? No caso do Brasil, o regulamento maior do país é a Constituição Federal . A Constituição da República Federativa do Brasil, em seu art. 164, estabelece que a competência da União para emitir moeda será exercida exclusivamente pelo Banco Central (Brasil, 1988).

5.8.3 Elementos de uma transação financeira

Em sua forma mais simples, a compensação e a liquidação de uma operação financeira, independentemente do tipo de ativo, requerem:

- uma rede de participantes;
- um ativo ou conjunto de ativos, que são transferidos entre esses participantes; e
- um processo de transferência, que define os procedimentos e as obrigações associadas à transação.

Normalmente, o conjunto de participantes diretos são instituições financeiras, a exemplo dos bancos e das corretoras. Participantes indiretos incluem usuários finais, como residentes e empresas.

Um ativo pode ser qualquer instrumento financeiro, como um instrumento monetário, um título, uma mercadoria ou um derivado. As comunicações entre os participantes de uma rede envolvem o envio de mensagens eletrônicas, confirmações, declarações e outras informações entre sistemas de computadores normalmente mantidos por uma operadora de rede e seus participantes.

Pagamentos, compensação e liquidação de títulos pós-negociação são caracterizados por processos de transferência um tanto diferentes e podem envolver diversos tipos de intermediários financeiros (BCB, 2017b).

5.8.4 Processos de pagamentos

Para uma transferência apenas de fundos, o processo envolve uma série de quatro etapas conceituais que são chamadas de *envio*, *validação*, *condicionalidade* e *liquidação*.

Esses processos são geralmente facilitados por intermediários financeiros, como sistemas de pagamento. Depois que um remetente envia uma mensagem de pagamento para um sistema de pagamento, a mensagem deve passar pelos procedimentos de validação desse sistema.

A validação varia de acordo com o sistema e pode incluir medidas de segurança, como verificação da identidade do remetente e integridade da mensagem. Se o sistema determinar que um pagamento é válido, o sistema normalmente verifica se as condições necessárias para a liquidação foram satisfeitas, como disponibilidade de fundos suficientes ou crédito para liquidação.

Os pagamentos que passam no teste de condicionalidade são preparados para liquidação. Em algumas estruturas de sistema de pagamento, a finalização da liquidação, ou seja, a liquidação incondicional e irrevogável, ocorre quando a conta do receptor é creditada (BCB, 2017b).

5.8.5 Funções dos intermediários financeiros

Algumas instituições atuam como intermediárias em pagamentos, compensação e liquidação e podem desempenhar um ou mais papéis essenciais na promoção do bom funcionamento do sistema financeiro mais amplo. Essas funções, geralmente, incluem a prestação de serviços, bem como a gestão de riscos financeiros, operacionais e jurídicos e uma estrutura de governança para eles, seus clientes e os mercados que atendem.

Os intermediários, como bancos e corretoras, são normalmente confiáveis para os usuários finais, como residentes e empresas, para armazenar, manter registros de propriedade e transferir ativos em seu nome. Quando esses usuários finais iniciam uma transação, seus bancos ou suas corretoras interagem com outros intermediários, como as infraestruturas do mercado financeiro, ou *financial market infrastructures* (FMIs), que podem assumir a forma e a função de um sistema de pagamento e facilitar a compensação, a liquidação e o registro de transações financeiras para os mercados que atendem, muitas vezes em uma base multilateral. Ao fazer isso, os FMIs podem permitir participantes para gerenciar seus riscos de forma mais eficaz e eficiente e, assim, reduzir certos riscos.

O processo de transferência é normalmente organizado com o FMI como um *hub* central por meio do qual os bancos ou as corretoras interagem entre si. Para que os bancos e corretoras possam estar ativos em múltiplos mercados financeiros, eles frequentemente interagem com vários FMIs. Cada instituição financeira participante tem seu próprio livro-razão de transações, que pode incluir transações que passam pelo FMI e transações que não passam. Na prática, FMI pode ter vários livros-razão organizados por linhas de negócios, atividade operacional, área geográfica ou centro de contabilidade. A reconciliação dentro e entre as várias partes de uma transação pode ocorrer como parte do processo de compensação ou atividades de balanços diários. Algumas etapas de reconciliação podem ocorrer após as transações individuais terem sido liquidadas (BCB, 2017b).

5.8.6 Inovações em pagamentos, compensação e liquidação

Os métodos de execução, compensação e liquidação de transações financeiras evoluíram ao longo dos séculos. À medida que os volumes das transações e a complexidade dos participantes do mercado aumentaram, surgiram certas divergências e aumentaram os custos, bem como os riscos de transações nos mercados financeiros. Divergências, como ineficiências operacionais e financeiras, levaram os participantes do mercado a buscar soluções que reduzissem custos (BCB, 2017b).

As soluções para essas ineficiências, por sua vez, assumiram a forma de desenvolvimento tecnológico, mudanças na estrutura do mercado, por exemplo, formação de novos intermediários ou mudanças nas funções dos intermediários existentes, ou uma combinação dos dois. A disponibilidade e a maturidade da tecnologia são fatores-chave para determinar até que ponto uma solução tecnológica *versus* uma mudança na estrutura do mercado serviria para lidar com determinada divergência ou ineficiência (BCB, 2017b).

Frequentemente, a introdução de uma nova tecnologia exige uma mudança na estrutura do mercado. Um exemplo foi a introdução de redes de comunicações avançadas e bancos de dados eletrônicos para os processos físicos associados à compensação e à liquidação de certificados de estoque de papel. Essa evolução reduziu a liquidez e os custos operacionais necessários para concluir um projeto geograficamente diverso e transações multipartidárias, e foi auxiliado não apenas pela capacidade técnica de produzir representações digitais de certificados físicos ou ativos, mas também pela mudança de papéis dos intermediários financeiros (BCB, 2017b).

Novos FMIs foram criados para desempenhar as funções de depositários centrais de títulos, ou *central securities depositories* (CSDs), em alguns casos, contrapartes centrais, ou *central counterparties* (CCPs). Essas infraestruturas de mercado assumiram a responsabilidade legal de assegurar a compensação e a liquidação das transações válidas apresentadas pelos bancos e pelas corretoras para si e para seus clientes. Os CSDs, que muitas vezes também operam como sistemas de liquidação de títulos, ou *securities settlement systems* (SSSs), forneceram o armazenamento e a manutenção de registros da propriedade de títulos por seus membros e facilitaram as transferências de fundos e valores mobiliários, fornecendo confiança e, em muitos casos, liquidez durante todo o processo de transferência. Se as CCPs também fossem criadas para um mercado específico, elas frequentemente forneceriam a função de compensação e, mais importante, normalmente viabilizariam uma "garantia" de liquidação logo após a data da negociação até a data de liquidação da transação (BCB, 2017b).

Corretoras e bancos cumpriram suas funções, em parte, mantendo vários livros-razão independentes para registrar e lançar débitos e créditos em fundos de clientes e contas de títulos nesses livros-razão. Como intermediários confiáveis com autoridade única para atualizar seus próprios bancos de dados transacionais eletrônicos (ou seja, os livros) dentro de sua alçada, os diferentes intermediários financeiros trabalharam sob regras e processos de governança que propiciam a integridade e a confiabilidade necessárias para que os usuários finais tenham segurança no processo de transferência (BCB, 2017).

5.9 Sistema alternativo de transações no Brasil

Uma liquidação bruta em tempo real (LBTR), ou *real-time gross settlement* (RTGS), é uma estrutura básica do sistema de pagamento de qualquer país. No Brasil, o Banco Central é responsável por hospedar um moderno sistema LBTR: o Sistema de Pagamentos Brasileiro (SPB).

Por sua própria natureza, é uma estrutura tecnológica crítica para o sistema financeiro nacional, por meio da qual são trocadas as reservas de todos os participantes. No caso de sua falha, os membros do LBTR seriam incapazes de enviar ou receber fundos uns para os outros, levando a uma paralisação financeira completa. Essa mesma situação é abordada pelos princípios do Bank for International Settlements (BIS) para infraestruturas do mercado financeiro:

Uma FMI (Infraestrutura do Mercado Financeiro) também deve considerar arranjos alternativos (por exemplo, procedimentos manuais baseados em papel) para permitir o processamento de transações urgentes em circunstâncias extremas. (BCB, 2017b, p. 9, tradução nossa)

Nesse contexto, o sistema alternativo de liquidação de transações (SALT), ou *alternative system for transactions settlement*, é um sistema conceitual para uma solução contingente que seria capaz de substituir imediatamente as funcionalidades essenciais do principal LBTR brasileiro em caso de seu colapso total. Embora os requisitos detalhados e as condições para sua ativação estejam sendo debatidos no Banco Central do Brasil e entre as instituições financeiras brasileiras, a DLT apresenta grande potencial para servir de base para um sistema altamente resiliente em razão de sua natureza, ou seja, uma solução que pode operar independentemente de qualquer infraestrutura do Banco Central do Brasil, porém confiável para todas as partes (BCB, 2017).

5.9.1 Prototipagem usando BlockApps no Brasil

A equipe brasileira optou por testar plataformas exclusivamente de segunda geração, ou seja, *blockchains* baseadas em contratos inteligentes (como Ethereum), em vez de plataformas baseadas em transações financeiras puras (por exemplo, baseadas em Bitcoin). Aqui, a justificativa é que, embora prever a extensão total de seu uso possa ser uma tarefa impossível neste momento, é razoável supor que um livro-razão futuro operado dentro de uma rede autorizada de instituições financeiras pode acomodar várias aplicações, uma vez que essas instituições negociam entre si em níveis distintos, por exemplo, em mercados de valores mobiliários (BCB, 2017b).

Além de cumprir perfeitamente o papel das transações financeiras puras, os contratos inteligentes fornecem flexibilidade adicional que os torna adequados para alimentar a maioria dos aplicativos previsíveis em uma única plataforma DLT. Assim, o primeiro protótipo foi construído usando BlockApps, uma plataforma de desenvolvimento de *software blockchain* baseada em Ethereum. O principal motivador dessa decisão foi sua API REST, que permitiu à equipe contornar as complexidades da biblioteca

EthereumWeb3 e se concentrar exclusivamente na codificação do caso de uso. No entanto, como no *blockchain* público Ethereum, os dados de transação em BlockApps são totalmente transparentes, comprometendo os requisitos de privacidade de dados desejados (BCB, 2017b).

A primeira abordagem para essa desvantagem foi uma solução simples, adicionando uma camada de privacidade da cadeia que funciona da seguinte maneira: conforme o sistema é iniciado, o Banco Central do Brasil registra a chave pública de cada participante no *blockchain* usando transações exclusivas do regulador; em uma segunda fase, o Banco Central usa essas chaves para inicializar e criptografar o saldo inicial de cada participante; finalmente, o regulador também gera, criptografa e armazena uma chave de transação simétrica para cada par de participantes no *blockchain*. Usando esse procedimento, cada instituição financeira fica restrita a acessar apenas seus dados confidenciais criptografados e usa suas próprias chaves privadas para decodificar suas próprias informações. Quando um participante precisa enviar dinheiro para outro, ele lê a chave de transação adequada (criptografada) do *blockchain*; decodifica a chave de transação usando sua própria chave privada; criptografa a transação usando a chave decodificada; e, em seguida, armazena a transação criptografada no *blockchain* Ethereum (BCB, 2017b).

Como o Banco Central pode recuperar as chaves da transação a qualquer momento, ele é capaz de decodificar todas as transações, ao passo que as instituições financeiras estão restritas a decifrar apenas aquelas das quais fizeram parte, ou seja, para as quais podem recuperar a chave do *blockchain* usando suas próprias chaves privadas. No entanto, armazenar informações criptografadas no *blockchain* causa duas consequências não intencionais: primeiro, os contratos inteligentes não têm mais acesso às informações de transação (agora criptografadas), tornando-se incapazes de evitar transações de saque a descoberto. A solução alternativa para esse problema depende de um esquema de confirmação de duas fases, que não resolve completamente o problema, mas fornece um equilíbrio razoável entre privacidade e resiliência. Em segundo lugar, essa arquitetura carece de sigilo direto forte, o que significa que as chaves de transação comprometidas possibilitariam que partes não autorizadas revelassem todo o histórico de transações de um participante. Essa desvantagem pode ser atenuada alterando-se as chaves de transação periodicamente; no entanto, as chaves assimétricas permanecem um ponto fraco. Isso acontece quando as transações são registradas no *blockchain* no estado não confirmado. As transações não confirmadas são consideradas propostas de transferência e não refletem imediatamente nos saldos dos participantes. A criação de transações inicia sua janela de verificação: um período de tempo configurável (por exemplo, dez minutos) quando o nó regulador pode alterar seu estado para confirmado ou bloqueado. Depois que a janela de verificação expira, as instituições remetentes podem confirmar suas próprias transações. As transações confirmadas são finais (BCB, 2017b).

Tal projeto preserva o sistema contra saques a descoberto quando o nó regulador está *on-line*, fornecendo verificações de equilíbrio adequadas e *off-line* durante a janela de verificação. Em cenários extremos, ou seja, quando o Banco Central está completamente *off-line*, os contratos inteligentes não são capazes de interromper transações de saque a descoberto por si próprios porque, como afirmado anteriormente, os dados da transação são sempre totalmente criptografados (BCB, 2017b).

Embora as técnicas aplicadas a esse protótipo não produzam uma solução ideal conforme os requisitos declarados, esse primeiro experimento prova que o DLT já pode ser uma ferramenta para permitir que os membros do LBTR continuem registrando transações enquanto o nó central enfrenta uma interrupção. O protótipo está disponível no repositório Gitlab do Banco Central do Brasil (BCB Gitlab). Ele contém todas as funções necessárias para o funcionamento do sistema, incluindo um painel de monitoramento das equipes do Banco Central (BCB, 2017b).

5.9.2 Convênio de Pagamentos e Créditos Recíprocos

O Convênio de Pagamentos e Créditos Recíprocos (CCR) foi assinado em 1982 para reduzir as divergências dos acordos comerciais entre os países participantes, eliminando a necessidade de moeda estrangeira por meio de um mecanismo de compensação multilateral. A utilização desse acordo é voluntária, e as dívidas remanescentes são liquidadas a cada quatro meses entre os participantes.

As principais características do acordo CCR são a oferta de garantias recíprocas de conversibilidade, transferibilidade e reembolso, respectivamente, em que:

- os pagamentos serão imediatamente convertidos para dólares;
- os dólares correspondentes aos pagamentos serão encaminhados; e
- as dívidas imputadas aos bancos centrais resultantes de transações realizadas nos termos do acordo serão irrevogavelmente aceitas.

O principal benefício para o exportador é o recebimento da garantia nas exportações, eliminando o risco comercial, e para o importador é o acesso ao financiamento pelo exportador no exterior, uma vez que este tem garantias de reembolso oferecidas pelo convênio de pagamento.

O mecanismo CCR é, na prática, um sistema de compensação de pagamentos operado pelos bancos centrais participantes por meio de compensações periódicas. O sistema de liquidação é apoiado por um centro de operações localizado nas dependências do Banco Central de Reserva do Peru, sob a supervisão da Associação Latino-Americana de Integração (Aladi). Esse centro processa todas as ordens de pagamento entre os bancos centrais participantes e fornece uma visão de estado único.

A DLT poderia ser usada para fornecer um ambiente de processamento distribuído para apoiar o processamento de pagamentos, garantindo as operações mesmo no caso de alguma interrupção do banco central e eliminando o ponto único de falha. Usando uma rede distribuída, não haveria necessidade de confiança no centro de operações para fornecer uma visão única. No entanto, ainda não está claro se os requisitos de privacidade podem ser alcançados com a tecnologia disponível.

Para saber mais

O Convênio de Pagamentos e Créditos Recíprocos (CCR) foi firmado em 25 de agosto de 1982, no âmbito da Associação Latino-Americana de Integração (Aladi). São signatários desse convênio os bancos centrais dos países membros da Aladi: Argentina, Bolívia, Brasil, Chile, Colômbia, Equador, México, Paraguai, Peru, Uruguai, Venezuela e República Dominicana. O CCR foi concebido, originalmente, com o propósito de facilitar o intercâmbio comercial da região, ao reduzir as transferências internacionais em um cenário de escassez de divisas que marcou a década de 1980. Consulte este *link* e conheça mais sobre o assunto: <https://www.bcb.gov.br/rex/ccr/resumo_ccr.asp?frame=1>. Acesso em: 26 jun. 2021.

5.9.3 Riscos de crédito

A abordagem tradicional para gerenciar o risco de crédito parece entrar em conflito com a natureza da DLT. Riscos de crédito e as necessidades de liquidez podem ser vistas como os dois lados da mesma moeda em um sistema de pagamento e liquidação (Leinonen; Soramäki, 1999).

Se uma transação foi registrada no recebimento e o envio termina, então ele foi resolvido usando liquidez (ou seja, fundos de liquidação) ou aceitando riscos de crédito de atrasos na liquidação interbancária. Os riscos de crédito podem crescer em uma infraestrutura global e com baixa movimentação, porque alguns bancos podem ter bilateralmente um envio excedente, enquanto outros têm de receber esse excedente. Quando tal desequilíbrio ocorre, o mercado precisa ter um intermediário operando continuamente, o que pode exigir garantias para evitar riscos de crédito. No entanto, isso entraria em conflito com a natureza do acordo bilateral em sistemas baseados em DLT (BCB, 2017b).

Uma solução mais eficiente seria a liquidação em tempo real, em que os pagamentos ocorreriam apenas com base na liquidez, e cada participante garantiria que há liquidez suficiente disponível. Isso poderia ser baseado em moeda do Banco Central, mas também pode ocorrer no crescimento de mercados automatizados de liquidez de curto prazo (por hora ou até menos) entre os participantes do mercado, que poderia precificar a liquidez de curto prazo de acordo com riscos de crédito e outros custos. Mudando para uma completa liquidação com base na liquidez, resultaria em redução nos riscos de crédito em um sistema de pagamento e liquidação (BCB, 2017b).

5.9.4 Fraudes e criptomoedas

Existem fraudes de milhões de dólares acontecendo diariamente no mundo da criptomoeda. Conscientização e a tecnologia mais recente do século XXI, a inteligência artificial, podem ser a chave para lutar nessa batalha contra os golpes das criptomoedas. As criptomoedas sucumbiram a uma quantidade crescente de fraudes que resultaram em investidores perdendo milhões de dólares todos os dias. Desde o início da criptomoeda, muitas pessoas (investidores) acreditaram na moeda como o "futuro" e um meio de investimento que poderia muito bem ser a mais nova forma de "enriquecimento rápido". Muitos investidores acreditaram de fato nisso, especialmente com o aumento desenfreado do preço do Bitcoin em 2017 e 2018 (com seu pico chegando no final de 2017), e os investidores também tiveram vantagens substanciais de ter seu capital investido na bolsa descentralizada. No entanto, há um lado obscuro nesse mercado de aparência extremamente promissora. É importante notar que as criptomoedas, embora sejam descentralizadas, têm seus próprios benefícios, mas também apresentam certas desvantagens. As criptomoedas não têm as mesmas proteções legais que um débito normal ou um cartão de crédito (Kasera, 2020).

Uma vez pago com criptomoeda, não é possível recuperá-lo a menos que o remetente queira devolvê-lo (Kasera, 2020). Portanto, é imperativo saber a reputação do vendedor, a localização e com quem entrar em contato se algo der errado, antes de comprar algo usando a criptomoeda. Embora as transações de criptomoeda sejam anônimas, as transações podem ser postadas em um livro-razão público como o *blockchain*, e o valor da transação e o endereço da carteira podem ser usados para identificar os usuários reais da moeda. Em 2018, uma pesquisa criada pela Bitcoin.com afirmou que cerca de US $ 9 milhões são perdidos em fraudes de criptomoedas todos os dias (Rognone; Hyde; Zhang, 2020). Esse número continua a aumentar: um total de aproximadamente US $ 4 bilhões em fraudes foi relatado em 2019 e um total de $ 1,4 bilhão ocorreu em 2020 (Sharma; Kumar; Park, 2020).

Esquemas Ponzi

Em 1920, o nome de Charles Ponzi foi associado ao golpe que levou à sua condenação e prisão. Em sua essência, o esquema Ponzi envolve um investimento falso no qual os primeiros investidores são pagos com os investimentos de investidores posteriores, fazendo com que a empresa pareça legítima. Esse golpe foi adaptado para funcionar com criptomoeda, e milhões de dólares em criptogramas foram executados pelos comerciantes. O esquema tirou proveito da falta de conhecimento das pessoas em relação ao mercado de criptomoedas, sendo responsável por cerca de 92% do dinheiro roubado em 2019, tendo desviado um total de US$ 8 a 10 bilhões. Na verdade, é muito fácil fraudar com criptomoedas, já que as únicas coisas necessárias para implementar o esquema são os investimentos e o mercado de criptomoedas. A ideia principal por trás desse esquema subjacente é, eventualmente, pagar os antigos investidores com o dinheiro do novo investidor (pirâmide). Os novos investidores são injustamente amarrados por meio de relatórios falsificados, taxas de retorno excessivamente altas e recomendações de antigos investidores (Sharma; Kumar; Park, 2020).

O esquema *crypto-ponzi*, de 2019, tinha um grande número de seguidores na Coreia e na China, foi um dos maiores esquemas de crypto-ponzi, custando aos investidores mais de US$ 2 bilhões no total, e estes também são acusados de ser os culpados pela queda nos preços do Bitcoin em 2019, já que os fundos roubados foram vendidos via Bitcoin OTCs, que é um mercado de balcão oficial para negociar com bitcoin (Michael, 2020).

Initial coin offering (ICO)

Esse método específico é chamado de *fake OIC* (oferta inicial de moedas, do inglês "initial coin offering", é um meio não regulamentado pelo qual um novo empreendimento ou projeto de criptomoeda pode arrecadar fundos vendendo moedas "recém-cunhadas"), que é, em muitos aspectos, semelhante à oferta pública inicial no mercado de ações. As estatísticas em 2017 revelam que cerca de 80% das ofertas da ICO foram golpes na tentativa de capitalizar sobre o medo dos investidores de perder o próximo grande salário que eles poderiam receber entrando com investimento em uma nova criptomoeda. Os golpes da ICO foram responsáveis por roubar cerca de US $ 700 milhões dos bolsos dos investidores (Kasera, 2020).

Embora o ICO tenha sido um dos golpes mais proeminentes acontecendo no mundo no mercado de criptomoedas em 2017, em 2018 temos o caso *PlexCoin*, uma criptomoeda falsa que é o exemplo mais notável do ICO falso. A PlexCoin prometia retornos surpreendentemente altos (1.300%) nos primeiros 30 dias, o que capturou o medo dos investidores de perder dinheiro, alavancando investidores de alto nível para investir grandes quantias de dinheiro em uma criptomoeda falsa. As estimativas apontam que, em 2018, o valor total dos 10 principais ICOs fraudados foi de cerca de US$ 700 milhões, uma quantia definitivamente enorme para algo que nem existe (Kasera, 2020).

Nos últimos dois anos, menos fundos estão sendo levantados por meio do ICO, principalmente em razão das condições de criptomercado, que, felizmente, reduziu de modo significativo a quantidade de fraudes *fake ICO* que prevalecem em todo o mundo (Hackernoon, 2019)

Bombear e despejar

Essa expressão tem origem no inglês *pump and dump*. É o próximo grande golpe da criptomoeda chamado de *esquema de bomba e despejo*. Esse esquema específico não é muito novo, e os analistas econômicos datam essa fraude do século XVIII. Muito parecido com o esquema praticado no mercado de ações tradicional, o *pump and dump* é um grande concorrente dos grandes golpes de criptomoeda (Kasera, 2020).

O esquema é uma manipulação de preços, responsável pela criação de bolhas de curto prazo, com aumentos drásticos de preço, volume e volatilidade. No mercado de criptomoedas, o esquema dura apenas alguns minutos para ser completamente perpetrado. Envolve a venda de um ativo propositalmente alto, ou seja, inflado, uma vez que foi comprado anteriormente a uma taxa mais barata (Kasera, 2020)

Portanto, é notório que o fraudador obtém muitos benefícios monetários com esse esquema específico, pois, com esse aumento no preço, a rentabilidade vai para seus cofres automaticamente. Isso certamente é um incentivo para o fraudador continuar a praticar tal fraude. Embora seja realmente considerado ilegal no mercado de ações, não viola nenhuma regra legal no mercado de criptomoedas em razão da falta de regulamentação no mercado. O dinheiro da supervalorização da criptomoeda que vem para o bolso do vendedor, na maioria das vezes, é o reflexo da ingenuidade que o comprador tem do mercado de criptomoedas e novamente capitalizado pelo medo de perder dinheiro. Tal esquema, em um mercado de criptomoedas é organizado por meio de grupos ou indivíduos que fazem uso de aplicativos de mensagens criptografadas, como o Telegram por exemplo (Kasera, 2020).

Exercício resolvido

O *local currency payment system* (SML) é um sistema de pagamento que permite o comércio exterior em moedas locais, possibilitando aos importadores e exportadores enviar e receber pagamentos de e para suas contrapartes no Uruguai e na Argentina usando moedas locais e eliminando a necessidade de realizar trocas de moeda para operações de importação/exportação. De qual país se trata?

a. A Venezuela pode enviar e receber pagamentos no sistema SML.
b. Importadores e exportadores do México podem enviar e receber pagamentos no sistema SML.
c. O Brasil pode enviar e receber pagamentos no sistema SML.
d. Os Estados Unidos podem enviar e receber pagamentos no sistema SML.

Resposta: c.

> Comentário: o SML é um sistema de pagamento que permite o comércio exterior em moedas locais, possibilitando que importadores e exportadores do Brasil enviem e recebam pagamentos. O sistema SML não atende a América Central, apenas o Uruguai e a Argentina, permitindo importadores e exportadores do Brasil para enviar e receber pagamentos. Dessa forma, as demais respostas estão erradas.

5.10 Comércio eletrônico (*e-commerce*)

O advento do *site* Amazon.com, em 1995, deu lugar ao aparecimento do comércio eletrônico. Em seus estágios iniciais, a Amazon só vendia livros, e os CDs e DVDs vieram mais tarde. O comércio eletrônico pode ser definido como uma transação comercial entre o fornecedor e o consumidor de bens, baseado em uma tecnologia digital *on-line* (Novakovi; Redzovic, 2016).

O significado global do comércio eletrônico está em seu fácil acesso, sem limitações de tempo ou espaço. O acesso a compras abrange qualquer local, não importa onde o usuário esteja, contanto que ele use um computador conectado à internet. A tecnologia de *e-business* é capaz de fornecer acesso fácil a fornecedores, preços e condições de remessa de qualquer produto. Diante da existência do *e-commerce*, os preços dos produtos tornaram-se mais baixos graças aos menores custos dos negócios *on-line*, bem como à presença de uma grande variedade de produtos (Novakovi; Redzovic, 2016).

O tamanho do *e-commerce* equivale ao tamanho da população *on-line*, que chegou a 3,3 bilhões de usuários, um impressionante 40% da população mundial em 2015. Como a população *on-line* está crescendo rapidamente, o progresso do *e-commerce* é considerado iminente. Estima-se que em 2050 todo o comércio global se converterá em comércio eletrônico (Novakovi; Redzovic, 2016).

Os avanços tecnológicos em dispositivos eletrônicos (por exemplo, *smartphones*) permitiram meios mais rápidos, mais seguros e confiáveis de liquidação de transações. Os determinantes, que atuam como impulsionadores/capacitadores para o *e-commerce business-to-consumer* (B2C), comércio efetuado diretamente entre a empresa produtora, vendedora ou prestadora de serviços e o consumidor final), são a demanda do consumidor para comprar *on-line* e o desejo de expandir o acesso ao mercado virtual.

Mesmo no mercado de pagamentos, como em outros setores da economia digital, a relação entre usuários e prestadores de serviços é baseada em dispositivos, aplicativos e infraestrutura de rede, que operam, na maioria das vezes, fora do controle direto das partes na relação financeira (Gimigliano, 2016).

No entanto, nem tudo funciona de forma eficaz, por isso, existem fatores que atuam como barreiras inibidoras para o *e-commerce* B2C. Seguem alguns deles:

- falta de valor e conteúdo útil para os consumidores;
- desigualdade em níveis socioeconômicos;
- relutância do consumidor em comprar *on-line*;
- falta de confiança devido a questões de segurança/privacidade;
- preferências do consumidor para compras na loja física;
- existência de alternativas viáveis, como densas redes de varejo, lojas de conveniência;
- falta de opções de pagamento *on-line*, falta de atendimento ao cliente;
- diferenças de idioma (Alghamdi; Drew; Al-Ghaith, 2011).

> **Exemplificando**
>
> Boa parte das pessoas ainda rejeita a compra virtual pelo receio de o produto não ser exatamente como se apresenta na foto do anúncio ou de que o tamanho do produto que está comprando não esteja de acordo com sua necessidade. Isso atua como uma barreira inibidora das compras pelo comércio virtual.

5.10.1 Tipos de e-commerce

Existem diferentes tipos de transações no *e-commerce*. Vejamos, a seguir, alguns deles.

Business-to-business (B2B)

Descreve as transações comerciais entre empresas, como entre um fabricante e um atacadista ou entre um atacadista e um varejista. O termo *business-to-business* foi originalmente cunhado para descrever as comunicações eletrônicas entre empresas.

Business-to-consumer (B2C)

Descreve as atividades das empresas que atendem aos consumidores finais com produtos e/ou serviços. Embora o termo *e-commerce* se refira a todas as transações *on-line*, B2C significa *business-to-consumer* e se aplica a qualquer empresa ou organização que venda seus produtos ou serviços aos consumidores pela internet para uso próprio. Além de varejistas *on-line*, o B2C cresceu para incluir serviços como banco *on-line*, serviços de viagens, leilões *on-line*, informações de saúde e *sites* de imobiliárias. O *e-commerce* B2C passou por alguns momentos difíceis, principalmente depois que o Nasdaq, com alta tecnologia, desmoronou em 2000. Mas, apesar disso, os consumidores continuaram a migrar para a *web* em números cada vez maiores. Na verdade, os consumidores estadunidenses adotaram tanto o comércio eletrônico que, apesar dos crescentes temores sobre o roubo de identidade, gastaram US$ 172 bilhões em compras *on-line* em 2005 perante US$ 38,8 bilhões em 2000.

Business-to-employee (B2E)

É o comércio eletrônico entre empresas e funcionários (B2E) que usa uma rede interna que permite que as empresas forneçam produtos e/ou serviços aos seus funcionários. Normalmente, as empresas usam redes B2E para automatizar processos corporativos relacionados aos funcionários.

Business-to-government (B2G)

É quando o comércio acontece entre empresa e o governo. É derivado do *marketing* B2B e, muitas vezes, referido como uma definição de mercado de *marketing* do setor público, que abrange produtos e serviços para vários níveis de governo – incluindo federal, estadual e municipal por meio de técnicas de comunicação de *marketing* integradas, como relações públicas estratégicas, marcas, publicidade e comunicações baseadas na *web*. As redes B2G fornecem uma plataforma para as empresas licitarem em oportunidades governamentais. As agências governamentais normalmente têm contratos pré-negociados que avaliam os vendedores/fornecedores e seus produtos e serviços para preços definidos. Tais contratos podem ser locais, estaduais, ou federais, e existem várias plataformas sociais dedicadas a esse mercado vertical.

Consumer-to-business (C2B)

É um modelo de negócio de comércio eletrônico no qual os consumidores (pessoas físicas) oferecem produtos e serviços às empresas e as empresas os pagam. Esse modelo de negócio é uma reversão completa do modelo de negócio tradicional em que as empresas oferecem bens e serviços aos consumidores (*business-to-consumer* = B2C). Esse tipo de relação econômica é qualificado como um tipo de negócio invertido. O advento do esquema C2B se deve a grandes mudanças: a conexão de um grande grupo de pessoas a uma rede bidirecional tornou esse tipo de relacionamento comercial possível. Os grandes meios de comunicação tradicionais são uma relação unidirecional, ao passo que a internet é bidirecional. Redução do custo da tecnologia: os indivíduos agora têm acesso a tecnologias que antes estavam disponíveis apenas para grandes empresas, como impressão digital e tecnologia de aquisição, computador de alto desempenho e *softwares* que sustentem uma negociação.

Consumidor para consumidor (C2C)

Também chamada de *cidadão para cidadão*, esse comércio eletrônico envolve as transações eletronicamente facilitadas entre consumidores por meio de terceiros. Os *sites* são apenas intermediários, apenas para unir os consumidores. Eles não precisam verificar a qualidade dos produtos oferecidos. O *marketing* de consumidor para consumidor (C2C) é a criação de um produto ou serviço com a estratégia promocional específica para os consumidores compartilharem esse produto ou serviço com outros, como defensores da marca com base no valor do produto. O investimento na concepção e no desenvolvimento de um produto ou serviço *top* de linha que os consumidores estão procurando ativamente equivale a um gasto de *marketing* de conscientização do produto antes do lançamento do *business-to-consumer* (B2C). Espera-se que esse tipo de comércio eletrônico aumente no futuro, pois reduz os custos de uso de outra empresa. Na crise econômica que começou em 2008, os níveis de comércio C2C tiveram um grande crescimento *on-line*.

Computação ponto a ponto (P2P)

É uma arquitetura de aplicativo distribuída que fraciona tarefas ou cargas de trabalho entre pares. Os pares são participantes igualmente privilegiados e equipotentes na aplicação. Diz-se que eles formam uma rede ponto a ponto de nós. Os pares disponibilizam uma parte de seus recursos, como capacidade de processamento, armazenamento em disco ou largura de banda da rede, diretamente para outros participantes da rede, sem a necessidade de coordenação central por servidores ou *hosts* estáveis. Os pares são fornecedores e consumidores de recursos, em contraste com o modelo cliente-servidor tradicional, em que apenas os servidores fornecem e os clientes consomem. O conceito inspirou novas estruturas e filosofias em muitas áreas da interação humana. A rede ponto a ponto não se restringe à tecnologia, abrangendo também processos sociais com uma dinâmica ponto a ponto. Nesse contexto, os processos sociais ponto a ponto estão emergindo em toda a sociedade (Nemat, 2011).

Governo para funcionários (G2E)

São as interações *on-line* por meio de ferramentas de comunicação instantânea entre unidades do governo e seus funcionários. G2E é um dos quatro principais modelos de entrega de governo de forma eletrônica. O G2E é uma forma eficaz de proporcionar *e-learning* aos colaboradores, aproximá-los e promover a partilha de conhecimentos entre eles. Também oferece aos colaboradores a possibilidade de acesso a informações sobre políticas de remuneração e benefícios, oportunidades de treinamento e aprendizagem e legislação de direitos civis. Os serviços G2E também incluem *softwares* para manter informações pessoais e registros de funcionários. O G2E é adotado em muitos países, incluindo Estados Unidos, Hong Kong e Nova Zelândia.

Governo para Governo (G2G)

É a interação não comercial *on-line* entre organizações, departamentos e autoridades governamentais de lugares diferentes. Seu uso é comum no Reino Unido, junto com G2C, a interação não comercial *on-line* do governo com indivíduos privados. Os sistemas G2G geralmente apresentam dois tipos: *interno*, juntando-se a departamentos, agências, organizações e autoridades governamentais; e *externo*, juntando vários sistemas de governos.

Governo para Cidadão (G2C)

É o elo de comunicação entre um governo e particulares ou residentes. Essa comunicação G2C, na maioria das vezes, se refere àquela que ocorre por meio das tecnologias da informação e da comunicação (TICs), mas também pode incluir mala direta e campanhas na mídia. O G2C pode ocorrer nos níveis federal, estadual e municipal e está em contraste com o G2B, ou redes de governo para empresas. Uma dessas redes federais G2C é USA.gov: o portal oficial dos Estados Unidos, embora haja muitos outros exemplos de governos que a utilizam.

5.10.2 Moeda virtual e *e-commerce*

A vantagem do Bitcoin como moeda virtual é que ele aumenta o número total de usuários de serviços de comércio eletrônico. Consumidores jovens estão sendo apresentados ao processo de transações eletrônicas de uma forma divertida e inovadora, o que é bom. Outra vantagem é que não há intermediário no processo de transação, o que significa que as transações são seguras. Todo o sistema é definido por um algoritmo original que não pode ser alterado por ninguém. Muitas das grandes empresas do mundo, como Microsoft, Victoria's Secret, Amazon, Subway, Apple, Tesla etc., já aceitaram essa moeda como instrumento de pagamento.

A desvantagem do Bitcoin é que se trata de uma moeda deflacionária. Sua taxa de câmbio é flutuante e incita especulações. Além disso, não há confiança na moeda ocasionada pela ausência de regulamentação, o que gera obstáculos para uma aceitação mais ampla da moeda. Na verdade, as moedas em todo o mundo são praticamente dinheiro virtual, mas estão sob o controle dos bancos centrais, ou seja, é fornecida estabilidade de preços e dinheiro em circulação.

Uma moeda digital (virtual) é um meio de pagamento criado, armazenado e usado eletronicamente no comércio eletrônico. Ele pode ser usado para pagar por bens físicos ou virtuais. Alguns exemplos mais conhecidos de moedas virtuais incluem os a seguir elencados.

Dólares Linden

O jogo *Second Life* é um mundo virtual que tem sua própria economia e, por sua vez, sua própria moeda, chamada de *dólar Linden* (L$). O L$ pode ser usado para pagar qualquer transação feita no *Second Life*, como a compra de terrenos ou móveis. Os serviços incluem trabalho assalariado, criação de conteúdo personalizado de entretenimento e assim por diante. O L$ é comprado no *site* do *Second Life* (Lee et al., 2015).

Moedas para jogos

A maioria dos jogos *on-line* para múltiplos jogadores tem suas próprias moedas virtuais. Por exemplo, *FarmVille* tem a *Farm Cash*; *Habbo* (anteriormente *Habbo Hotel*) tem a *Habbo Coins*; *Whyville* tem *Pearls*; *eWorld ofWarcraft* tem *WOW Gold*. Em cada caso, a moeda pode ser usada para comprar quaisquer bens e serviços pertinentes ao jogo específico. Como o L$ e os pagamentos do Facebook, as moedas dos jogos custam dinheiro real.

Bitcoin

Uma das moedas globais mais discutidas é o Bitcoin. Tem sucessos e problemas. Ao contrário de outras formas de moedas digitais, as moedas virtuais desse tipo conseguiram se estabelecer, principalmente, em razão do enorme crescimento experimentado nas redes sociais e nos jogos sociais. Em ambos os casos, as moedas virtuais representam uma importante fonte de receita, especialmente nas redes sociais e no mundo dos jogos. Já vimos que a moeda é, normalmente, definida pelos economistas com três atributos: funciona como meio de troca, unidade de conta e reserva de valor. O Bitcoin atende de alguma forma o primeiro desses critérios, porque um número crescente de comerciantes, especialmente nos mercados *on-line*, parece disposto a aceitá-lo como forma de pagamento (Yermack, 2013).

Os pagamentos eletrônicos são classificados de acordo com os seguintes critérios:

- natureza: pré-pago, tempo real e pós-pago;
- protocolos: crédito, débito, cheque e dinheiro;
- tamanho do pagamento: pagamento normal e micropagamento;
- entidades de pagamento: pessoa física e jurídica;
- plataforma: cartão inteligente e pagamento móvel.

Finalmente, existem o mundo real e as moedas virtuais. As moedas virtuais fazem parte da revolução monetária que se aproxima e de sua moeda social virtual (Lee et al., 2015).

> ## Exercício resolvido
>
> Entre os tipos de comércio eletrônico, um deles especificamente trata do B2C e descreve as atividades das empresas que atendem aos consumidores finais com produtos e/ou serviços. Embora o termo *e-commerce* se refira a todas as transações *on-line*, B2C significa:
>
> a. *business-to-business* e foi originalmente cunhado para descrever as comunicações eletrônicas entre empresas.
> b. *business-to-government*, quando o comércio acontece entre empresa e o governo.
> c. *consumer-to-business* e é um modelo de negócio de comércio eletrônico no qual os consumidores (pessoas físicas) oferecem produtos e serviços às empresas, e as empresas os pagam.
> d. *business-to-consumer* e se aplica a qualquer empresa ou organização que venda seus produtos ou serviços aos consumidores pela internet.
>
> Resposta: d.
>
> Comentário: o significado *business-to-consumer* (B2C) se aplica a qualquer empresa ou organização que vende seus produtos ou serviços direto ao consumidor final pela internet. Essa sigla em inglês está muito presente no setor de *marketing*, uma vez que as empresas precisam saber quem é seu público-alvo, se pessoa jurídica ou governo, mas todas elas podem fazer uso da moeda digital para efetuar o pagamento.

Síntese

- Os pagamentos com moedas virtuais ainda estão em gestação na maioria dos países, visto que necessitam de várias adequações, entre elas as funções da moeda que não podem ser alcançadas pelas criptomoedas.
- O Brasil conta com o convênio de pagamentos e crédito recíprocos (CCR), concebido, originalmente, com o propósito de facilitar o intercâmbio comercial da região.
- O Brasil tem um convênio com os bancos centrais dos países membros da Aladi: Argentina, Bolívia, Brasil, Chile, Colômbia, Equador, México, Paraguai, Peru, Uruguai, Venezuela e República Dominicana, no total de 12 participantes.
- Existem vários tipos de *e-commerce*, e o mais conhecido é o *business-to-consumer* (B2C), que se refere às atividades das empresas que atendem aos consumidores finais com produtos e/ou serviços.
- Consumidores jovens estão sendo apresentados ao processo de transações eletrônicas de forma divertida e inovadora, em que a criptomoeda Bitcoin é a mais utilizada nas transações de compras virtuais.

Blockchain no mundo corporativo

Conteúdos do capítulo

- *Blockchain* nos processos empresariais.
- Governança *blockchain*.
- Perspectiva da tecnologia *blockchain* em logística.
- Oportunidade de empreendedorismo e meio ambiente.

Após o estudo deste capítulo, você será capaz de:

1. compreender como o *blockchain* pode auxiliar nos processos empresariais;
2. identificar a governança *blockchain*;
3. reconhecer a oportunidade do *blockchain* na logística;
4. entender como pode ocorrer o empreendedorismo por meio do *blockchain* e como este é capaz de agir com transparência para o governo e para os consumidores.

capítulo 6

A tecnologia *blockchain* é essencialmente uma forma de manutenção de registros eletrônicos compartilhada, supostamente imune a falsificações e erros, além de ser comumente associada às criptomoedas, como o Bitcoin.

Neste capítulo, analisaremos sua relação no auxílio da agregação de valor nos processos empresariais, na governança, nas cadeias de abastecimento e, por último, no empreendedorismo e na sustentabilidade ambiental. Essa tecnologia pode estar presente nos diversos setores de empresas, como, por exemplo, em aplicativos no setor financeiro, incluindo transações de criptomoeda, negociação e liquidação de valores mobiliários e seguros no setor não financeiro, como serviços notariais, distribuição de música e vários serviços como prova de existência, autenticidade ou armazenamento, em processos de logística e cadeia de abastecimento.

As cadeias de suprimentos merecem destaque, uma vez que as empresas buscam oferecer maior transparência em seus negócios e os clientes estão cada vez mais atentos às empresas cidadãs, que não pactuam com exploração de mão de obra e degradação do meio ambiente. Examinaremos os benefícios, os riscos e as consequências da tecnologia *blockchain* aplicada ao mundo corporativo.

6.1 *Blockchain* no processo empresarial

A tecnologia *blockchain* é aplicada atualmente em processos de negócios de várias áreas e diferentes setores de empresas diversas, como: listar aplicativos no setor financeiro, incluindo transações de criptomoeda; e negociar e liquidar valores mobiliários, seguros e aplicativos não financeiros, a exemplo dos serviços notariais, da distribuição de música e dos serviços como prova de existência, autenticidade ou armazenamento, em processos de logística e cadeia de abastecimento, por exemplo, na área de setor agrícola (Nofer et al., 2017).

Uma proposta para apoiar processos interorganizacionais por meio da tecnologia *blockchain* é descrita por Weber et al. (2016) como parte do fluxo de controle e lógica de negócios interorganizacionais em que os processos podem ser compilados a partir de modelos de contratos inteligentes que garantem que o conjunto seja executado corretamente. Os chamados *componentes de ligação* permitem conectar esses componentes interorganizacionais e implementações de processos para serviços da *web* e processos internos.

Perguntas & respostas

1. O que é um contrato inteligente?

Trata-se de um programa de computador ou um protocolo de transação que se destina a executar, controlar ou documentar automaticamente eventos e ações legalmente relevantes de acordo com os termos de um contrato ou acordo.

Essas ligações servem como uma ponte entre o *blockchain* e os aplicativos corporativos. O conceito de criptomoeda permite a implementação opcional de pagamento condicionado e depósito embutido na gestão em pontos definidos dentro do processo, no qual é desejado e viável (Dumas, 2013).

Se executado usando contratos inteligentes em um *blockchain*, as barreiras típicas que complicam a implantação de processos interorganizacionais podem ser removidas. O *blockchain* pode servir de livro-razão para determinado público, de modo que os participantes possam revisar um histórico confiável de mensagens para identificar a origem de um erro. Isso significa que todas as mensagens de mudança de estado devem ser registradas no *blockchain*; os contratos inteligentes podem oferecer monitoramento de processo independentemente de um ponto de vista global, de forma que apenas as mensagens esperadas sejam aceitas e somente se forem enviadas da empresa registrada para a respectiva função na instância de processo; e a criptografia pode garantir que apenas os dados que devem ser visíveis sejam públicos, ao passo que os dados restantes são legíveis apenas para os participantes do processo que precisam deles (Dumas, 2013).

Esses recursos demonstram como os *blockchains* podem ajudar as organizações a implementar e executar processos de negócios. Trata-se de um avanço fundamental, porque os aspectos centrais dessa tecnologia permitem o suporte de colaborações empresariais que vão muito além do gerenciamento de ativos, incluindo o gerenciamento de toda cadeia de abastecimento, rastreando alimentos desde a origem até o consumo para aumentar a segurança ou compartilhando registros de saúde em formas de garantia de privacidade entre os prestadores de serviços médicos, por exemplo (Dumas, 2013).

O gerenciamento de processos de negócios, ou *business process management* (BPM), está preocupado com *design*, execução, monitoramento e melhoria dos processos de negócios. Sistemas que suportam a decretação e a execução de processos têm sido amplamente utilizados por empresas para agilizar e automatizar processos intraorganizacionais. No entanto, para os processos interorganizacionais, os desafios do *design* de conjunto e a falta de confiança mútua dificultou uma aceitação mais ampla (Dumas, 2013).

A tecnologia de *blockchain* emergente tem o potencial de mudar grandemente o ambiente no qual processos interorganizacionais são capazes de operar. *Blockchains* oferecem uma maneira de executar processos de forma confiável, mesmo em uma rede sem qualquer confiança mútua entre os nós. Os principais aspectos são algoritmos específicos que levam ao consenso entre os nós e mecanismos de mercado que motivam os nós a progredir na rede. Por meio desses recursos, essa tecnologia tem o potencial de mudar o discurso na pesquisa de BPM sobre como os sistemas podem permitir a promulgação, a execução, o monitoramento ou a melhoria do processo de negócio dentro ou através das redes de negócios (Dumas, 2013).

6.1.1 Tecnologia *blockchain*

Em sua forma original, *blockchain* é uma tecnologia de banco de dados distribuída que se baseia em uma lista à prova de violação de registros de transações com identificação de data/hora. Entre outros casos, é usado para criptomoedas como o Bitcoin (Nakamoto, 2008). Sua inovação vem de permitir que as partes façam transações entre si, mesmo que uma das partes não confiem em uma rede de computadores. Isso é possibilitado por uma combinação de pares redes ponto a ponto, criação de consenso, criptografia e mecanismos de mercado.

Blockchain deriva seu nome do fato de que sua estrutura de dados essencial é uma lista encadeada de blocos. Essa cadeia de blocos é distribuída por uma rede ponto a ponto, na qual cada nó mantém a versão mais recente dela. Os blocos podem conter informações sobre transações. Os conceitos de *blockchain* suportam duas noções fundamentais para processos de negócios: o *blockchain* como uma estrutura de dados (à prova de violação) captura o histórico e o estado atual da rede, e as transações movem o sistema para um novo estado.

O *blockchain* oferece um conceito adicional que é importante para processos de negócios, denominado *smart contratos* (Szabo, 1997). Os processos de negócios estão sujeitos a regras sobre como responder às condições específicas. Por exemplo, se o vendedor não entrega dentro de duas semanas, o comprador pode ter direito a receber uma multa. Essas regras de negócios podem ser expressas por contratos inteligentes, como o Ethereum Blockchain, que oferece suporte a uma linguagem de programação completa de *turing* para contratos inteligentes. O código de contrato inteligente implantado com um tipo específico de transação, tal como acontece com qualquer outra transação *blockchain*, é imutável. Uma vez implantados, os contratos inteligentes oferecem uma maneira para executar código diretamente na rede *blockchain* (Di Ciccio; Meroni; Plebani, 2020).

Ao usar a tecnologia *blockchain*, partes não confiáveis podem estabelecer confiança na execução verdadeira do código. Contratos inteligentes podem ser usados para implementar colaborações de negócios em geral e processos de negócios interorganizacionais em particular (Di Ciccio; Meroni; Plebani, 2020).

6.1.2 Monitoramento de processos de negócios

O monitoramento de processos de negócios visa identificar o desempenho dos processos em execução com relação às medidas e aos objetivos de desempenho. Dependendo das ferramentas e dos dados disponíveis, uma plataforma de processos de negócios pode relatar sobre os processos em execução, desde o único rastreamento das instâncias em execução até a verificação de desvios em relação ao comportamento esperado e a identificação de outras anomalias (Di Ciccio; Meroni; Plebani, 2020).

Mas por que monitorar os processos de negócios? Existem várias razões pelas quais uma plataforma de monitoramento deve ser introduzida. Como uma necessidade geral, o proprietário do processo e os destinatários estão interessados em verificar e demonstrar que o processo está se comportando corretamente. Uma plataforma de monitoramento pode ser um elemento passivo que apenas registra as ações executadas ou pode contribuir ativamente para o manejo dos desvios ocorridos. Além disso, os objetivos de uma plataforma de monitoramento de processos de negócios podem ser vários: determinar se as atividades demoram mais do que o esperado para serem concluídas, se há gargalos no processo, se os recursos são sub ou super utilizados e se há violações na execução de processos, entre outras coisas. Dependendo das necessidades do proprietário do processo, todos ou um subconjunto desses aspectos podem ser considerados (Di Ciccio; Meroni; Plebani, 2020).

Como monitorar? De acordo com a classificação proposta, as técnicas de monitoramento de processos podem ser classificadas em cinco grupos principais:

1. O **registro de dados de eventos** é a geração de sequências de eventos relacionados a uma instância de processo específico sendo executado. Os eventos podem fornecer notificações sobre as atividades que estão sendo executadas, ou sobre os artefatos, ou seja, os objetos físicos ou virtuais manipulados pelo processo e os recursos (operadores humanos ou componentes de *software* responsáveis pela execução das atividades) que participam do processo. Uma vez coletados, os eventos são normalmente armazenados nos chamados *logs* de eventos. Como várias outras técnicas de monitoramento requerem que os dados do evento funcionem, essa técnica costuma ser vista como um pré-requisito para elas (Di Ciccio; Meroni; Plebani, 2020).

2. ***Business activity monitoring*** (BAM), ou monitoramento de atividades de negócios e análise de desempenho em tempo de execução: Também conhecido como *monitoramento*, o BAM analisa informações em tempo real sobre as atividades sendo executadas, por exemplo, tempo de resposta e taxa de falha. Com essa técnica é possível medir os *key performance indicators* (KPIs – "indicadores-chave de desempenho") relevantes para o processo, determinando, assim, o quão bem as atividades são realizadas. Com os dados de eventos informados, o BAM produz medidas para KPIs. Em vez disso, a análise de desempenho de tempo de execução concentra-se na avaliação de dados de informações de desempenho nos processos que estão sendo executados para identificar gargalos ou problemas de alocação de recursos. Ao contrário do BAM, que se concentra em atividades únicas, a análise de desempenho em tempo de execução se concentra em execuções de processos, levando em conta as dependências entre as atividades. Conforme um processo de dados de modelo e evento,

a análise de desempenho em tempo de execução produz informações de diagnósticos relacionadas ao desempenho. Recorrendo ao BAM e à análise de desempenho em tempo de execução, é possível medir KPIs e identificar outras questões não diretamente relacionadas com a estrutura do processo. Por exemplo, é possível determinar se uma atividade está causando um gargalo (como: "anexar" recipiente a caminhão ou "dirigir" até o fabricante está consumindo mais recursos?). Com base nos acordos entre organizações, essas técnicas podem ser confinadas apenas às atividades pertencentes a cada organização, ou podem ser aplicadas a todas as atividades (Reichert; Weber, 2012; Aalst, 2012).

3. A **verificação de conformidade** consiste nas técnicas que comparam o comportamento do processo modelado com o evidenciado pelos dados de execução. Para tanto, os dados do evento coletados são reproduzidos no modelo de processo, de forma a detectar desvios do comportamento esperado. Com base no modelo de processo e nos dados de evento, a verificação de conformidade produz informações de diagnóstico relacionadas à conformidade (Di Ciccio; Meroni; Plebani, 2020).

4. **Diagrama**: com a verificação de conformidade, as partes interessadas podem verificar se a execução está de acordo com a descrição do processo. Em particular, a natureza do modelo desempenha um papel importante na definição dos graus de liberdade que são deixados para os executores do processo. Um diagrama de colaboração forçará todo o processo a aderir estritamente às especificações. O diagrama de processo forçará que a parte do processo pertencente a parte interessada tenha de aderir às especificações. Finalmente, um fluxograma forçará apenas as interações entre as partes interessadas a aderir às especificações, deixando as partes interessadas livres para alterar seus processos internos (Di Ciccio; Meroni; Plebani, 2020).

5. **Restrições**: a verificação de conformidade engloba as técnicas que visam verificar se as restrições que representam regulamentos, diretrizes, políticas e leis são cumpridas pelo processo. É diferente da

verificação de conformidade, porque as restrições se concentram nas regras do processo, em vez de na execução do processo inteiro.

Com as técnicas de verificação de conformidade, é possível definir restrições complexas no processo que predicam tanto na estrutura quanto nos aspectos não funcionais. Em vez de confiar em um modelo de processo, a verificação de conformidade depende de regras de conformidade que descrevem apenas os elementos do processo que são úteis para avaliar a restrição. Por exemplo, é possível monitorar se um contêiner é entregue a "X" dentro de dois dias a partir do momento que "Y" concluiu sua preparação. Da mesma forma, é possível monitorar se menos de 1% dos embarques foram realizados sem fiscalizar o contêiner. Para tanto, existem várias técnicas e linguagens de verificação de conformidade. Uma vez que as restrições predicam em porções específicas do processo, em vez do processo como um todo, é muito mais fácil para que as partes interessadas concordem em monitorá-los. Na verdade, apenas as atividades necessárias para a avaliação de tais restrições têm de ser divulgadas, superando, assim, um dos problemas de verificação de conformidade (Ly et al., 2015).

Perguntas & respostas

1. O que é contrato inteligente?

Contrato inteligente é um programa de computador ou um protocolo de transação que se destina a executar, controlar ou documentar automaticamente eventos e ações legalmente relevantes de acordo com os termos de um contrato ou acordo.

6.1.3 Desafios sobre contratos inteligentes

Um dos desafios é a transparência de monitoramento. Para melhorar a transparência da verificação de conformidade, especialmente no caso de processos de negócios com várias partes, um contrato inteligente desempenha um papel fundamental. Em verdade, com base nas informações que podem ser disponibilizadas através de banco de dados e as transações relevantes extraídas no *blockchain*, um contrato inteligente pode analisar o *status* atual da promulgação do processo e verificar se o fluxo de controle, no caso de processos projetados, ou a troca de mensagens, no caso de um processo predefinido está se comportando conforme o esperado. Como o código que compõe o contrato inteligente é armazenado de forma imutável no *blockchain* e é executado em todos os clientes do *blockchain* para chegar a um consenso, é extremamente difícil que uma única parte o altere para falsificar o resultado. Como consequência, quando uma única parte está envolvida no processo de negócios, sendo o contrato inteligente publicado no *blockchain*, a lógica que impulsiona a conformidade torna-se publicamente disponível para todas as partes interessadas na solidez do processo, mesmo que não estejam diretamente envolvidas desde o início (por exemplo, auditores). Por outro lado, em processos de negócios multipartidários, informações sobre as obrigações que envolvem as partes podem ser produzidas e observadas com contratos inteligentes. Por exemplo, ao transformar o modelo de processo em um contrato inteligente, "X", "Y" e "Z" concordam em como o processo deve ser realizado. Conforme as restrições se tornam públicas, nenhum deles pode reclamar que esperava que o processo fosse executado de forma diferente (Di Ciccio; Meroni; Plebani, 2020).

Se, por um lado, tal transparência oferecida por contratos inteligentes aumenta a confiança na execução do processo, por outro lado, exige que os contratos inteligentes sejam devidamente concebidos de forma a expor apenas as informações que devem ser disponibilizadas a atores externos. Além disso, a capacidade de um contrato inteligente de verificar possíveis desvios na execução do processo está estritamente relacionada aos dados de monitoramento disponíveis por meio dos bancos de dados. Como consequência, a disponibilidade de fontes de dados adequadas que podem ser acessadas pelo contrato inteligente é fundamental. Com processos de negócios de uma única parte, esse problema não é tão crítico, pois a parte é responsável por projetar o contrato inteligente, bem como por projetar a base de dados e escolher as fontes de dados. Por outro lado, ao tratar de processos de negócios multipartidários, um acordo entre as partes deve incluir também a possibilidade de disponibilizar alguns dos dados sobre o processo e o *status* do artefato para outras partes. Isso abre um problema adicional sobre a acessibilidade desses dados. Por exemplo, para determinar se a parte do processo realizada por "Y" é realizada corretamente, "Y" deve expor as informações sobre a sua parte no contrato (Di Ciccio; Meroni; Plebani, 2020) .

Em um *blockchain*, as transações de blocos minerados estão disponíveis para todos os participantes. Consequentemente, mecanismos adicionais devem ser implementados no topo do *blockchain* (por exemplo, com base na criptografia) para limitar a visibilidade desses dados apenas ao subconjunto de clientes que realmente têm permissão para vê-los, de modo a permitir a confiança (Di Ciccio; Meroni; Plebani, 2020).

Por exemplo, "Y" pode concordar em compartilhar informações sobre sua parte do negócio com "X", mas pode recusar-se a disponibilizar essas informações publicamente, pois os concorrentes podem explorá-las, por exemplo, encontrando áreas que não são bem cobertas por "Z" (Di Ciccio; Meroni; Plebani, 2020).

Cabe ressaltar que, embora tanto os contratos inteligentes quanto as invocações de seus métodos sejam armazenados no *blockchain* e sua execução possa ser realizada e analisada por qualquer participante, a maioria dos *blockchains* exige contratos inteligentes para definir, explicitamente, métodos para recuperar suas informações. Em outras palavras, as variáveis que são usadas por contratos inteligentes são acessíveis apenas pelo próprio contrato inteligente, a menos que os métodos para disponibilizar seus conteúdos sejam explicitamente definidos no desenho de contratos inteligentes. Como consequência, antes de colocar em prática uma plataforma de monitoramento baseada em *blockchain*, deve-se tomar cuidado ao definir quais informações podem ser recuperadas do contrato inteligente (Di Ciccio; Meroni; Plebani, 2020).

Outro ponto importante está na falta de reatividade, quando um contrato inteligente se mostra incapaz de indicar ou apresentar de forma independente para terminais fora do *blockchain* após a verificação de certas condições. Essa é uma limitação para o monitoramento dos processos de negócio, pois, em caso de desvios, o dono do processo ou as partes envolvidas nele desejam ser informadas para reagir adequadamente. Para resolver esse problema, um contrato inteligente deve ser projetado de forma a expor métodos públicos que podem ser analisados periodicamente pelas partes interessadas para verificar se ocorreram alguns desvios ou para que sejam emitidas notificações e seja exigido que as partes monitorem constantemente o *blockchain* para capturar as inconsistências, adotando, assim, as ações necessárias (Di Ciccio; Meroni; Plebani, 2020).

Exercício resolvido

Entre os recursos pelos quais os *blockchains* podem ajudar as organizações a implementar e executar processos de negócios, um deles diz respeito à criptografia e ao que ela pode auxiliar no processo de contratos inteligentes. Sobre o tema, assinale a alternativa correta:

a. A criptografia pode garantir que apenas os dados que devem ser visíveis sejam públicos, ao passo que os dados restantes são legíveis apenas para os participantes do processo que precisam deles.
b. A criptografia pode servir de livro-razão para determinado público, a fim de que os participantes possam revisar um histórico confiável de mensagens.
c. A criptografia pode oferecer monitoramento de processo independente, de um ponto de vista global, de forma que apenas as mensagens esperadas sejam aceitas.
d. A criptografia se concentra em atividades únicas, analisa o tempo de execução e o desempenho e se concentra na execução de processos, levando em conta as dependências entre as atividades.

Resposta: a.

6.2 Governança *blockchain*

Governança diz respeito aos processos de adaptação às mudanças dentro de um ambiente institucional, como uma empresa, uma organização política ou comunitária ou, ainda, uma contratação de mercado (Williamson, 1996; 2002).

Blockchains são protocolos de rede digital descentralizados cuja governança é caracterizada por uma interação complexa entre acionistas. Uma lista incompleta das partes interessadas inclui detentores de *tokens*, validadores de rede (como mineradores de Bitcoin e nós econômicos completos), desenvolvedores de núcleo e de aplicativos e fundadores. Cada uma dessas são partes interessadas, tem uma participação no protocolo e busca incentivos nitidamente diferentes quando considerada a forma pela qual o protocolo deve ser modificado. Existem outras partes também interessadas, mas que não participam ativamente da rede, uma vez que seus interesses estão na estrutura e na modificação. Trata-se dos reguladores governamentais, dos ativistas, da mídia e das redes sociais, dos participantes na competição e dos *blockchains* complementares etc.

O desafio de governança de *blockchain* é como projetar e construir sistemas que equilibrem os interesses de cada uma dessas partes interessadas e garantir o sucesso da rede. Organizações sociais, como empresas corporativas, são compostas por indivíduos que têm objetivos diversos que procuram fazer trocas e modificar ou manter o ambiente em que fazem essas trocas. Estas procuram tomar decisões, implementá-las, monitorando sua implementação e seus resultados. Tais decisões são necessárias porque muitas situações futuras não podem ser previstas no momento exato de formação organizacional. As organizações sempre precisam adaptar-se (Klein et al., 2019).

Blockchains podem ser considerados como concorrentes constitucionais, conjuntos de normas, uma vez que existe competição entre as redes *blockchains* para saber quem realizará as regras das regras (Alston, 2019). Dessa forma, a governança do *blockchain* se relaciona com a forma pela qual as decisões são tomadas, não as próprias decisões e quem as escolhe, mas como as escolhas são feitas, em vez do que é escolhido (Hsieh; Vergne; Wang, 2018).

As partes interessadas e os grupos que formam enfrentam conjuntos distintos de custos em investimentos passados e futuros na rede, ou seja, esses grupos fizeram investimentos específicos de ativos que restringem a futura tomada de decisão. Em *blockchains* públicos, como Bitcoin, que permitem entrada e saída aberta (espera a transação de moedas, observa a cadeia e valida novas transações), o poder de barganha é relevante quanto às modificações ao protocolo subjacente ou ao *software* principal (Allen; Berg, 2020).

A governança descreve os processos pelos quais a hierarquia refere-se à forma limitada, burocrática e baseada na autoridade de organizar e coordenar. Os mercados, por outro lado, constituem uma forma de coordenação em que propriedade, preço e liberdade comercial são fundamentais. A rede refere-se a relações interorganizacionais relativamente estáveis, em que a reputação e a reciprocidade constroem uma confiança mantida, que substitui o poder hierárquico e a mão invisível das forças do mercado. De acordo com Williamson (1975), as preferências dos atores podem ser vistas como independentes (mercado), dependentes (hierarquia) e interdependentes (rede). Além de aumentar o controle gerencial nas hierarquias, a TI também afeta as formas interorganizacionais de coordenação das atividades econômicas (redes e mercados), pois facilita o compartilhamento de dados e, com isso, reduz os custos de agência e coordenação (Allen; Berg, 2020).

6.2.1 Relações interorganizacionais e *blockchains*

A perspectiva de escassez digital, portanto, imutabilidade, mediante autenticação própria, e a possibilidade de governança por meio de *blockchains* também se refletem no surgimento de consórcios de negócios para explorar os benefícios da tecnologia de *blockchain* em prol de seus comportamentos em busca de lucro (Gratzke; Schatsky; Piscini, 2017). A colaboração entre empresas, no entanto, é um empreendimento desafiador (Daugherty et al., 2006; Fawcett et al., 2015). Rivalidade entre empresas, interesse próprio e falta de confiança são alguns dos muitos inibidores da colaboração interorganizacional; uma estrutura de governança nessas configurações pode proteger os interesses de cada empresa (Fawcett et al., 2015).

Os *blockchains* permitidos variam na atribuição de direitos de transação, validação e acesso. Embora os *blockchains* com permissão preservem algumas características centrais do *blockchain* sem permissão, como descentralização, imutabilidade e auditabilidade, os atores participantes, em contraste, são conhecidos. Desse modo, eles se esforçam para promover a colaboração entre as partes (portanto responsáveis) com validadores acordados e outros sistemas de fiscalização a serem usados para manter o livro-razão. A manutenção da rede, em contraste, não é principalmente impulsionada pela mineração, mas por outros algoritmos de consenso mais eficientes, como prova do acordado.

O valor dos dados armazenados nas cadeias de bloqueio permitidas ainda depende de sua ambiguidade, o que fomenta interesses comuns dos participantes e senso de união. Da mesma forma que em *blockchains* sem permissão, o consenso sobre *blockchains* com permissão é definido pelo protocolo técnico; a decisão sobre o protocolo técnico, no entanto, depende do consenso das partes ou consórcio que iniciam e executam o *blockchain* com algum interesse comum (deve-se notar que, uma vez inscrito na tecnologia e implantado, é difícil de mudar o funcionamento). O último contrasta os dois arquétipos do *blockchain*: consenso entre as partes conhecidas com interesses compartilhados *versus* consenso entre as partes desconhecidas cujo interesses podem variar muito.

O recurso de incorporação de funções de programação em *blockchains* é atraente, pois promete automatizar partes dos processos de negócios. Essas peças de *software* são geralmente chamadas de *contratos inteligentes* (Gatteschi et al., 2018). Referindo-se às teorias de contrato social, Reijers, O'Brolcháin e Haynes (2016) admitem que contratos inteligentes em *blockchains* permitem criar uma parceria autônoma com regras aplicáveis de interação sem a necessidade de uma autoridade central (Werbach; Cornell, 2017). Contratos inteligentes, portanto, contribuem para uma governança por meio de *blockchain* (Kitchin, 2017; Shermin, 2017).

Vale a pena mencionar que os contratos inteligentes podem ser vistos como uma forma de estender a influência dos algoritmos além da governança de *blockchain* para a governança por *blockchain* (Carayannis; Campbell; Efthymiopoulos, 2018) na medida em que podem ajudar a governar domínios, como, por exemplo, o mercado de carros usados (Notheisen; Cholewa; Sanmugam, 2017). Assim como em muitos outros sistemas, a lógica de negócios inerente a um contrato inteligente depende de seu ambiente e está sujeita a mudanças (Di Nitto et al., 2008).

Isso requer que as partes colaboradoras que administram o sistema concordem em um compartilhamento de informações comum mínima, que pode variar na colaboração interorganizacional (Daugherty et al., 2006).

Para saber mais

Consideram-se como relacionamento interorganizacional as transações, os fluxos e as ligações de recursos relativamente duradouros que ocorrem entre duas ou mais organizações (Oliver, 1990). Sua existência pressupõe um processo de escolha do grupo de interação daqueles que são relevantes no conjunto de organizações. Você encontrará mais informações a esse respeito no artigo: "Os conceitos de redes e as relações interorganizacionais: um estudo exploratório", de Gesinaldo Ataíde Cândido e Aline França de Abreu, disponível no *link*: <http://www.anpad.org.br/admin/pdf/enanpad2000-org-783.pdf>. Acesso em: 26 jun. 2021.

6.2.2 Governança endógena e exógena

Podemos distinguir duas formas de governança de redes *blockchains*: endógena e exógena. *Blockchains* têm sistemas de governança **endógenos** que criam o poder de negociação relativa a determinado instrumental pelo mecanismo de consenso. Acredita-se que o projeto inicial de um protocolo de consenso de *blockchain* mapeia uma distribuição diferente do poder de barganha sobre a própria rede. Além disso, os *blockchains* também têm sistemas de governança **exógenos**, que são os processos de governança formais e informais existentes fora das necessidades instrumentais de consenso distribuído sobre o livro-razão (Allen; Berg, 2020).

A distribuição do poder de troca sobre a governança do *blockchain*, em primeira instância, é endogenamente governada pelo mecanismo de consenso. O Bitcoin é um mercado de três lados, a saber, os mineradores, compradores e vendedores (Honkanen; Westerlund; Nylund, 2019). Os participantes dominantes são nós econômicos completos, aqueles que mantêm uma cópia completa da cadeia, transmitem as transações e validam o livro-razão compartilhado (Möser; Eyal; Sirer, 2016; Berg; Berg; Novak, 2020).

A decisão de adotar emendas de *software* produzidas por desenvolvedores principais depende de acreditarem que outros nós econômicos aceitarão novos blocos produzidos pelo *software*. Em outras palavras, são os nós econômicos que fazem cumprir as regras. Sua capacidade de aceitar ou rejeitar bloqueios seguindo regras diferentes lhes dá poder de barganha endógeno e, portanto, o controle de governança sobre a rede. A precisão com que essa distribuição se manifesta nas decisões depende, é claro, dos interesses dos nós econômicos completos como agentes individuais, mas estruturalmente o mecanismo de consenso lhes dá o poder de governo sobre a rede (Allen; Berg, 2020).

As partes interessadas na governança endógena receberam poder de barganha formal na rede por meio do projeto do protocolo de consenso. Um paralelo aqui é com as instituições formais de uma empresa acionistas, administração e funcionários que formam a "máquina" para a atividade econômica com fins lucrativos. A governança endógena pode ser projetada intencionalmente (Allen; Berg, 2020).

Ao passo que o Bitcoin foi criado sem governança em mente, um sistema de "governança" foi construído no mecanismo de consenso que permite aos detentores de *tokens* votarem em validadores de bloco. Isso produz uma distribuição alternativa de poder de barganha, em que os detentores de *tokens* e seus representantes exercem uma quantidade significativa de poder em relação à rede Bitcoin (Allen; Berg, 2020).

Em contrapartida, a governança exógena descreve os processos de governança formal e informal que existem fora das necessidades instrumentais de consenso distribuído sobre o livro-razão. Eles podem ser formalmente projetados ou desenvolvidos em resposta a uma necessidade percebida de legitimidade. A governança exógena pode ser *on-chain* ou *off-chain*, formal ou informal (Wang et al., 2018; Lyra, 2019).

Mecanismos de governança endógenos e exógenos coexistem e fornecem restrições mútuas uns contra os outros. Onde a governança foi explicitamente desenhada, ainda está sujeita a processos endógenos de governança (Allen; Berg, 2020).

A distribuição do poder de barganha, determinada pelo primeiro sistema de votação, é endógena, e a última, exógena. Ambos os processos de governança, endógeno e exógeno, estão sujeitos à pressão evolutiva à medida que os desenvolvimentos técnicos e a inovação empresarial (como *pools* de mineração) remodelam o poder de barganha relativo dos grupos de interessados (Lyra, 2019; Berg; Berg; Novak, 2020).

É possível observar que a coexistência de contratos implícitos entre diversas partes interessadas e sistemas de governança de *blockchain* cria desafios. Os contratos implícitos, em sistemas descentralizados, devem ser constantemente negociados, da mesma forma que a cultura corporativa como instrumento de negociação de contratos implícitos está em constante evolução e avaliação (Allen; Berg, 2020).

6.2.3 Segurança e privacidade do *blockchain*

Para iniciar, vejamos o que dizem Voigt e Bussche (2017, p. 1-2, tradução nossa) a respeito da segurança de dados do *blockchain*:

> *O General Data Protection Regulation (GDPR) ou Regulamento Geral de Proteção de Dados (RGPD) em 1995 propôs a Diretiva de Proteção de Dados 95/46 / EC sendo implementada pela European Community ou Comunidade Europeia (agora União Europeia – UE) para os estados membros transporem para a legislação nacional. A diretiva visa proteger os indivíduos no que diz respeito à livre circulação e processamento de dados. Com a sua implementação, também causou uma fragmentação da proteção de dados em toda a UE. Como um contra-ataque e um aprimoramento dessa diretiva, o RGPD está em vigor desde 25 de maio de 2018. O RGPD iguala as regras de proteção de dados nos estados membros. Com isso, os obstáculos para o fluxo de dados pessoais são removidos.*

O Regulamento Geral de Proteção de Dados (RGPD) estabelece que uma organização que lida com dados pessoais tem vários requisitos a cumprir. A organização precisa registrar suas atividades de processamento.

Uma atividade de processamento pode ser, por exemplo, coletar, armazenar, adaptar, usar, apagar ou destruir dados pessoais, designar um responsável pela proteção de dados e, quando viável, também um sistema de gerenciamento de proteção de dados, bem como fazer uma avaliação do impacto da proteção de dados. (Calder, 2018, p. 23, tradução nossa)

A proteção de dados deve ser garantida desde a concepção e por padrão. O RGPD também contém apelos para implementar medidas técnicas e organizacionais de proteção de dados pessoais. Além disso, o regulamento introduz uma obrigação de reporte de notificação de infração, de 72 horas após o conhecimento da infração. Os direitos que cada indivíduo, o titular dos dados, tem sobre as entidades de processamento de dados também são declarados (Voigt; Bussche, 2017, p. 3-4, tradução nossa).

Uma vez que o regulamento foi elaborado para cobrir a área geral de proteção de dados, uma ampla gama de tópicos é revisada. O RGPD consiste em 99 artigos e 173 considerações. Portanto, é fundamental para qualquer organização compreender totalmente os termos (Raman et al., 2018). "As multas por violações podem chegar a 20 milhões de euros, ou 4% do faturamento anual total em todo o mundo, o que for mais alto" (Voigt; Bussche, 2017, p. 31, tradução nossa).

No art. 5º do RGPD, sete princípios de proteção podem ser encontrados. Eles podem funcionar como um guia para as organizações sobre como devem gerenciar os dados pessoais. Os sete princípios de proteção e segurança são:

1. **Consistência do livro-razão entre as instituições**: nos processos de reconciliação, compensação e liquidação entre instituições financeiras, a arquitetura e os processos de negócios variam de diferentes instituições financeiras e ao envolvimento de processos manuais, o que não leva apenas a altas taxas de transação geradas pelo cliente e pelo lado do negócio de fundo de instituições financeiras,

mas também está sujeito a erros e inconsistências entre livros-razão mantidos por diferentes institutos financeiros.

2. **Integridade das transações**: ao usar transações *on-line* para investimento e gerenciamento de ativos, ações, títulos, notas, comprovantes de renda, recibos de depósito e outros ativos são administrados por diferentes intermediários. Isso não apenas aumenta os custos de transação, mas também traz o risco de falsificar ou falsificar deliberadamente os certificados. Assim, o sistema deve garantir a integridade das transações e evitar que as transações sejam adulteradas.

3. **Disponibilidade de sistema e dados**: os usuários do sistema *on-line* devem poder acessar os dados das transações a qualquer hora, de qualquer lugar. A disponibilidade aqui se refere ao nível do sistema e ao nível da transação. No nível do sistema, o sistema deve ser executado de forma confiável, mesmo no caso de um ataque à rede. No nível da transação, os dados das transações podem ser acessados por usuários autorizados sem serem inatingíveis, inconsistentes ou corrompidos.

4. **Prevenção de gastos duplos**: um desafio importante na negociação de moeda digital em uma rede descentralizada é como evitar gastos duplos, ou seja, gastar uma moeda mais de uma vez. No ambiente centralizado, um terceiro central confiável é responsável por verificar se uma moeda digital foi gasta em dobro ou não. Para transações realizadas em uma rede descentralizada ambiente, precisamos de mecanismos de segurança robustos e contramedidas para evitar gastos em dobro.

5. **Confidencialidade das transações**: na maioria das transações financeiras *on-line*, os usuários desejam ter o mínimo de divulgação de suas transações e informações de conta em um sistema de comércio *on-line*. A divulgação mínima inclui:

   - as informações de transação dos usuários não podem ser acessadas por nenhum usuário não autorizado;
   - o administrador do sistema ou o participante da rede não pode divulgar nenhuma informação do usuário a terceiros sem sua permissão;

- todos os dados do usuário devem ser armazenados e acessados de forma consistente e segura, mesmo sob falhas inesperadas ou ataques cibernéticos maliciosos; essa confidencialidade é desejável em muitos cenários não financeiros.

6. **Anonimato da identidade dos usuários**: a dificuldade de compartilhamento eficiente e seguro dos dados do usuário entre várias instituições financeiras pode resultar em um alto custo de autenticação repetida do usuário. Também traz indiretamente o risco de divulgação da identidade dos usuários por alguns intermediários. Além disso, uma ou ambas as partes da transação podem relutar em permitir que a outra parte saiba sua identidade real em alguns casos.

7. **Desvinculabilidade de transações**: diferente do anonimato de identidade (não revelando a identidade real), os usuários devem exigir que as transações relacionadas a eles mesmos não possam ser vinculadas. Isso porque, uma vez que todas as transações relevantes para um usuário podem ser vinculadas, é fácil inferir outras informações sobre o usuário, como o saldo da conta, o tipo e a frequência de suas transações. Usando tais dados estatísticos sobre transações e contas em conjunto com algum conhecimento prévio sobre um usuário, partes curiosas ou adversárias podem adivinhar (inferir) a verdadeira identidade do usuário com alta confiança.

Perguntas & respostas

1. O que é governança exógena?

A governança exógena descreve os processos de governança formal e informal que existem fora das necessidades instrumentais de consenso distribuído sobre o livro-razão.

6.3 Perspectiva da tecnologia *blockchain* em logística

A cadeia de suprimentos é a rede de organizações que estão envolvidas, por meio de vínculos, nos diferentes processos e atividades que produzem valor na forma de produtos e serviços em mãos do cliente final. O desenvolvimento da indústria 4.0 cria oportunidades de melhoria de processos na cadeia de suprimentos.

A indústria 4.0 é holística, com uma transferência (parcial) de autonomia, inteligência e decisões autônomas para as máquinas. Melhora a flexibilidade, a velocidade, a produtividade e a qualidade do processo produtivo, aumentando muito a sustentabilidade. Ela estabelece a base para a adoção de novos modelos de negócios, processos de produção e outras inovações. Isso permitirá um novo nível de customização em massa à medida que mais produtores industriais invistam em tecnologias de logística 4.0 para aprimorar e customizar suas ofertas (Seebacher; Schüritz, 2017).

A logística 4.0 permite a integração e o alinhamento ideal de processos dentro dos limites corporativos; quando é bem-sucedido, as questões logísticas relacionadas aos fluxos de entrada e saída de materiais podem ser significativamente simplificadas. Quando se trata de transporte, caminhões, contêineres e paletes inteligentes estão se abrindo para novas abordagens de monitoramento. A internet das coisas (IoT) e a *big data* são a base do desenvolvimento da indústria 4.0. Sensores e a IoT permitem que os contêineres de mercadorias relatem quando um limite de valor foi excedido, por exemplo, temperatura, inclinação ou intensidade de luz de entrada. O frete encaminhado permanece visível em toda a cadeia de abastecimento.

Para fazer pleno uso da logística 4.0 e da indústria 4.0, é necessário aplicar uma abordagem de *big data*. O termo *big data* abrange o grande volume de dados estruturados e não estruturados, que cresce exponencialmente e é avaliado por meio de análise de dados e armazenamento. A análise de *big data* torna possível garantir uma melhor tomada de decisão (Raman et al., 2018).

Big data é a base para o desenvolvimento da tecnologia *blockchain*. A análise de dados fornece informações precisas, por meio das quais podem ser tomadas decisões oportunas. A tecnologia *blockchain* permite um rastreamento mais seguro de todos os tipos de transações, por exemplo, transações de dinheiro, de dados, de informações etc. Na cadeia de suprimentos, essa tecnologia pode reduzir drasticamente os atrasos, os custos adicionais e os erros humanos (McKinnon et al., 2017).

Com a tecnologia *blockchain* na cadeia de suprimentos, toda vez que um produto é trocado entre as partes, a transação pode ser documentada, criando um histórico permanente do produto específico, da fabricação à venda (dos fornecedores aos clientes) (Magalhães, 2020).

A logística e o gerenciamento da cadeia de suprimentos são considerados domínios nos quais as cadeias de blocos são adequadas por uma série de razões. Durante o ciclo de vida do produto, à medida que fluem pela cadeia de valor (de produção ao consumo), os dados gerados em cada etapa podem ser documentados como uma transação, criando assim um histórico permanente do produto. Entre outras coisas, a tecnologia *blockchain* pode efetivamente contribuir para:

- registrar cada ativo (do produto aos contêineres), à medida que flui pelos nós da cadeia de abastecimento;
- rastrear pedidos, recibos, faturas, pagamentos e qualquer outro documento oficial; e
- rastrear ativos digitais (como garantias, certificações, direitos autorais, licenças, números de série, códigos de barras) de forma unificada e em paralelo com ativos físicos e outros. Além disso, o *blockchain* pode contribuir efetivamente, por sua natureza descentralizada, para o compartilhamento de informações sobre o processo de produção, entrega, manutenção e desgaste de produtos entre fornecedores e vendedores, trazendo novas modalidades de colaboração em linhas de montagem complexas (Litke; Anagnostopoulos; Varvarigou, 2019).

Os desafios nos parâmetros logísticos, como atrasos na entrega, perda de documentação, origem desconhecida de produtos, erros etc., podem ser minimizados e até evitados pela implementação de *blockchain*. Os benefícios da integração da cadeia de suprimentos com o *blockchain* são: maior sustentabilidade, redução de erros e atrasos, custos de transporte minimizados, identificação mais rápida de problemas, maior confiança

(confiança do consumidor e do parceiro) e melhor transporte de produtos e gerenciamento de estoque.

A tecnologia *blockchain* permite uma cadeia de abastecimento e completa visibilidade. Com visibilidade total, é possível mostrar o movimento de mercadorias tanto espacial quanto temporalmente ao longo de várias fases e processos da cadeia de abastecimento, desde a condição física da remessa em determinado momento, através das variações das mercadorias (por exemplo, desvios de temperatura), até o apoio à tomada de decisão pelos operadores logísticos. Essa forma de fazer negócios ou desenvolver um processo de negócios cumpriria a principal tarefa da logística, que é levar a mercadoria ao lugar certo, na hora certa, na quantidade certa e no estado original.

As principais características do *blockchain* podem ser muito úteis para aplicação na cadeia de suprimentos, pois a disponibilidade pública dá a oportunidade de rastrear produtos desde o local de origem até o cliente final, a estrutura descentralizada fornece a capacidade de participação de todas as partes na cadeia de abastecimento e sua natureza baseada em criptografia e imutável dá a garantia de segurança (O'Leary, 2017).

A transparência da cadeia de suprimentos é uma das áreas mais importantes (e mais difíceis de alcançar) para a logística. Abeyratne e Monfared (2016) forneceram uma revisão do *status* atual dessa tecnologia e algumas de suas aplicações. Eles discutiram o potencial dessa tecnologia na cadeia de suprimentos de manufatura e propuseram uma visão para a futura cadeia de suprimentos de manufatura "pronta para *blockchain*". A fabricação de caixas de papelão é usada como exemplo para demonstrar como essa tecnologia pode ser usada em uma rede global de cadeia de suprimentos.

Sempre que as mercadorias e a documentação relacionada (por exemplo, conhecimentos de embarque ou notificações do navio) passam de um ator na cadeia de abastecimento para outro, os itens estão sujeitos a falsificação ou roubo. Para se proteger disso, a tecnologia *blockchain* envolve a criação de um *token* digital, que é associado a itens físicos quando eles são criados. O destinatário final do item pode, então, autenticar o *token*, que pode acompanhar o histórico do item até seu ponto de origem. Os usuários finais têm mais confiança nas informações que recebem, uma vez que nenhuma entidade ou grupo de entidades pode alterar arbitrariamente as informações contidas no *blockchain*. Em razão do fluxo linear da maioria dos bens desde a origem do material até o consumidor final, o *blockchain* é uma tecnologia adequada para permitir a rastreabilidade da cadeia de abastecimento. Como as mercadorias e seus "*tokens*" associados geralmente não são negociados entre concorrentes em determinada *blockchain*, essa faceta operacional ajuda a manter o anonimato. Como tal, a confidencialidade do participante pode ser mantida.

Os processos de logística e cadeia de suprimentos podem ser melhorados significativamente com a introdução da tecnologia *blockchain*. Mesmo a aplicação mais simples da tecnologia *blockchain* pode trazer à cadeia de abastecimento grandes benefícios. O registro da transferência de produtos no livro-razão digital como transações permite identificar os principais dados relevantes para a gestão da cadeia de suprimentos (Sadouskaya, 2017).

As empresas dos setores de logística e manufatura podem implementar conceitos descentralizados para o rastreamento de mercadorias e transporte de *containers*, impulsionadas pela demanda por maior transparência na cadeia de abastecimento, o que permite rastreabilidade do início ao fim, sendo necessárias soluções técnicas abrangentes. Isso costuma ser um desafio para soluções de TI que se concentram em soluções centralizadas com direitos de acesso complexos. O *blockchain* ou conceitos derivados podem fornecer uma solução, porque já trataram desses problemas (Rauch et al., 2016; McKinnon et al., 2017).

Exemplificando

Toda vez que um produto é trocado entre as partes, a transação pode ser documentada, criando-se um histórico permanente do produto específico, da fabricação até a venda, com visibilidade total, desde a condição física da remessa (por exemplo, com a tecnologia *blockchain*, desvios de temperatura podem ser observados tanto por aquele que produziu quanto por aquele que adquiriu o produto). Assim, ambos podem tomar decisões baseada em relatórios que serão emitidos com relação à informação *temperatura do produto*.

Exercício resolvido

O desenvolvimento da indústria 4.0 cria oportunidades de melhoria de processos na cadeia de suprimentos, principalmente, com o uso da tecnologia *blockchain* em logística. Essa tecnologia evita:

a. atrasos na entrega, perda de documentação, origem desconhecida de produtos, erros etc.
b. um grande número de reclamações de fornecedores e consumidores na preservação ambiental.
c. a compra de caminhões inteligentes sem o uso de motoristas humanos.
d. a redução de combustíveis fósseis usados na cadeia de distribuição.

Resposta: a.

Comentário: as alternativas b, c, e d estão incorretas, uma vez que o uso do *blockchain* em logística tem como desafios um melhor acompanhamento de entrega e segurança em relação aos documentos que acompanham todo o processo de entrega.

6.4 Oportunidade de empreendedorismo

Embora o desafio de empreendedorismo seja primordial na economia de um país, ele também coincide com uma era de inovação sem precedentes, mudanças técnicas e conectividade global, a Quarta Revolução Industrial.

Essa revolução industrial, ao contrário das anteriores, é sustentada pela economia digital estabelecida e é baseada em avanços rápidos em tecnologias como *blockchain*, inteligência artificial, internet das coisas, robótica, veículos autônomos, biotecnologia, nanotecnologia e computação quântica nascente, entre outras. Também é caracterizada pela forma como a combinação dessas tecnologias funde cada vez mais os reinos digital, físico e biológico e, coletivamente, aumenta a velocidade, a inteligência e a eficiência dos processos empresariais e sociais (Herweijer; Waughray; Warren, 2018).

A Quarta Revolução Industrial gera oportunidades de crescimento global e criação de valor que superam em muito os avanços do século passado. Se não forem guiados, esses avanços têm o potencial de acelerar a degradação do meio ambiente. No entanto, eles também criam uma oportunidade para governos, reguladores e empresas realizarem essa primeira revolução industrial sustentável, aproveitando essas tecnologias em rápida evolução para superar os desafios ambientais mais urgentes do mundo (Herweijer; Waughray; Warren, 2018).

6.4.1 *Blockchain* para a Terra

A Quarta Revolução Industrial inclui uma nova fase de inovação habilitada para o *blockchain*. A arquitetura computacional dessa tecnologia cria uma ampla gama de usos potenciais. Por exemplo, ao fornecer um livro-razão compartilhado imutável, pode ajudar a facilitar pagamentos ponto a ponto, gerenciando registros, rastreando objetos físicos e transferindo valor por meio de contratos inteligentes, tudo sem a interferência de terceiros ou reconciliação manual.

Durante 2017 e 2018, o *blockchain* recebeu um aumento considerável em relação ao seu potencial para criar um impacto de maior alcance, com os proponentes projetando que poderia representar até 10% do PIB global em 2025.

Também vem ocorrendo um ceticismo considerável em relação a seu desempenho e à sua escalabilidade, que até agora evitou que as criptorredes interrompessem seriamente os sistemas centralizados. Durante os próximos anos, o foco provavelmente será em consertar essas limitações técnicas e abordar desafios regulatórios e legais. Conforme a tecnologia amadurece, há um desafio e uma oportunidade de realizar o potencial do *blockchain*, não apenas para finanças ou indústria, mas para as pessoas e o planeta (Herweijer; Waughray; Warren, 2018).

Essa análise explora a oportunidade de aproveitar o *blockchain* para enfrentar os desafios ambientais, incluindo mudanças climáticas, perda de integridade da biosfera e escassez de água. São explorados casos de uso potenciais e emergentes e soluções para mudar o jogo. As oportunidades emergentes incluem a gestão de cadeias de abastecimento e recursos finitos, possibilitando o financiamento de soluções ambientais e incentivando a mudança de comportamento.

O desafio é desbloquear o potencial de uma forma que garanta inclusão, segurança, interoperabilidade e escala. O sucesso ou não da tecnologia não será determinado exclusivamente por seu desempenho técnico, escalabilidade e resiliência. Dependerá também do nível de desenvolvimento e adoção responsáveis e exigirá novos sistemas regulatórios e jurídicos adequados e de apoio, cenários de investimento e compreensão e aceitação da sociedade (Herweijer; Waughray; Warren, 2018).

6.4.2 *Blockchain*, meio ambiente e investimento

Embora o *blockchain* tenha o potencial de se tornar uma poderosa tecnologia básica usada em diferentes setores para enfrentar uma ampla gama de desafios e oportunidades, para que ele seja verdadeiramente transformador para o meio ambiente global, será preciso que seja implantado nas áreas certas. O Quadro 6.1 destaca seis dos fatores ambientais mais urgentes e desafiadores, apontando as áreas de ação prioritárias para enfrentá-los com sucesso.

Quadro 6.1 – Áreas prioritárias a serem abordadas

Mudança climática	- Ar limpo - Opções de transporte inteligentes - Produção e consumo sustentáveis - Uso sustentável da terra - Cidades e casas inteligentes
Biodiversidade e conservação	- Conservação e restauração de *habitat* - Comércio sustentável - Controle de poluição - Controle de espécies e controle de doenças - Capital natural

(continua)

(Quadro 6.1 – conclusão)

Oceanos saudáveis	- Pesca sustentável - Combate à poluição - Proteção do *habitat* - Proteção das espécies - Impacto das mudanças climáticas (incluindo acidificação)
Segurança da água	- Abastecimento de água - Controle de captação - Eficiência da água - Saneamento adequado - Planejamento de prevenção de seca
Ar puro	- Filtragem e captura - Monitoramento e prevenção - Alerta precoce - Combustíveis limpos - Gestão urbana adaptativa integrada em tempo real
Água e resiliência a desastres	- Predição e previsão - Sistemas de alerta precoce - Infraestrutura resiliente - Instrumentos financeiros - Planejamento de resiliência

Fonte: Elaborado com base em Herweijer; Waughray; Warren (2018).

Para enfrentar esses desafios, há amplo espaço para inovação e investimento. Há potencial para o *blockchain* fornecer soluções por si só e também facilitar soluções que envolvam outras tecnologias da Quarta Revolução Industrial. Na verdade, foram identificados por meio de pesquisas documentais e entrevistas mais de 65 *blockchains* emergentes para tratar sobre o meio ambiente com uma série de partes interessadas dos setores industrial, tecnológico e empresarial, além de associações de pesquisa e governos.

Os dados fornecem uma visão geral inicial, representando as inovações mais proeminentes e mostrando que cada área de desafio ambiental pode beneficiar-se do uso e da implantação do *blockchain*, bem como que a maioria das soluções opera transformando um sistema econômico, industrial ou de governança subjacente. Muitos dos casos de uso também representam oportunidades para desbloquear e monetizar (ou "tokenizar") o valor econômico, incorporado aos sistemas ambientais e de recursos naturais, mas que não foram realizados até agora (Herweijer; Waughray; Warren, 2018).

Os exemplos incluem oportunidades para construir uma bioeconomia inclusiva, capturar o valor de florestas intactas e criar novos mercados para o comércio de recursos naturais. Atualmente, a maioria dos casos de uso identificados estão na fase de conceito ou piloto, com apenas alguns deles totalmente desenvolvidos.

Mudanças climáticas e biodiversidade foram as áreas de desafio nas quais a maioria dos casos de uso foram identificados, com menos casos desenvolvidos nas áreas de gestão de recursos hídricos, de gestão de oceanos e de gestão ar limpo até agora. Números recentes de investimentos destacam a natureza amplamente inexplorada da oportunidade. No primeiro trimestre de 2018, por exemplo, 412 projetos de *blockchain* levantaram mais de US$ 3,3 bilhões por meio de *initial coin offering* (ICOs) (Mironov; Campbell, 2018).

No entanto, menos de 1% deles foi no setor de energia e serviços públicos, representando cerca de US$ 100 milhões de investimento, ou cerca de 3% do investimento total do trimestre. As mais de 65 soluções de casos de uso identificadas como particularmente relevantes em aplicativos ambientais tendem a se agrupar em torno dos seguintes temas:

- habilitação de sistemas descentralizados;
- comércio ponto a ponto de recursos naturais ou licenças;
- monitoramento da cadeia de suprimentos e rastreamento de origem;
- novos modelos de financiamento, incluindo a democratização do investimento;
- realização de valor não financeiro, incluindo capital natural.

O desafio para inovações, investidores e governos é identificar e dimensionar essas inovações pioneiras tanto para as pessoas quanto para o planeta, ao mesmo tempo que torna as considerações de sustentabilidade centrais para o desenvolvimento e uso mais amplo de *blockchain* (Herweijer; Waughray; Warren, 2018).

Embora as soluções baseadas em *blockchains* sejam uma grande promessa, também há muito entusiasmo associado à tecnologia. Por si só, não é necessariamente transformacional para o meio ambiente. No entanto, o potencial para ajudar a resolver os desafios ambientais pode ser ampliado exponencialmente quando combinado com outros (Herweijer; Waughray; Warren, 2018).

Tecnologias da Quarta Revolução Industrial, como inteligência artificial (IA), internet das coisas (IoT), drones, impressão 3D e biotecnologias, quando aplicadas dessa forma, como um "misturador de coquetel" para outras tecnologias emergentes, o *blockchain* começa a se tornar uma tecnologia verdadeiramente revolucionária.

6.4.3 *Blockchain* e a mudança do meio ambiente

O rastreabilidade total dos produtos, desde a origem até o consumidor final, oferece transparência e cria uma oportunidade para otimizar o gerenciamento de oferta e demanda, construir resiliência e, finalmente, permitir mais produção, logística e consumo. Há um número de aplicações potenciais, algumas das quais são mais avançadas e abordam especificamente o desafio do meio ambiente. As empresas estão enfrentando um aumento na regulamentação, pressão de reputação, do investidor e do consumidor para lidar com riscos da cadeia de suprimentos, como corrupção, violação dos direitos humanos, escravidão moderna do trabalho, violência de gênero, segurança da água e degradação ambiental (Herweijer; Waughray; Warren, 2018).

A transparência e a rastreabilidade de dados em todo a cadeia de fornecimento também são fundamentais para a gestão de negócios em um sentido mais amplo e de melhorar o risco empresarial em práticas de gestão para permitir a divulgação corporativa e relatórios. Soluções que utilizam *blockchain* para o gerenciamento da cadeia de suprimentos são alguns dos aplicativos mais observados atualmente e que abordam os desafios ambientais.

Por exemplo, na agricultura, o *blockchain* tem sido usado, graças à sua capacidade de fornecer um registro verificável de posse e transação para gerenciar e autenticar a colheita de recursos, garantindo práticas sustentáveis.

O Instituto BVRio desenvolveu uma plataforma de comércio *on-line*, a qual denominou *Bolsa de Madeira Responsável*, com o objetivo de aumentar a eficiência, transparência e reduzir a fraude e a corrupção no comércio de madeira (Herweijer; Waughray; Warren, 2018).

Em 2016, uma *start-up* com sede no Reino Unido, chamada Provenance, trabalhou com a International Pole and Line Association (Ipla) para pilotar um sistema público de rastreamento de atum da Indonésia para os consumidores no Reino Unido. Da mesma forma, os supermercados Carrefour introduziram recentemente um aplicativo em que os clientes podem digitalizar produtos para receber informações sobre sua origem e sobre seus processos de fabricação.

Empreendimentos como a FishCoin estão desenvolvendo um *token* de utilidade negociável por minutos de recarga de celulares em uma tentativa de incentivar os pescadores a fornecer informações sobre suas capturas. Os dados capturados são, então, transferidos pela cadeia de custódia até chegarem aos consumidores. Esses dados também podem ser inestimáveis para os governos que buscam gerenciar melhor os estoques pesqueiros globais (Herweijer; Waughray; Warren, 2018).

Do ponto de vista do consumidor, a complexidade das cadeias de abastecimento indica a dificuldade de se saber como seus hábitos de consumo e decisões de compra estão afetando o meio ambiente ou as condições de trabalho e de vida associadas ao longo da cadeia de abastecimento. O uso de ferramentas de *blockchain* permite que varejistas e consumidores rastreiem produtos de forma transparente, desde a origem até o chão de fábrica, viabilizando decisões de compra com maior número de informação.

As barreiras atuais que dimensionam aplicativos de *blockchain* para rastreabilidade e gerenciamento da cadeia de suprimentos incluem a interoperabilidade das soluções com os sistemas existentes para gerenciamento da cadeia de suprimentos, a falta de padrões de cadeia de suprimentos em vigor para soluções ou fornecedores, a capacidade transacional de *blockchains versus* a capacidade de *big data* e as implicações regulatórias em relação à segurança e à privacidade dos dados entre os participantes (Herweijer; Waughray; Warren, 2018).

Um desafio adicional é garantir a confiabilidade das informações inseridas no *blockchain*, por exemplo, embora os aplicativos possam rastrear peixes desde o barco até o prato, eles não podem garantir que foram pegos como e onde os dados aparecem. Outras tecnologias, como monitoramento por satélite e sequenciadores de DNA portáteis, podem ajudar a superar essa preocupação.

Olhando para o futuro, o *blockchain* tem o potencial de conectar todas as partes interessadas em uma cadeia de fornecimento global, desde trabalhadores em fábricas até empresas de logística, varejistas, consumidores, investidores, ONGs e reguladores em uma única plataforma, que forneçam dados, rastreabilidade, transparência e mecanismos de controle ou de conformidade de que o usuário precisa. Isso seria uma proposta verdadeiramente transformacional para trabalhadores da economia informal e consumidores (Herweijer; Waughray; Warren, 2018).

Exercício resolvido

Durante 2017 e 2018, o *blockchain* recebeu um aumento considerável em relação a seu potencial para criar um impacto de maior alcance, com os proponentes projetando que poderia representar até 10% do PIB global em 2025. Apesar dessa projeção, também há problemas. Nos próximos anos, as preocupações relacionadas aos *blockchain* vão abranger:

- a. encontrar meios de financiamentos lícitos para o desenvolvimento da tecnologia *blockchain*.
- b. consertar as limitações técnicas e abordar desafios regulatórios e legais.
- c. conciliar a inteligência artificial e a internet das coisas com o livro-razão.
- d. reunir a maioria dos países para o uso do *blockchain* para a preservação ambiental.

Resposta: b.

Comentário: as alternativas a, c e d estão erradas, pois não há mais as dificuldades de financiamento por meios lícitos que existiam no início do processo, e os países já estão se preparando para alcançar uma maior licitude na transações.

Estudo de caso

Este estudo de caso aborda as criptomoedas, as moedas digitais, o futuro da moeda privada e o controle dos organismos governamentais sobre elas. O desafio é promover a problematização da questão e incentivar o processo de reflexão-ação.

Na última década, as expressões *criptomoedas* e *moedas digitais* passaram a fazer parte das discussões em várias áreas da sociedade e do mundo acadêmico, ganhando popularidade em todas as conversas sobre a melhor aplicação financeira. A primeira criptomoeda a ser criada foi o Bitcoin. *Criptomoeda* é o nome dado a todas as moedas digitais descentralizadas, criadas em uma rede *blockchain* com base em sistemas avançados de criptografia que protegem as transações, as informações e os dados de quem está transacionando.

Diferentemente do dólar, do real, da libra esterlina e de outras moedas que podem ser tocadas, guardadas e usadas nos mais diferentes estabelecimentos comerciais, as criptomoedas são moedas digitais que só existem na internet. Portanto, sabemos que elas são verdadeiras, mas não são palpáveis, pois não conseguimos pegá-las com as mãos. Essas moedas também são descentralizadas, porque não são emitidas pelos bancos centrais dos países, e não existe um órgão ou governo responsável por controlar, intermediar e autorizar emissões de moedas, transferências e outras operações, nem são meios de pagamento. Quem faz esse controle são os próprios usuários; é o que chamamos de *moedas privadas*: nenhum organismo público as emite. A tecnologia que cria as criptomoedas são as redes *blockchain*. *Grosso modo*, *blockchain* é um sistema no qual um registro de transações feitas em Bitcoin ou em outra criptomoeda é mantido em vários computadores que estão conectados em uma rede ponto a ponto.

Estamos passando por um período de transição e, se olharmos para o passado, podemos constatar que a característica principal da economia agrícola era a relação entre homem, natureza e produtos naturais. Na economia industrial, a relação era entre o homem, a máquina e os objetos artificiais criados pela máquina. Agora, em relação ao intangível, que são as moedas digitais na economia, a característica principal corresponde às relações entre o homem, as ideias e os símbolos. A fonte de valor econômico e de riqueza não é mais a produção de bens materiais, mas a criação e a manipulação de conteúdo intangível (Miller; Michalski; Stevens, 2002).

Imagine, então, que você foi escolhido para participar do debate sobre o futuro das criptomoedas, discutindo se elas podem substituir as moedas controladas pelos bancos centrais como meio de pagamentos e se o Brasil tem possibilidade de emitir criptomoedas, uma vez que uma das características desse tipo de moeda é ser descentralizada. O debate discutirá também se o controle das moedas digitais pode ocorrer pelos bancos centrais.

Diante disso, reflita sobre o processo e sobre tudo o que vimos a respeito das criptomoedas e do *blockchain*, respondendo aos questionamentos que surgirem.

Embora pareça improvável que o Bitcoin, ou outra moeda digital, substitua as moedas oficiais dos países, os Bitcoins e os altcoins (moedas digitais alternativas ao Bitcoin que surgiram usando a mesma tecnologia) poderiam vir a ser controlados pelos bancos centrais de cada país ou por um organismo internacional. Para começar nossa análise, vamos retomar as três características principais das criptomoedas: são eletrônicas, não são responsabilidade de ninguém e o recurso de troca é ponto a ponto. Normalmente, as representações eletrônicas de dinheiro, como depósitos bancários, são trocadas por meio de infraestruturas centralizadas, em que um intermediário de confiança compensa e liquida as transações. Anteriormente, a troca ponto a ponto era restrita às formas físicas de dinheiro. Algumas dessas características, mas não todas, também são comuns a outras formas de moeda. A moeda não eletrônica é um passivo do Banco Central. Hoje, as moedas virtuais estão em formato eletrônico e são trocadas de forma centralizada. Ainda, lembramos que as três funções clássicas da moeda são: unidade de conta, meio de pagamento e reserva de valor. No futuro, há poucas perspectivas de mudança nesses atributos básicos. Agora, vejamos as características das moedas digitais. O Comitê de Pagamentos e Infraestruturas de Mercado, um órgão do Banco de Pagamentos Internacionais, qualificou as criptomoedas como moedas digitais ou esquemas de moedas digitais (Löber; Houben, 2018). O Banco Central Europeu (BCE) define as moedas virtuais como um "tipo de moeda digital não regulamentada, que é emitido e geralmente controlado por seus desenvolvedores, usada e aceita entre os membros de uma comunidade virtual específica" (ECB, 2012, p. 14, tradução nossa).

De acordo com a definição da Força Tarefa de Ação Financeira (FATF, 2014, p. 4, tradução nossa),

> Moeda virtual é uma representação digital de valor que pode ser negociada digitalmente e funciona como:
>
> I) um meio de troca; e / ou
>
> II) uma unidade de conta; e / ou
>
> III) uma reserva de valor, mas não tem status de curso legal (ou seja, quando oferecida a um credor, é uma oferta de pagamento válida e legal) em qualquer jurisdição.

Nem todos os bancos centrais têm autoridade para emitir moedas digitais e expandir o acesso às contas, e a emissão pode exigir mudanças legislativas, o que talvez não seja viável no curto prazo. Os críticos argumentam que as moedas digitais servem como meio de pagamento em uma extensão muito limitada, já que apenas um número muito limitado de comerciantes as aceita; o número de transações ainda é insignificante em comparação com moedas emitidas pelos bancos centrais; os salários não são pagos em moedas virtuais; e nenhum governo conhecido aceita como moeda com curso legal ou unidade de conta (Dabrowski; Janikowski, 2018). No Brasil, com relação à emissão das criptomoedas, o regulamento maior do país é a Constituição Federal de 1988, que, em seu art. 164, afirma que a competência da União para emitir moeda será exercida exclusivamente pelo Banco Central, não sendo permitidas moedas privadas.

Dica 1

Entenda o que são as criptomoedas e como elas interferem no mercado financeiro com a leitura do *e-book* da Câmara Legislativa intitulado *Moedas digitais: aspectos básicos e efeitos econômicos*. Disponível em: <https://www2.camara.leg.br/atividade-legislativa/comissoes/comissoes-temporarias/especiais/55a-legislatura/banco-central-regular-moedas-virtuais/documentos/audiencias-e-eventos/RogrioApresentaoCmaradosDeputados191217.pdf>. Acesso em: 26 jun. 2021. Analise os conceitos como base para a melhor tomada de decisão. Reflita se as ponderações podem ser utilizadas no *case* proposto.

Dica 2

Para entender um pouco melhor se as moedas digitais poderão substituir as moedas nacionais, leia o artigo "Bitcoin: um estudo sobre o uso e legalidade jurídica", disponível em: <http://www.ucs.br/etc/conferencias/index.php/mostraucsppga/xviiimostrappga/paper/viewFile/5965/1969>. Acesso em: 26 jun. 2021.

Dica 3

Para conhecer melhor as criptomoedas e o papel que elas exercem no mercado financeiro, assista ao vídeo disponível em: <https://www.youtube.com/watch?v=TuDRGYpEWjk>. Acesso em: 26 jun. 2021.

Síntese

- *Blockchain*, como tecnologia, pode ser usado de muitas formas e em vários setores da empresa, visando facilitar e dar clareza aos processos, entre eles aos contratos inteligentes.

- Como governança, os *blockchains* são protocolos de rede digital descentralizados caracterizados por uma interação complexa entre acionistas. Existem outras partes que também têm interesse, mas não participam ativamente da rede, pois seus interesses estão na estrutura e na modificação, a saber: grupos reguladores governamentais, ativistas, mídia e redes sociais, participantes na competição e *blockchains* complementares etc.
- A tecnologia *blockchain* tem a possibilidade de revolucionar a logística uma vez que possibilita a visibilidade de todo o processo desde o início da produção até o final da cadeia, com a entrega ao consumidor final.
- A tecnologia *blockchain* tem um leque de possibilidades, abrindo caminho para o empreendedorismo e para as inovações em todos os setores, com possibilidade de novos mercados internacionais.
- O *blockchain* viabiliza o acompanhamento e a clareza com relação ao cumprimento de normas e regras mais claras tanto para o governo quanto para o consumidor final, uma vez que, por meio de seu acompanhamento, é possível avaliar a preservação do meio ambiente e a comprovação de a organização ser socialmente sustentável.

considerações finais

As considerações introdutórias deste livro expuseram alguns dos desafios enfrentados durante sua elaboração. Buscando superar algumas dessas dificuldades, além da abordagem fundamentada na literatura especializada e nos estudos científicos já publicados sobre o assunto, apresentamos uma diversidade de indicações culturais para enriquecer o processo de construção de conhecimentos aqui almejados e procuramos oferecer aportes práticos para a compreensão dessa nova forma de transação financeira com o uso de moedas digitais descentralizadas, sugerindo atividades aplicadas.

Esperamos ter contribuído para a compreensão desse tema tão recente, pois acreditamos que o exercício docente em tecnologias digitais se apoia em uma perspectiva de novos negócios com a possibilidade da preservação do meio ambiente para o futuro com sustentabilidade financeira e empreendedorismo.

referências

AALST, W. M. P. Business Process Management: a Comprehensive Survey. **ISRN Software Engineering**, v. 2.013, ago. 2012.

ABEYRATNE, S. A.; MONFARED, R. P. Blockchain Ready Manufacturing Supply Chain Using Distributed Ledger. **International Journal of Research in Engineering and Technology**, v. 5, n. 9, p. 1-10, 2016. Disponível em: <https://www.researchgate.net/profile/Radmehr_Monfared/publication/308163874_Blockchain_Ready_Manufacturing_Supply_Chain_Using_Distributed_Ledger/links/57fe2dde08ae7275640133b0/Blockchain-Ready-Manufacturing-Supply-Chain-Using-Distributed-Ledger.pdf>. Acesso em: 26 jun. 2021.

ALGHAMDI, R.; DREW, S.; AL-GHAITH, W. Factors Influencing E-commerce Adoption by Retailers in Saudi Arabia: a Qualitative Analysis. **The Electronic Journal of Information Systems in Developing Countries**, v. 47, n. 1, p. 1-23, July 2011. Disponível em: <https://onlinelibrary.wiley.com/doi/epdf/10.1002/j.1681-4835.2011.tb00335.x>. Acesso em: 26 jun. 2021.

ALLEN, D. W. E.; BERG, C. Blockchain Governance: What We Can Learn From the Economics of Corporate Governance. **The Journal of the British Blockchain Association**, Jan. 2020. Disponível em: <https://www.researchgate.net/publication/339132766_Blockchain_Governance_What_We_Can_Learn_From_the_Economics_of_Corporate_Governance>. Acesso em: 26 jun. 2021.

ALSTON, E. Constitutions and Blockchains: Competitive Governance of Fundamental Rule Sets. **Case Western Reserve Journal of Law, Technology & the Internet**, v. 11, n. 4, 2019. Disponível em: <https://papers.ssrn.com/sol3/papers.cfm?abstract_id=3358434>. Acesso em: 26 jun. 2021.

ALVAREZ-RAMIREZ, J.; RODRIGUEZ, E.; IBARRA-VALDEZ, C. Long-Range Correlations and Asymmetry in the Bitcoin Market. **Physica A: Statistical Mechanics and its Applications**, v. 492, p. 948-955, 2018.

AMSDEN, R.; SCHWEIZER, D. Are Blockchain Crowdsales the new 'Gold Rush'? Success Determinants of Initial Coin Offerings. **SSRN**, 2018.

ARVIDSSON, N.; HEDMAN, J.; SEGENDORF, B. Cashless Society: When Will Merchants Stop Accepting Cash in Sweden – a Research Model. **International Workshop on Enterprise Applications and Services in the Finance Industry**, Jan. 2017 Disponível em: <https://www.researchgate.net/publication/312569925_Cashless_Society_When_Will_Merchants_Stop_Accepting_Cash_in_Sweden_-_A_Research_Model>. Acesso em: 26 jun. 2021.

ASAF – Accounting Standards Advisory Forum. **Digital Currency**: A Case for Standard Setting Activity. 2016. Disponível em: <https://www.aasb.gov.au/admin/file/content102/c3/AASB_ASAF_DigitalCurrency.pdf>. Acesso em: 26 jun. 2021.

ASBJ – Accounting Standards Board of Japan. **The Practical Solution on the Accounting for Virtual Currencies under the Payment Services Act**. Mar. 2018. Disponível em: <https://www.asb.or.jp/en/wp-content/uploads/2018-0315_2_e.pdf>. Acesso em: 26 jun. 2021.

ATZORI, M. Blockchain Technology and Decentralized Governance: is the State Still Necessary? **Journal of Governance and Regulation**, v. 6, n. 1, p. 45-62, Mar. 2017. Disponível em: <https://virtusinterpress.org/IMG/pdf/10.22495_jgr_v6_i1_p5.pdf>. Acesso em: 26 jun. 2021.

BANCO DE CABO VERDE. O que é o dinheiro? **Cadernos do BVC**, n. 2. (Série Educação Financeira). Disponível em: <http://www.bi.cv/upl/%7B90e4daab-068f-4b1f-9e18-8fbfb04cd90f%7D.pdf>. Acesso em: 26 jun. 2021.

BANK OF ENGLAND. Innovations in Payment Technologies and the Emergence of Digital Currencies. **Quarterly Bulletin**, Londres, v. 54, n. 3, p. 262-366, 2014. Disponível em: <https://www.bankofengland.co.uk/-/media/boe/files/quarterly-bulletin/2014/quarterly-bulletin-2014-q3.pdf>. Acesso em: 26 jun. 2021.

BARIVIERA, A. F. et al. Some Stylized Facts of the Bitcoin Market. **Physica A: Statistical Mechanics and its Applications**, v. 484, p. 82-90, 15 out. 2017.

BARRO, R. J. On the Determination of the Public Debt. **Journal of Political Economy**. v. 87, n. 5, part 1, p. 940-971, 1979.

BAUERLE, N. What is the Difference between Public and Permissioned Blockchains? **Cryptcurrency**, 9 Mar. 2017. Disponível em: <https://nguyenvanchuong.com/blog/2017/03/09/what-is-the-difference-between-public-and-permissioned-blockchains/>. Acesso em: 21 out. 2020.

BAUR, D. G.; HONG, K.; LEE, A. Bitcoin: Medium of Exchange or Speculative Assets? **Journal of International Financial Markets, Institutions and Money**, v. 54, n. C, p. 177-189, 2018.

BCB – Banco Central do Brasil. **Composição e segmentos do sistema financeiro nacional**. Disponível em: <https://www.bcb.gov.br/pre/composicao/composicao.asp?frame=1>. Acesso em: 26 jun. 2021.

BCB – Banco Central do Brasil. Comunicado Bacen n. 31.379, de 16 de novembro de 2017. **Diário Oficial da União**, Brasília, 17 nov. 2017a. Disponível em: <https://www.legisweb.com.br/legislacao/?id=352560>. Acesso em: 26 jun. 2021.

BCB – Banco Central do Brasil. **Distributed Ledger Technical Research in Central Bank of Brazil**: Positioning Report. 31 Aug. 2017b. Disponível em: <https://www.bcb.gov.br/htms/public/microcredito/Distributed_ledger_technical_research_in_Central_Bank_of_Brazil.pdf>. Acesso em: 26 jun. 2021.

BCB – Banco Central do Brasil. **Relatório de Economia Bancária**. 2018. Disponível em: <https://www.bcb.gov.br/content/publicacoes/relatorioeconomiabancaria/reb_2018.pdf>. Acesso em: 26 jun. 2021.

BCB – Banco Central do Brasil. Resolução n. 29, de 26 de novembro de 2017. **Diário Oficial da União**, Poder Legislativo, Brasília, DF, 26 nov. 2017c. Disponível em: <https://www.bcb.gov.br/estabilidadefinanceira/exibenormativo?tipo=Resolu%C3%A7%C3%A3o%20BCB&numero=29>. Acesso em: 26 jun. 2021.

BCB – Banco Central do Brasil. **Resolução n. 2.099**. 17 ago. 1994. Disponível em: <https://www.bcb.gov.br/pre/normativos/res/1994/pdf/res_2099_v1_O.pdf>. Acesso em: 26 jun. 2021.

BCB – Banco Central do Brasil. **Resolução n. 2.624**. 29 jul. 1999. Disponível em: <https://www.bcb.gov.br/pre/normativos/res/1999/pdf/res_2624_v1_o.pdf>. Acesso em: 26 jun. 2021.

BERG, A.; BERG, C.; NOVAK, M. Blockchains and Constitutional Catallaxy. **Constitutional Political Economy**, v. 31, p. 188-204, 2020.

BÍBLIA. Português. **Bíblia Sagrada Online**. Disponível em: <https://www.bibliaon.com/>. Acesso em: 27 jun. 2021.

BINDSEIL, U. Evaluating Monetary Policy Operational Frameworks. **Economic Policy Symposium**, Jackson Hole, 26 Aug. 2016a. Disponível em: <https://www.newyorkfed.org/medialibrary/media/newsevents/speeches/2016/pot160826/Final-Presentation.pdf>. Acesso em: 26 jun. 2021.

BINDSEIL, U. **Monetary Policy Operations and the Financial System**: Tutorial. Oxford University Press, Jan. 2016b. Disponível em: <https://www.macroeconomics.tu-berlin.de/fileadmin/fg124/bindseil/SoSe2016/Tutorial__version_Jan_16__1_.pdf>. Acesso em: 26 jun. 2021.

BIS – Bank for International of Settlement. **Digital Currencies**. Nov. 2015. Disponível em: <https://www.bis.org/cpmi/publ/d137.pdf>. Acesso em: 26 jun. 2021.

BIS – Bank for International of Settlement **Payment and Settlement Systems in Selected Countries**. Abr. 2003. Disponível em: <https://www.bis.org/cpmi/publ/d53.pdf>. Acesso em: 26 jun. 2021.

BÖHME, R. et al. Bitcoin: Economics, Technology, and Governance. **Journal of Economic Perspectives**, v. 29, n. 2, p. 213-238, 2015. Disponível em: <https://pubs.aeaweb.org/doi/pdfplus/10.1257/jep.29.2.213>. Acesso em: 26 jun. 2021.

BOLLEN, R. The Legal Status of Online Currencies: are Bitcoins the Future? **Journal of Banking and Finance Law and Practice**, 26 Jun. 2013. Disponível em: <https://papers.ssrn.com/sol3/papers.cfm?abstract_id=2285247>. Acesso em: 26 jun. 2021.

BOURI, E. et al. On the Hedge and Safe Haven Properties of Bitcoin: Is it Really more than a Diversifier? **Finance Research Letters**, v. 20, n. C, p. 192-198, 2017.

BOVAIRD, C. Why the Crypto Market has Appreciated more than 1,200% this Year. **Forbes**, 17 Nov. 2017. Disponível em: <https://www.forbes.com/sites/cbovaird/2017/11/17/why-the-crypto-market-has-appreciated-more-than-1200-this-year/#8b8f1296eed3>. Acesso em: 26 jun. 2021.

BOUOIYOUR, J.; SELMI, R. What does Bitcoin Look Like? **Annals of Economics and Finance**, v. 16, n. 2, p. 449-492, 2015. Disponível em: <http://down.aefweb.net/AefArticles/aef160211Bouoiyour.pdf>. Acesso em: 26 jun. 2021.

BRASIL. Câmara dos Deputados. **Projeto de Lei n. 2.303/2015**. Altera as Leis n. 12.865, de 2013 e 9.613, de 1988. Dispõe sobre a inclusão das moedas virtuais e programas de milhagem aéreas na definição de "arranjos de pagamento" sob a supervisão do Banco Central. Disponível em <https://www.camara.leg.br/proposicoesWeb/ficha detramitacao?idProposicao=1555470>. Acesso em: 26 jun. 2021.

BRASIL. Constituição (1988). **Diário Oficial da União**, Brasília, DF, 5 out. 1988. Disponível em: <http://www.planalto.gov.br/ccivil_03/constituicao/constituicao.htm>. Acesso em: 26 jun. 2021.

BRASIL. Decreto-Lei n. 73, de 21 de novembro de 1966. **Diário Oficial da União**, Poder Legislativo, Brasília, DF, 21 nov. 1966. Disponível em: <http://www.planalto.gov.br/ccivil_03/decreto-lei/del0073.htm>. Acesso em: 26 jun. 2021.

BRASIL. Lei n. 10.411, de 26 de fevereiro de 2002. **Diário Oficial da União**, Poder Legislativo, Brasília, DF, 26 fev. 2002. Disponível em: <http://www.planalto.gov.br/ccivil_03/leis/2002/L10411.htm>. Acesso em: 26 jun. 2021.

BRAUNEIS, A.; MESTEL, R. Price Discovery of Cryptocurrencies: Bitcoin and Beyond. **Economics Letters**, v. 165, p. 58-61, abr. 2018.

BRIÈRE, M.; OOSTERLINCK, K.; SZAFARZ, A. Virtual Currency, Tangible Return: Portfolio Diversification with Bitcoin. **Journal of Asset Management**, v. 16, n. 6, p. 365-373, 2015.

BRITO, J.; SHADAB, H. B.; CASTILLO, A. Bitcoin Financial Regulation: Securities, Derivatives, Prediction Markets, and Gambling. **The Columbia Science & Technolgy Law Review**, v. 16, p. 144-221, 2014. Disponível em: <https://digitalcommons.nyls.edu/cgi/viewcontent.cgi?article=1412&context=fac_articles_chapters>. Acesso em: 26 jun. 2021.

BRUNNER, K. The Role of Money and Monetary Policy. **Federal Reserve Bank of St. Louis Monthly Review**, v. 50, n. 7, p. 8-24, July 1968. Disponível em: <https://files.stlouisfed.org/files/htdocs/publications/review/89/09/Role_Sep_Oct1989.pdf>. Acesso em: 26 jun. 2021.

BUCHKO, S. How Long do Bitcoin Transactions Take? **Coin Central**, 12 dez. 2017. Disponível em: <https://coincentral.com/how-long-do-bitcoin-transfers-take/>. Acesso em: 26 jun. 2021.

CAMERER, C. Bubbles and fads in asset prices. **Journal of Economic Surveys**, v. 3, n. 1, p. 3-41, mar. 1989.

CALDER, A. **EU GDPR**: a Pocket Guide. 2. ed. Cambridgeshire: IT Governance Publishing, 2018.

CAPORALE, G. M.; GIL-ALANA, L.; PLASTUN, A. Persistence in the Cryptocurrency Market. **Research in International Business and Finance**, v. 46, p. 141-148, dez. 2018.

CARAYANNIS, E. G.; CAMPBELL, D. F. J.; EFTHYMIOPOULOS, M. P. (Ed.). **Handbook of Cyber-Development, Cyber-Democracy, and Cyber-Defense**. Nova York: Springer, 2018.

CARDOSO, A. Relatório Bitcoin 2018. **Webitcoin**. Disponível em: <https://webitcoin.com.br/relatorio-bitcoin-2018/>. Acesso em: 26 jun. 2021.

CARVALHO, F. J. C. de. **Economia monetária e financeira**: teoria política. 2. ed. Rio de Janeiro: Elsevier, 2000.

CHAIM, P.; LAURINI, M. P. Nonlinear Dependence in Cryptocurrency Markets. **The North American Journal of Economics and Finance**, v. 48, p. 32-47, jan. 2019. Disponível em: <https://www.researchgate.net/profile/Pedro-Chaim/publication/330650867_Nonlinear_dependence_in_cryptocurrency_markets/links/5c4bf4b9458515a4c740f8c3/Nonlinear-dependence-in-cryptocurrency-markets.pdf>. Acesso em: 26 jun. 2021.

CHEAH, E.-T. et al. Long Memory Interdependency and Inefficiency in Bitcoin Markets. **Economics Letters**, v. 167, p. 18-25, 2018.

CHIU, J.; WONG, T. N. E-money: Efficiency, Stability and Optimal Policy. **Bank of Canada Working Paper**, 2014. Disponível em: <https://www.bankofcanada.ca/wp-content/uploads/2014/04/wp2014-16.pdf>. Acesso em: 26 jun. 2021.

CHRISTIDIS, K.; DEVETSIKIOTIS, M. Blockchains and Smart Contracts for the Internet of Things. **Ieee Access**, v. 4, p. 2.292-2.303, 2016. Disponível em: <https://ieeexplore.ieee.org/stamp/stamp.jsp?arnumber=7467408>. Acesso em: 26 jun. 2021.

CIAIAN, P.; RAJCANIOVA, M.; KANCS, A. Virtual Relationships: Short- and Long-Run Evidence from BitCoin and Altcoin Markets. **Journal of International Financial Markets, Institutions and Money**, v. 52, p. 173-195, Jan. 2018.

CONG, L. W.; HE, Z. Blockchain Disruption and Smart Contracts. **National Bureau of Economic Research**, Cambridge, n. 24.399, 2018. Disponível em: <https://www.nber.org/system/files/working_papers/w24399/revisions/w24399.rev0.pdf>. Acesso em: 26 jun. 2021.

CORBET, S. et al. Cryptocurrency Reaction to FOMC Announcements: Evidence Of Heterogeneity Based on Blockchain Stack Position. **SSRN**, 4 nov. 2018a. Disponível em:

<https://www.sciencedirect.com/science/article/abs/pii/S1572308919306576>. Acesso em: 26 jun. 2021.

CORBET, S. et al. Exploring the Dynamic Relationships Between Cryptocurrencies and Other Financial Assets. **Economics Letters**, v. 165, p. 28-34, 2018b.

DABROWSKI, M. Potential Impact of Financial Innovation on Monetary Policy. **European Parliament's Committee on Economic and Monetary Affairs (Monetary Dialogue)**, 29 May 2017. Disponível em: <http://www.europarl.europa.eu/cmsdata/118903/CASE_FINAL%20upload.pdf>. Acesso em: 26 jun. 2021.

DABROWSKI, M. Will the U.S. Dollar Remain the Global Reserve Currency? **Case Network E-Briefs**, n. 12, Oct. 2010. Disponível em: <http://www.case-research.eu/sites/default/files/publications/31140679_Ebrief_US_Dollar_Dabrowski_12_2010_0.pdf>. Acesso em: 26 jun. 2021.

DABROWSKI, M.; JANIKOWSKI, L. **Virtual Currencies and Central Banks Monetary Policy**: Challenges Ahead. Monetary Dialogue. Policy Department for Economic, Scientific and Quality of Life Policies. European Parliament. Brussels, Jun. 2018. Disponível em: <https://www.europarl.europa.eu/cmsdata/149900/CASE_FINAL%20publication.pdf>. Acesso em: 26 jun. 2021.

DANNEN, C. **Introducing Ethereum and Solidity**: Foundations of Cryptocurrency and Blockchain Programming for Beginners. Nova York: Apress, 2017.

DAUGHERTY, P. J. et al. Is Collaboration Paying off for Firms? **Business Horizons**, v. 49, n. 1, p. 61-70, 2006.

DEMIR, E. et al. Does Economic Policy Uncertainty Predict the Bitcoin Returns? An Empirical Investigation. **Finance Research Letters**, v. 26, p. 145-149, Set. 2018.

DI NITTO, E. et al. A Journey to Highly Dynamic, Self-Adaptive Service-Based Applications. **Automated Software Engineering**, v. 15, p. 313-341, 2008.

DI CICCIO, C.; MERONI, G.; PLEBANI, P. Business Process Monitoring on Blockchains: Potentials and Challenges. In: NURCAN, s. et al. (Ed.). **Enterprise, Business-Process and Information Systems Modeling**. Grenoble: Springer, Cham, 2020. p. 36-51.

DONG, Z.; LUO, F.; LIANG, G. Blockchain: a Secure, Decentralized, Trusted Cyber Infrastructure Solution for Future Energy Systems. **Journal of Modern Power Systems and Clean Energy**, v. 6, n. 5, p. 958-967, 2018. Disponível em: <https://ieeexplore.ieee.org/stamp/stamp.jsp?arnumber=9026364>. Acesso em: 26 jun. 2021.

DORRI, A.; KANHERE, S. S.; JURDAK, R. **Blockchain in Internet of Things**: Challenges and Solutions. Aug. 2016. Disponível em: <https://arxiv.org/ftp/arxiv/papers/1608/1608.05187.pdf>. Acesso em: 26 jun. 2021.

DUFFIE, D.; SINGLETON, K. J. **Credit Risk**: Pricing, Measurement, and Management. New Jersey: Princeton University Press, 2003.

DUMAS, M. et al. **Fundamentals of Business Process Management**. Berlim: Springer-Verlag, 2013. Disponível em: <http://dspace.fudutsinma.edu.ng/jspui/bitstream/123456789/358/1/Fundamentals%20of%20Business%20Process%20Management.pdf>. Acesso em: 26 jun. 2021.

DWYER, G. P. The Economics of Bitcoin and Similar Private Digital Currencies. **Journal of Financial Stability**, v. 17, p. 81-91, Apr. 2015.

DYHRBERG, A. H. Hedging Capabilities of Bitcoin. Is it the Virtual Gold? **Finance Research Letters**, 2016, v. 16, p. 139-144, 2016.

EBA – European Bank Authority. **Designing a Regulatory and Supervisory Roadmap for FinTech**. 9 Mar. 2018. Disponível em: <https://eba.europa.eu/sites/default/documents/files/documents/10180/2151635/9aaf2e3f-e443-4d19-a1f5-fa57847e3e6a/Andrea%20Enria%27s%20speech%20on%20FinTech%20at%20Copenhagen%20Business%20School%20090318.pdf?retry=1>. Acesso em: 26 jun. 2021.

ECB – European Central Bank. **Virtual Currency Schemes**. Oct. 2012. Disponível em: <https://www.ecb.europa.eu/pub/pdf/other/virtualcurrencyschemes201210en.pdf>. Acesso em: 26 jun. 2021.

ETTO, F. Know Your Coins: Public vs. Private Cryptocurrencies. **Nasdaq**, 22 Sep. 2017. Disponível em: <https://www.nasdaq.com/article/know-your-coins-public-vs-private-cryptocurrencies-cm849588>. Acesso em: 26 jun. 2021.

FARIAS, X. **Curso preparatório para certificação profissional Anbima – CPA-10**. Curitiba: Iesde, 2011.

FATF – Financial Action Task Force. **Virtual Currencies**: Key Definitions and Potential AML/CFT risks. Jun. 2014. Disponível em: <https://www.fatf-gafi.org/media/fatf/documents/reports/Virtual-currency-key-definitions-and-potential-aml-cft-risks.pdf>. Acesso em: 26 jun. 2021.

FAULKNER, J. **Getting Started with Cryptography in .NET**. Munique: BookRix, 2016.

FAWCETT, S. E. et al. Why Supply Chain Collaboration Fails: the Socio-Structural View of Resistance to Relational Strategies. **Supply Chain Management: An International Journal**, 2015. Disponível em: <https://www.researchgate.net/publication/283556793_Why_supply_chain_collaboration_fails_the_socio-structural_view_of_resistance_to_relational_strategies>. Acesso em: 26 jun. 2021.

FELD, S.; SCHÖNFELD, M.; WERNER, M. Analyzing the Deployment of Bitcoin's P2P Network under an AS-Level Perspective. **Procedia Computer Science**, v. 32, p. 1.121-1.126, 2014.

FERGUSON, B. S. Lectures on John Maynard Keynes General Theory of Employment, Interest and Money (2): Chapter 2, The Postulates of the Classical Economics. **Working Papers**, University of Guelph, Department of Economics and Finance, July 2013. Disponível em: <http://www.uoguelph.ca/economics/repec/workingpapers/2013/2013-07.pdf>. Acesso em: 26 jun. 2021.

FIEDLER, M.; UNEY, C. Bitcoin i kassan: En kvalitativ studie om Bitcoin som betalningsmedel. **Digitala Vetenskapliga Arkivet**. 2018. Disponível em: <http://www.diva-portal.org/smash/get/diva2:1253782/FULLTEXT01.pdf>. Acesso em: 26 jun. 2021.

FRIEDMAN, M. The Role of Monetary Policy. **American Economic Review**, v. 58, n. 1, p. 1-17, Mar. 1968.

GANDAL, N. et al. Price Manipulation in the Bitcoin Ecosystem. **Journal of Monetary Economics**, v. 95, p. 86-96, 2018.

GARTZ, M.; LINDERBRANDT, I. **Are Cryptocurrencies the Future of Money?** Whether a Transition to Cryptocurrency, as National Currency of Sweden, Would be Possible and What it would Imply for the Swedish Society. Estocolmo: KTH Royal Institute of Technology/School of Computer Science and Communication (CSC), 2017. Disponível em: <http://kth.diva-portal.org/smash/get/diva2:1119782/FULLTEXT01.pdf>. Acesso em: 7 maio 2021.

GATTESCHI, V. et al. Blockchain and Smart Contracts for Insurance: Is the Technology Mature Enough? **Future Internet**, v. 10, n. 2, 2018.

GIMIGLIANO, G. (Ed.). **Bitcoin and Mobile Payments**: Constructing a European Union Framework. Palgrave Macmillan, 2016.

GKILLAS, K.; LONGIN, F. Financial Market Activity under Capital Controls: Lessons from Extreme Events. **Economics Letters**, v. 171, p. 10-13, 2018.

GOODHART, C. A. E. The Two Concepts of Money: Implications for the Analysis of Optimal Currency Areas. **European Journal of Political Economy**, v. 14, n. 3, p. 407-432, Aug. 1998. Disponível em: <https://www.sciencedirect.com/science/article/abs/pii/S0176268098000159#aep-keywords-id6>. Acesso em: 26 jun. 2021.

GOODMAN, L. M. The Face Behind Bitcoin. **Newsweek**, 3 Jun. 2014. Disponível em: <https://www.newsweek.com/2014/03/14/face-behind-bitcoin-247957.html>. Acesso em: 26 jun. 2021.

GRANT THORNTON. **IFRS Viewpoint**: Accounting for Cryptocurrencies -- the Basics. 2018. Disponível em: https://www.grantthornton.com.br/globalassets/1.-member--firms/brazil/6.insights/pdf/ifrs-viewpoint-9-final.pdf>. Acesso em: 26 jun. 2021.

GRATZKE, P.; SCHATSKY, D.; PISCINI, E. Banding Together for Blockchain: does it Make Sense for your Company to Join a Consortium? **Signals for Strategists**, v. 16, 2017. Disponível em: <http://editor.production.pressmatrix.com.s3.amazonaws.com/emags/84620/pdfs/original/6eeba88b-da00-4584-99df-56046e997400.pdf>. Acesso em: 26 jun. 2021.

GREEN, E. Some Challenges for Research in Payment Systems. In: HALDANE, A. G.; MILLARD, S.; SAPORTA, V. (Ed.). **The future of payment systems**. Routhledge, 2014.

GRINBERG, R. Bitcoin: an Innovative Alternative Digital Currency. **Hastings Science & Technology Law Journal**, v. 4, p. 160, 23 abr. 2011. Disponível em: <https://papers.ssrn.com/sol3/papers.cfm?abstract_id=1817857>. Acesso em: 26 jun. 2021.

GRONWALD, M. The Economics of Bitcoins: Market Characteristics and Price Jumps. **CESifo Working Paper Series**, n. 5.121, 29 Dec. 2014.

GROSS, A. et al. The Role of Secondary Sources on the Taxation of Digital Currency (Bitcoin) Before IRS Guidance was Issued. **Journal of Accounting Education**, v. 39, p. 48-54, Jun. 2017.

HACKERNOON. **AI Proving to be an Integral Part of Cryptocurrency High Volume Transaction Security**. 2019. Disponível em: <https://hackernoon.com/ai-proving-to-be-an-integral-part-of-cryptocurrency-high-volume-transaction-security--cc20a40d23c7>. Acesso em: 26 jun. 2021.

HANDA, J. **Monetary Economics**. 2. ed. Abingdon: Routledge, 2009.

HARRIS, L. Stock Price Clustering and Discreteness. **The Review of Financial Studies**, v. 4, n. 3, p. 389-415, July 1991.

HART, E. System Induced Setbacks in Stroke Recovery. **Sociology of Health and Illness**, v. 23, n. 1, p. 101-123, 23 Dec. 2001. Disponível em: <https://onlinelibrary.wiley.com/doi/epdf/10.1111/1467-9566.00243>. Acesso em: 26 jun. 2021.

HARVEY, C. R. Bitcoin Myths and Facts. **Financial Literacy eJournal**, Aug. 2014.

HAYEK, F. A. The Use of Knowledge in Society. **The American Economic Review**, v. 35, n. 4, p. 519-530, Sept. 1945.

HAYES, A. S. (2017). Cryptocurrency Value Formation: an Empirical Study Leading to a Cost of Production Model for Valuing Bitcoin. **Telematics and Informatics**, v. 34, n. 7, p. 1.308-1.321, Nov. 2017.

HENDRICKSON, J. R.; LUTHER, W. J. Banning Bitcoin. **Journal of Economic Behavior & Organization**, v. 141, p. 188-195, 2017.

HENRY, D.; IRRERA, A. JPMorgan's Dimon says bitcoin 'is a fraud'. **Reuters**, 20 Sept. 2017. Disponível em: <https://www.reuters.com/article/legal-us-usa-banks-conference-jpmorgan-idUSKCN1BN2PN>. Acesso em: 26 jun. 2021.

HERWEIJER, C.; WAUGHRAY, D.; WARREN, S. Building Block (chain)s for a Better Planet. **PWC**, Sept. 2018. Disponível em: <https://www.pwc.com/gx/en/sustainability/assets/blockchain-for-a-better-planet.pdf>. Acesso em: 26 jun. 2021.

HIGGINS, S. How True Anonymity Made Darkcoin King of the Altcoins. **Coindesk**, 23 maio 2014. Disponível em: <https://www.coindesk.com/true-anonymity-darkcoin-king-altcoins>. Acesso em: 26 jun. 2021.

HILEMAN, G.; RAUCHS, M. **Global Cryptocurrency Benchmarking Study**. University of Cambridge. Cambridge Centre for Alternative Finance, 2017. Disponível em: <https://cointelegraph.com/storage/uploads/view/2017-global-cryptocurrency-benchmarking-study.pdf>. Acesso em: 26 jun. 2021.

HONKANEN, P.; WESTERLUND, M.; NYLUND, M. Governance in Decentralized Ecosystems: a Survey of Blockchain and Distributes Ledger White Papers. In: DUNCAN, B. et al. (Ed.). **Cloud Computing 2019**. 2019. p. 49-54. Disponível em: <https://www.researchgate.net/profile/Bob-Duncan/publication/333024381_CLOUD_COMPUTING_2019_Proceedings_of_the_Tenth_International_Conference_on_Cloud_Computing_GRIDs_and_Virtualization/links/5cd74276a6fdccc9dda36ae0/CLOUD-COMPUTING-2019-Proceedings-of-the-Tenth-International-Conference-on-Cloud-Computing-GRIDs-and-Virtualization.pdf>. Acesso em: 26 jun. 2021.

HOUBEN, R. Bitcoin: There Two Sides to Every Coin. **ICCLR**, vol. 26, n. 5, 2015. p. 155-170.

HSIEH, Y.-Y.; VERGNE, J.-P.; WANG, S. The Internal and External Governance of Blockchain-Based Organizations: Evidence from Cryptocurrencies. In: CAMPBELL--VERDUYN, M. (Ed.). **Bitcoin and Beyond**: Cryptocurrencies, Blockchains, and Global Governance. Londres; Nova York: Routledge, 2018. p. 48-68. Disponível em: <https://library.oapen.org/bitstream/handle/20.500.12657/29557/1000376.pdf>. Acesso em: 26 jun. 2021.

JAGATI, S. Ethereum's Proof of Stake Protocol Under Review. **Cryptolaste**, 22 abr. 2018. Disponível em: <https://cryptoslate.com/ethereums-proof-of-stake-protocol--in-review/>. Acesso em: 26 jun. 2021.

JEVONS, W. S. **Money and the Mechanism of Exchange**. 1875. Disponível em: <www.econlib.org/library/YPDBooks/Jevons/jvnMME3.html>. Acesso em: 26 jun. 2021.

JOHNSON, R.; BUFTON, J.; DANIEL J. **The Valuation of Crypto-Assets**: Minds Made for Shaping Financial Services. EY, 2017. Disponível em: <https://assets.ey.com/content/dam/ey-sites/ey-com/en_gl/topics/emeia-financial-services/ey-the-valuation-of-crypto-assets.pdf>. Acesso em: 26 jun. 2021.

KAHN, C.; ROBERDS, W. Why pay? An Introduction to Payments Economics. **Journal of Financial Intermediation**, v. 18, n. 1, p. 1-23, Jan. 2009.

KAPLAN, A. Who Accepts Ethereum as Payment 2018 (List of Companies that Accept Ethereum). We Accept Ethereum. **Smartereum**, 9 jun. 2019. Disponível em: <https://smartereum.com/2072/accepts-ethereum-payment-2018-list-companies-accept-ethereum-mon>. Acesso em: 26 jun. 2021.

KAPLANOV, N. M. Nerdy Money: Bitcoin, the Private Digital Currency, and the Case Against its Regulation. **Loyola Consumer Law Review**, v. 25, n. 1, 2012. Disponível em: <https://lawecommons.luc.edu/cgi/viewcontent.cgi?article=1920&context=lclr>. Acesso em: 26 jun. 2021.

KASERA, A. Cryptocurrency Frauds. **International Journal of Engineering and Advanced Technology**, v. 9, n. 6, p. 261-268, 2020. Disponível em: <https://www.ijeat.org/wp-content/uploads/papers/v9i6/F1391089620.pdf>. Acesso em: 26 jun. 2021.

KEYNES, J. M. et al. **The Collected Writings of John Maynard Keynes**. London: Macmillan, 1971.

KIAYIAS, A. et al. **Ouroboros**: A Provably Secure Proof-of-Stake Blockchain Protocol. July 2017. Disponível em: <https://iohk.io/en/research/library/papers/ouroborosa--provably-secure-proof-of-stake-blockchain-protocol/>. Acesso em: 26 jun. 2021.

KIM, Y. B. et al. When Bitcoin Encounters Information in an Online Forum: Using Text Mining to Analyse User Opinions and Predict Value Fluctuation. **PloS one**, v. 12, n. 5, 12 May 2017. Disponível em: <https://journals.plos.org/plosone/article?id=10.1371/journal.pone.0177630>. Acesso em: 26 jun. 2021.

KITCHIN, R. Thinking Critically about and Researching Algorithms. **Information, Communication & Society**, v. 20, n. 1, p. 14-29, 2017.

KLEIN, P. G. et al. Organizational Governance Adaptation: Who is In, Who is Out, and Who gets What. **Academy of Management Review**, v. 44, n. 1, p. 6-27, 2019.

KLEIN, T.; PHAM THU, H.; WALTHER, T. Bitcoin is not the New Gold: a Comparison of Volatility, Correlation, and Portfolio Performance. **International Review of Financial Analysis**, v. 59, p. 105-116, 2018.

KOUZNETSOV, D. **Superfunctions**. Lambert Academic Publishing, 2020. Disponível em: <https://mizugadro.mydns.jp/BOOK/466.pdf>. Acesso em: 26 jun. 2021.

KSHETRI, N. Can Blockchain Strengthen the Internet of Things? **IT Professional**, v. 19, n. 4, p. 68-72, 2017. Disponível em: <https://libres.uncg.edu/ir/uncg/f/N_Kshetri_Can_2017.pdf>. Acesso em: 26 jun. 2021.

LAHMIRI, S.; BEKIROS, S. Chaos, Randomness and Multi-Fractality in Bitcoin Market. **Chaos, Solitons & Fractals**, v. 106, p. 28-34, Jan. 2018.

LEE, J. K. et al. **Electronic Commerce**: a Managerial and Social Networks Perspective. Springer, 2015.

LEE, S. Bitcoin's Energy Consumption can Power an Entire Country – but EOS is Trying to Fix that. **Forbes**, 19 abr. 2018a. Disponível em: <https://www.forbes.com/sites/shermanlee/2018/04/19/bitcoins-energy-consumption-can-power-an-entire-country--but-eos-is-trying-to-fix-that/?sh=1ebd46561bc8>. Acesso em: 26 jun. 2021.

LEE, S. Explaining Directed Acylic Graph (DAG), the Real Blockchain 3.0. **Forbes**, 22 jan. 2018b. Disponível em: <https://www.forbes.com/sites/shermanlee/2018/01/22/explaining-directed-acylic-graph-dag-the-real-blockchain-3-0/?sh=67cff81c180b>. Acesso em: 26 jun. 2021.

LEINONEN, H.; SORAMAKI, K. Optimizing Liquidity Usage and Settlement Speed in Payment Systems. **Working Paper**, Helsinki, n. 16, 1999.

LERIDER, M. **What is NEO Smart Economy?** 11 ago. 2017. Disponível em: <https://medium.com/@MalcolmLerider/what-is-neo-smart-economy--381a4c6ee286>. Acesso: 26 jun. 2021.

LEWIS, D. China's Global Internet Ambitions: Finding Roots in ASEAN. **Institute of Chinese Studies**, Occasional Paper, Delhi n. 14, 2017a. Disponível em: <https://www.icsin.org/uploads/2017/10/06/c460b9acb99e603970132f5ecffd4ef9.pdf>. Acesso em: 26 jun. 2021.

LEWIS, R. Internet of Things and Blockchain Technology: How does it Work? **The Cointelegraph**. 2017b. Disponível em: <https://cointelegraph.com/news/Internet-of-things-and-blockchain-technology-how-does-it-work>. Acesso em: 26 jun. 2021.

LI, X.; WANG, C. A. The Technology and Economic Determinants of Cryptocurrency Exchange rates: the Case of Bitcoin. **Decision Support Systems**, v. 95, p. 49-60, 2017. Disponível em: <https://www.sciencedirect.com/science/article/abs/pii/S0167923616302111>. Acesso em: 26 jun. 2021.

LIMA, M. **Ranking de Criptomoedas**: 7 Melhores Criptomoedas em 2021. 19 jan. 2021. Disponível em: <https://criptofy.com/escolher-melhor-criptomoeda/>. Acesso em: 26 jun. 2021.

LITKE, A.; ANAGNOSTOPOULOS, D.; VARVARIGOU, T. Blockchains for Supply Chain Management: Architectural Elements and Challenges towards a Global Scale Deployment. **Logistics**, v. 3, n. 5, 2019. Disponível em: <https://www.mdpi.com/2305-6290/3/1/5/pdf>. Acesso: 26 jun. 2021.

LÖBER, K.; HOUBEN, A. **Central Banks Digital Currencies**. Bank for International Settlements, mar. 2018. Disponível em: <https://iepecdg.com.br/wp-content/uploads/2018/03/d174.pdf>. Acesso em: 26 jun. 2021.

LOPES, J. do C.; ROSSETTI, J. P. **Economia monetária**. 7. ed. São Paulo: Atlas, 1998.

LOPES, L. M.; VASCONCELLOS, M. A. S. de (Org.). **Manual de macroeconomia**: básico e intermediário. 3. ed. São Paulo: Atlas, 2008.

LUTHER, W. J. Bitcoin and the Future of Digital Payments. **The Independent Review**, v. 20, n. 3, p. 397-404, 2016. Disponível em: <https://www.independent.org/pdf/tir/tir_20_03_12_luther.pdf>. Acesso em: 26 jun. 2021.

LUTHER, W. J.; SALTER, A. W. Bitcoin and the Bailout. **The Quarterly Review of Economics and Finance**, v. 66, p. 50-56, 2017.

LY, L. T. et al. Compliance Monitoring in Business Processes: Functionalities, Application, and Tool Support. **Information Systems**, v. 54, p. 209-234, 2015.

LYRA, J. G. **Blockchain e organizações descentralizadas**. Rio Janeiro: Brasport, 2019.

MAGALHÃES, A. **Blockchain a logística**: aplicação prática (Soluções para as cidades do futuro Livro 2). Ed. Kindle, 2020. Formato: Kindle edition.

MARIAN, O. Are Cryptocurrencies "Super" Tax Havens. **Michigan Law Review First Impressions**, v. 112, n. 38, p. 38-48, out. 2013. Disponível em: <https://scholarship.law.ufl.edu/cgi/viewcontent.cgi?article=1365&context=facultypub>. Acesso em: 26 jun. 2021.

MARTINDALE, J. What is Litecoin? Here's Everything You Need to Know. **Digitaltrends**. 27 jan. 2018. Disponível em: <https://www.digitaltrends.com/computing/what-is-litecoin/>. Acesso em: 26 jun. 2021.

MARTINS, R. A. C. **Contexto normativo e institucional da contratação de operações de crédito**: módulo 2. Brasília: Enap/DDG, 2013. Disponível em: <https://repositorio.enap.gov.br/bitstream/1/2859/1/M%c3%b3dulo%202%20-%20Contexto%20Normativo%20e%20Institucional.pdf>. Acesso em: 29 abr. 2021.

MANKIW, G. **Macroeconomia**. 7. ed. Rio de Janeiro: LTC, 2010.

McKINNON, A. et al. **Logistics Competencies, Skills, and Training**: a Global Overview. Washington: The World Bank, 2017. Disponível em: <http://documents1.worldbank.org/curated/en/551141502878541373/pdf/118559-PUB-PUBLIC-pubdate-8-10-17.pdf>. Acesso em: 26 jun. 2021.

MERSCH, Y. **Digital Base Money**: an Assessment from the ECB's Perspective. 16 jan. 2017a. Disponível em: <https://www.ecb.europa.eu/press/key/date/2017/html/sp170116.en.html>. Acesso em: 26 jun. 2021.

MERSCH, Y. **Why Europe Still Needs Cash**. 2017b. Disponível em: <https://www.ecb.europa.eu/press/key/date/2017/html/ecb.sp170428.en.html>. Acesso em: 26 jun. 2021.

MICHAEL. **Plus Token (PLUS) Scam**: Anatomy of a Ponzi. 2020. Disponível em: <https://boxmining.com/plus-token-ponzi/>. Acesso em: 26 jun. 2021.

MILLER, R.; MICHALSKI, W.; STEVENS, B. The Future of Money. In: OECD. **The Future of Money**. Paris: OECD Publications Service, 2002. p. 11-30. Disponível em: <https://www.oecd.org/futures/35391062.pdf>. Acesso em: 26 jun. 2021.

MIRONOV, M.; CAMPBELL, S. **ICO Market Research Q1 2018**. New York: Icorating, 2018. Disponível em: https://venturetimes.jp/cms/wp-content/uploads/2018/06/icorating-report.pdf>. Acesso em: 26 jun. 2021.

MÖSER, M.; EYAL, I.; SIRER, E. G. Bitcoin Covenants. **International Conference on Financial Cryptography and Data Security**, Berlin; Heidelberg, p. 126-141, 2016.

NADARAJAH, S.; CHU, J. On the Inefficiency of Bitcoin. **Economics Letters**, v. 150, p. 6-9, Jan. 2017.

NAKAMOTO, S. **Bitcoin**: A Peer-to-Peer Electronic Cash System. 2008. Disponível em: <https://bitcoin.org/bitcoin.pdf>. Acesso em: 26 jun. 2021.

NATARAJAN, H.; KRAUSE, S.; GRADSTEIN, H. Distributed Ledger Technology and Blockchain. **World Bank Group**, 2017. Disponível em: <https://openknowledge.worldbank.org/handle/10986/29053>. Acesso em: 26 jun. 2021.

NEMAT, R. Taking a Look at Different Types of E-commerce. **World Applied Programming**, v. 1, n. 2, p. 100-104, June 2011. Disponível em: <http://citeseerx.ist.psu.edu/viewdoc/download?doi=10.1.1.684.6401&rep=rep1&type=pdf>. Acesso em: 26 jun. 2021.

NOFER, M. et al. Blockchain. **Business & Information Systems Engineering**, v. 59, n. 3, p. 183-187, 2017.

NOGAMI, O.; PASSOS, C. R. M. **Princípios de economia**. 6. ed. rev. São Paulo: Cengage Learning, 2012.

NOTHEISEN, B.; CHOLEWA, J. B.; SANMUGAM. Trading Real-World Assets on Blockchain. **Business & Information Systems Engineering**, v. 59, n. 6, p. 425-440, 2017.

NOVAKOVIC, J.; REDZOVIC, M. **The Impact of Virtual Money on E-commerce**. In: Sinteza 2016 – International Scientific Conference on ICT and E-Business Related Research, Singidunum University, Belgrado, 2016. p. 474-478. Disponível em: <http://portal.sinteza.singidunum.ac.rs/Media/files/2016/474-478.pdf>. Acesso em: 26 jun. 2021.

OECD – Oficina de Estadísticas de las Comunidades Europeas. **Manual de Oslo**: guía para la recogida e interpretación de datos sobre innovación. 3. ed. Grupo Traga, 2006. Disponível em: <http://www.itq.edu.mx/convocatorias/manualdeoslo.pdf>. Acesso em: 26 jun. 2021.

OECD – Oficina de Estadísticas de las Comunidades Europeas. **The future of money**. Paris: OECD Publications Service, 2002. Disponível em: <https://www.oecd.org/futures/35391062.pdf>. Acesso em: 26 jun. 2021.

OLIVER, C. Determinants of Interorganizational Relationships: Integration and Future Directions. **Academy of Management Review**, v. 15, n. 2, p. 241-265, 1990.

O'LEARY, D. E. Configuring Blockchain Architectures for Transaction Information in Blockchain Consortiums: the Case of Accounting and Supply Chain Systems. **Intelligent Systems in Accounting, Finance and Management**, v. 24, n. 4, p. 138-147, 2017.

ORCUTT, M. No, Ripple isn't the Next Bitcoin. **MIT Technology Review**, 11 jan. 2018. Disponível em: <https://www.technologyreview.com/2018/01/11/146252/no-ripple-isnt-the-next-bitcoin/>. Acesso em: 26 jun. 2021.

PANARELLO, A. et al. Blockchain and Iot Integration: a Systematic Survey. **Sensors**, v. 18, n. 8, p. 2.575, 6 ago. 2018. Disponível em: <https://www.mdpi.com/1424-8220/18/8/2575/pdf>. Acesso em: 26 jun. 2021.

PANWAR, G.; MISRA, S.; VISHWANATHAN, R. B. Blockchain-based Anonymous and Decentralized Credit Networks. **Proceedings of the Ninth ACM Conference on Data and Application Security and Privacy**, 2019. p. 339-350. Disponível em: <https://dl.acm.org/doi/pdf/10.1145/3292006.3300034>. Acesso em: 26 jun. 2021.

PHILLIPS, P. C. B.; WU, Y; YU, J. Explosive Behavior in the 1990s Nasdaq: When did Exuberance Escalate Asset Values? **International Economic Review**, v. 52, n. 1, p. 201-226, 2011. Disponível em: <https://ink.library.smu.edu.sg/cgi/viewcontent.cgi?article=2264&context=soe_researc>. Acesso em: 26 jun. 2021.

POPOV, S. **The Tangle**. 30 abr. 2018. Disponível em <https://assets.ctfassets.net/r1dr6vzfxhev/2t4uxvsIqk0EUau6g2sw0g/45eae33637ca92f85dd9f4a3a218e1ec/iota1_4_3.pdf>. Acesso em: 26 jun. 2021.

POTTER, S. **Money Markets at Crossroads**: Policy Implementation in Times of Structural Change. Federal Reserve Bank of New York, 2017. Disponível em: <https://www.newyorkfed.org/newsevents/speeches/2017/pot170405>. Acesso em: 26 jun. 2021.

PRYBILA, C. et al. Runtime Verification for Business Processes Utilizing the Bitcoin Blockchain. **Future Generation Computer Systems**, v. 107, p. 816-831, ago. 2017. Disponível em: <https://www.researchgate.net/publication/319164992_Runtime_Verification_for_Business_Processes_Utilizing_the_Bitcoin_Blockchain>. Acesso em: 26 jun. 2021.

RAMAN, S. et al. Impact of Big Data on Supply Chain Management. **International Journal of Logistics Research and Applications**, v. 21, n. 6, 2018.

RAUCH, E. et al. Collaborative Cloud Manufacturing: Design of Business Model Innovations Enabled by Cyberphysical Systems in Distributed Manufacturing Systems. **Journal of Engineering**, 2016. Disponível em: <https://www.hindawi.com/journals/je/2016/1308639/>. Acesso em: 26 jun. 2021.

REICHERT, M.; WEBER, B. **Enabling Flexibility in Process-Aware Information Systems**: Challenges, Methods, Technologies. Heidelberg: Springer, 2012.

REIJERS, W.; O'BROLCHÁIN, F.; HAYNES, P. Governance in Blockchain Technologies & Social Contract Theories. **Ledger Journal**, v. 1, p. 134-151, 2016. Disponível em: <https://ledgerjournal.org/ojs/ledger/article/view/62/51>. Acesso em: 6 maio 2021.

RIZZO, P. Ether, Litecoin and More: Overstock Now Accepts Cryptocurrencies as Payment. **Coindesk**, 8 Aug. 2017. Disponível em: <https://www.coindesk.com/ether-litecoin-overstock-now-accepts-cryptocurrencies-payment/>. Acesso em: 26 jun. 2021.

ROGNONE, L.; HYDE, S.; ZHANG, S. S. News Sentiment in the Cryptocurrency Market: an Empirical Comparison with Forex. **International Review of Financial Analysis**, v. 69, May 2020.

ROHR, J.; WRIGHT, A. Blockchain-Based Token Sales, Initial Coin Offerings, and the Democratization of Public Capital Markets. **Hastings Law Journal**, v. 70, n. 2, p. 463-524, 9 Feb. 2019. Disponível em: <http://www.hastingslawjournal.org/blockchain-based-token-sales-initial-coin-offerings-and-the-democratization-of-public-capital-markets/>. Acesso em: 26 jun. 2021.

ROSIC, A. What is Ethereum Casper Protocol? **Blockgeeks**, nov. 2017. Disponível em: <https://blockgeeks.com/guides/ethereum-casper/>. Acesso em: 26 jun. 2021.

SADOUSKAYA, K. **Adoption of Blockchain Technology in Supply Chain and Logistics**. XAMK, 2017. Disponível em: <https://www.theseus.fi/bitstream/handle/10024/126096/Adoption%20of%20Blockchain%20Technology%20in%20Supply%20Chain%20and%20Logistics.pdf?sequence=1>. Acesso em: 26 jun. 2021.

SAVELYEV, A. Copyright in the Blockchain Era: Promises and Challenges. **Computer Law & Security Review**, v. 34 n. 3, p. 550-561, June 2018.

SEEBACHER, S.; SCHÜRITZ, R. Blockchain Technology as an Enabler of Service Systems: a Structured Literature Review. In: **International Conference on Exploring Services Science**. Springer, Cham, 2017. p. 12-23.

SHARMA, P. K.; KUMAR, N.; PARK, J. H. Blockchain Technology Toward Green IoT: Opportunities and Challenges. **IEEE Network**, v. 34, n. 4, p. 263-269, 2020.

SHENTU, Q.;YU, J. **Research on Anonymization and De-anonymization in the Bitcoin System**. Cornell University, 27 out. 2015. Disponível em: <https://arxiv.org/ftp/arxiv/papers/1510/1510.07782.pdf>. Acesso em: 26 jun. 2021.

SHERMIN, V. Disrupting Governance with Blockchains and Smart Contracts. **Strategic Change**, v. 26, n. 5, p. 499-509, 2017.

SHOBHIT, S. Public, Private, Permissioned Blockchains Compared. **Investopedia**, 11 Jan. 2021. Disponível em: <https://www.investopedia.com/news/public-private-permissioned-blockchains-compared/>. Acesso em: 26 jun. 2021.

SHU, S.; ZHU, Z. **Real-time Prediction of Bitcoin Bubble Crashes**. 2019. Disponível em: <https://arxiv.org/ftp/arxiv/papers/1905/1905.09647.pdf>. Acesso em: 26 jun. 2021.

SÖDERBERG, G. Are Bitcoin and Other Crypto-Assets Money? **Economic Commentaries**, Estocolmo, n. 5, Mar. 2018. Disponível em: <https://www.riksbank.se/globalassets/media/rapporter/ekonomiska-kommentarer/engelska/2018/are-bitcoin-and-other-crypto-assets-money.pdf?_t_tags=language%3Aen%2Csiteid%3Af3366ed3-598f-4166-aa5a-45d5751e940b&_t_hit.id=Riksbanken_Core_Models_Media_DocumentFile/_33a00868-73fe-426d-9384-8bad503835b1&_t_hit.pos=3197>. Acesso em: 26 jun. 2021.

SOETEMAN, K. Werking dBft via Neo in Kaart Gebracht. **Computable**, 22 fev. 2018. Disponível em: <https://www.computable.nl/artikel/achtergrond/technologie/6306817/5182002/werking-dbft-via-neo-in-kaart-gebracht.html>. Acesso em: 26 jun. 2021.

STATISTA. **Internet of Things (IoT) Connected Devices Installed Base Worldwide from 2015 to 2025 (in billions)**. 2016. Disponível em: <https://www.statista.com/statistics/471264/iot-number-of-connected-devices-worldwide/>. Acesso em: 26 jun. 2021.

SURESH P. et al. **A State of the Art Review on the Internet of Things (IoT)**: History, Technology and Fields of Deployment. 2014. Disponível em: <https://fardapaper.ir/mohavaha/uploads/2018/02/Fardapaper-A-state-of-the-art-review-on-the-Internet-of-Things-IoT-history-technology-and-fields-of-deployment.pdf>. Acesso em: 26 jun. 2021.

SZABO, N. Formalizing and Securing Relationships on Public Networks. **First Monday**, v. 2 n. 9, 1997. Disponível em: <https://firstmonday.org/ojs/index.php/fm/article/view/548/469>. Acesso em: 26 jun. 2021.

TANAKA, T. Possible Economic Consequences of Digital Cash. **First Monday**, v. 1, n. 2, 5 ago. 1996. Disponível em: <https://journals.uic.edu/ojs/index.php/fm/article/view/474/831>. Acesso em: 26 jun. 2021.

TASCA, P.; HAYES, A.; LIU, S. The Evolution of the Bitcoin Economy: Extracting and Analyzing the Network of Payment Relationships. **SSRN**, jul. 2016. Disponível em: <https://discovery.ucl.ac.uk/id/eprint/10072497/1/06_2016_PT_SL_AH_inline_graphics_final.pdf>. Acesso em: 26 jun. 2021.

TENNANT, L. **Improving the Anonymity of the IOTA Cryptocurrency**. 9 Oct. 2017. Disponível em:< https://assets.ctfassets.net/r1dr6vzfxhev/6StLLAy9b26eyUG8SGQqeu/e30c20f91e77e54d88b7644658912c7d/Improving_the_Anonymity_of_the_IOTA_Cryptocurrency.pdf>. Acesso em: 26 jun. 2021.

THOMAS, S.; SCHWARTZ, E. **A Protocol for Interledger Payments**. 2015. Disponível em: <https://interledger.org/interledger.pdf>. Acesso em: 26 jun. 2021.

TIWARI, A. K. et al. Informational Efficiency of Bitcoin: an Extension. **Economics Letters**, v. 163, p. 106-109, fev. 2018.

TOWN, S. Introduction to Stellar Lumens (XLM): the Future of Banking. **Cryptoslate**, 6 abr. 2018. Disponível em: <https://cryptoslate.com/stellar-lumens/>. Acesso em: 26 jun. 2021.

TURK, Z.; KLINC, R. Potentials of Blockchain Technology for Construction Management. **Procedia Engineering**, v. 196, p. 638-645, 2017.

URQUHART, A. Price Clustering in Bitcoin. **Economics Letters**, v. 159, p. 145-148, Oct. 2017.

URQUHART, A.; ZHANG, H. Is Bitcoin a Hedge or Safe Haven for Currencies? An Intraday Analysis. **International Review of Financial Analysis**, v. 63, p. 49-57, May 2019.

VAN DE LOOVERBOSCH, M. Crypto-Effecten: Tussen Droom en Daad. **TRV/RPS**, v. 18, n. 3, p. 193-207, May 2018.

VANDEZANDE, N. **Virtual Currencies**: a Legal Framework. Cambridge: Intersentia, 2018.

VASCONCELLOS, M. A. S. de. **Economia**: micro e macro, 5. ed. São Paulo: Atlas, 2011.

VASCONCELLOS, M. A. S. de; GARCIA, M. E. **Fundamentos de economia**. São Paulo: Saraiva, 2014.

VIGLIONE, R. Does Governance Have a Role in Pricing? Cross-Country Evidence from Bitcoin Markets. **SSRN Electronic Journal**, jan. 2015.

VOIGT, P.; BUSSCHE, A. von dem D. The EU general data protection regulation (GDPR). **A Practical Guide**, Springer, Cham, 2017.

VOLKART, O. Early Beginnings of the Quantity Theory of Money and their Context in Polish and Prussian Monetary Policies, c. 1520-1550. **The Economic History Review**, Oxford: Blackwell, v. 50, n. 1, p. 430-449, 22 jan. 2003.

WANG, D. et al. **Loopring**: a Decentralized Token Exchange Protocol. 2018. Disponível em: https://raw.githubusercontent.com/Loopring/whitepaper/master/en_whitepaper.pdf. Acesso em: 26 jun. 2021.

WEBER, I. et al. Untrusted Business Process Monitoring and Execution Using Blockchain. **Business Process Management**, Rio de Janeiro, p. 329-347, 2016.

WEBER R.; WEBER R. **Internet of Things**: Legal Perspectives. Berlim; Heidelberg: Springer-Verlag GmbH, 2010.

WERBACH, K.; CORNELL, N. Contracts ex Machina. **Duke LJ**, v. 67, p. 313, 2017.

WILLIAMSON, O. E. Markets and Hierarchies: Analysis and Antitrust Implications: a Study in the Economics of Internal Organization. **SSRN**, Nova York: Social Science Research Network, 1975.

WILLIAMSON, O. E. **The Mechanisms of Governance**. Nova York: Oxford University Press, 1996.

WILLIAMSON, O. E. The Theory of the Firm as Governance Structure: from Choice to Contract. **Journal of Economic Perspectives**, v. 16, n. 3, p. 171-195, 2002. Disponível em: <https://pubs.aeaweb.org/doi/pdfplus/10.1257/089533002760278776>. Acesso em: 26 jun. 2021.

WITZIG, P.; SALOMON, V. **Cutting Out the Middleman**: a Case Study of Blockchain-Induced Reconfigurations in the Swiss Financial Services Industry. 2018. Disponível em: <https://www.researchgate.net/profile/Pascal-Witzig/publication/323906964_Cutting_out_the_middleman_a_case_study_of_blockchain-induced_reconfigurations_in_the_swiss_financial_services_industry/links/5ab22700aca2721710004a23/Cutting-out-the-middleman-a-case-study-of-blockchain-induced-reconfigurations-in-the-swiss-financial-services-industry.pdf>. Acesso em: 26 jun. 2021.

WORLD BANK GROUP. **People's Republic of China Financial Sector Assessment Program**: CPSS Core Principles for Systemically Important Payment Systems. 2012. Disponível em: <https://openknowledge.worldbank.org/bitstream/handle/10986/26547/791880WP0China0Box0377369B00Public0.pdf?sequence=1&isAllowed=y>. Acesso em: 26 jun. 2021.

WRAY, L. R. Introduction to an Alternative History of Money. **Levy Economics Institute Working Paper**, n. 717, May 2012. Disponível em: <http://www.levyinstitute.org/pubs/wp_717.pdf>. Acesso em: 26 jun. 2021.

WRIGHT, C. S.; HETTIHEWA, S. Tracking Macroeconomic Responses to Accumulated Alpha and Changing Currency Dominance. **The Journal of Applied Business and Economics**, n. 1, 2009. Disponível em: <http://www.na-businesspress.com/JABE/Wright1Web.pdf>. Acesso em: 26 jun. 2021.

YATSYK, T. V. Methodology of Financial Accounting of Cryptocurrencies According to the IFRS. **European Journal of Economics and Management**, v. 4, n. 6, p. 53-60, 2018. Disponível em: <https://eujem.cz/wp-content/uploads/2018/eujem_2018_4_6/09.pdf>. Acesso em: 26 jun. 2021.

YERMACK, D. Is Bitcoin a Real Currency? An Economic Appraisal. National Bureau of Economic Research. **Working Paper n. 19747**, Cambridge, Dec. 2013. Disponível em: <http://www.nber.org/papers/w19747.pdf>. Acesso em: 26 jun. 2021.

bibliografia comentada

KEYNES, J. M. **The Collected Writings of John Maynard Keynes**. Londes: Macmillan; Nova York: Cambridge University Press for the Royal Economic Society. v. 7: The General Theory of Employment Interest and Money. Disponível em: <http://public.econ.duke.edu/~kdh9/Courses/Graduate%20Macro%20History/Readings-1/Keynes%20General%20Theory%20(excerpts).pdf>. Acesso em: 26 jun. 2021.

Esse livro fornece uma visão abrangente das contribuições de Keynes para a macroeconomia e uma análise aprofundada do legado contestado da obra *Teoria geral*, um livro que marcou o surgimento da macroeconomia moderna, desvencilhando-se da herança da teoria monetária e do ciclo de negócios e análise.

Entre a eclosão da guerra, em 1939, e sua morte, em abril de 1946, Keynes esteve intimamente envolvido na administração da economia de guerra da Grã-Bretanha e no planejamento do mundo do pós-guerra. O volume que indicamos, o sétimo, lida com o período em questão, enfatizando vários aspectos do planejamento do pós-guerra: as discussões em torno do socorro e da reconstrução, as tentativas de produzir um esquema pós-guerra para estabilizar os preços dos produtos primários e as discussões em torno do programa da Grã-Bretanha de reconstrução, principalmente, o programa Beveridge, de seguro social, e a política de pleno emprego. A obra apresenta as contribuições de Keynes para a discussão dessas questões, mais notavelmente seu esquema de produto primário e seus artigos mais longos sobre as táticas e os problemas de uma política de pleno emprego, bem como a relação da moeda na economia pós-depressão.

LOPES, J. do C.; ROSSETTI, J. P. **Economia monetária**. 7 ed. São Paulo: Atlas, 1998.

Esse livro de economia monetária apresenta bases teoricamente atualizadas e ajustadas ao ambiente institucional do país. Aborda as origens, as funções, as características e a evolução da moeda. Trata da demanda de moeda, ressaltando as versões clássica e keynesiana, bem como as atribuições de James Tobin, William Baumol e Milton Friedman. Analisa os conceitos e o processo de oferta monetária. Enfatiza as ligações entre os setores real e monetário, abordando as contribuições das escolas de Chicago e Yale, do relatório Radcliff e de Patinkin. Esse conteúdo propicia ao leitor a possibilidade de sempre estar com a informação atualizada sobre as principais funções de balanço de pagamentos e a função do Banco Central do país.

MAGALHÃES, A. **Blockchain na logística**: aplicação prática – soluções para as cidades do futuro). [S.l.]: Ed. Kindle, 2020.

Esse livro apresenta como o *blockchain* e as cadeias de suprimento globais, e essa tecnologia tem conquistado cada vez mais evidência no cenário tecnológico e econômico atual. O *boom* astronômico das criptomoedas, ocorrido em 2018 e acompanhado pela sua sucessiva queda, atraiu os holofotes para algo que ainda era desconhecido por muitos, mas que, pela sua vasta gama de aplicações, desde então tem sido considerado uma das maiores invenções desde a internet. *Blockchain* pode ser definido como uma tecnologia de contabilidade distribuída que pode registrar transações entre partes de maneira segura e permanente. Ao "compartilhar" bancos de dados entre várias partes, basicamente elimina a necessidade de intermediários que antes eram obrigados a agir como terceiros confiáveis para verificar, registrar e coordenar transações. Ao facilitar a mudança de um sistema centralizado para um sistema descentralizado e distribuído, o *blockchain* efetivamente libera os dados que antes eram mantidos em silos protegidos.

Existem questões abertas sobre o destino do *blockchain*, principalmente se ele trará resultados positivos e quem serão os maiores beneficiados. O que é claro, atualmente, é que suas aplicações podem ter um dos impactos mais profundos no setor de logística. As cadeias de suprimentos globais são organismos extremamente complexos, com diversas partes interessadas, muitos intermediários, o tipo de desafio que o *blockchain* é perfeito para resolver.

MANKIW, G. **Macroeconomia**. 7. ed. Rio de Janeiro: LTC, 2010.

O objetivo desse livro é promover um diálogo sobre as políticas públicas e outros eventos que influenciam a economia ao longo de diferentes horizontes de tempo. O autor faz analogia em relação a curto e longo prazos não apenas nas empresas, mas também em nosso cotidiano, trazendo os fatos econômicos para mais próximo de nossa realidade quando comenta: "Vivemos em nosso curto prazo, mas também vivemos no longo prazo herdado de nossos pais" (Mankiw, 2010, prefácio). O autor acredita que os cursos de Macroeconomia precisam abordar tanto questões de curto prazo, como o ciclo de negócios e as políticas de estabilização, quanto questões de longo prazo, como o crescimento econômico, a taxa natural de desemprego, a persistência da inflação e os efeitos do endividamento do governo. Nenhum dos dois horizontes de tempo prevalece sobre o outro.

A obra apresenta, por exemplo, uma cobertura substancial da teoria dos fundos de empréstimos que trata da taxa de juros, da teoria quantitativa da moeda e do problema da inconsistência temporal. Mostra a macroeconomia utilizando uma variedade de modelos simples. Em vez de considerar que existe um único modelo, completo o suficiente para explicar todos os aspectos da economia, incentiva os leitores a aprender a utilizar e a comparar um conjunto de modelos importantes, questões atuais com as quais as economias de todo o mundo se deparam quanto a episódios históricos dramáticos, o que torna os assuntos sempre interessantes.

NOGAMI, O.; PASSOS, C. R. M. **Princípios de economia**. 7. ed. rev. São Paulo: Cengage Learning, 2016.

Esse livro traz informações sobre a maneira pela qual as sociedades se organizam a fim de resolver suas questões econômicas fundamentais: economia de mercado, economia planificada centralmente e economia mista de uma forma simples e objetiva. Trata das noções gerais de microeconomia, do problema da escassez, dos dilemas da economia, do comportamento dos indivíduos como consumidores, das firmas e do governo com a definição simples e atual da teoria microeconômica, fazendo uma análise do funcionamento do mercado. A obra é escrita em uma linguagem acessível, com uma abordagem atual, apresentando exemplos ao final de cada capítulo que permitem ao leitor consolidar seus conhecimentos, estabelecendo contato com as teorias e os conceitos discutidos e com a realidade que o cerca. Os dados estatísticos referentes à economia brasileira atualizados fazem a diferença para quem precisa estudar ou apresentar a teoria econômica a alguém que esteja tendo contato pela primeira vez ou que queira solidificar o conhecimento adquirido anteriormente.

VASCONCELLOS, M. A. S. de. **Economia**: micro e macro, 5. ed. São Paulo: Atlas, 2011.

O objetivo desse livro é um pouco diferente dos anteriores, pois ele apresenta os métodos microeconômicos de uma maneira que permite ao leitor aplicar por si mesmo as ferramentas discutidas, em vez de apenas absorver passivamente os casos analisados.

Em geral, há uma deficiência com relação aos conhecimentos a respeito de cálculo e à solução de problemas, e isso faz parte do conteúdo da obra. O enfoque analítico da teoria econômica demanda um raciocínio lógico, que pode ser utilizado em momentos da leitura de um jornal, de uma notícia na televisão ou em uma discussão sobre preços e exportações, possibilitando ao leitor conhecimentos para sustentar seus pontos de vista com segurança e robustez.

sobre a autora

Iara Chaves é administradora de empresas, especialista em Formação Pedagógica pela Universidade Luterana do Brasil (Ulbra) e em Gestão de Pessoas pela Pontifícia Universidade Católica do Rio Grande do Sul (PUCRS), mestre em Economia do Desenvolvimento Regional pela PUCRS e doutora em Qualidade Ambiental pela Universidade Feevale. Já trabalhou como docente de cursos profissionalizantes e do tecnólogo na QI Faculdade & Escola Técnica. Atua como gestora de recursos humanos em grandes empresas nacionais e multinacionais. É conteudista, tendo publicado capítulos de livros sobre hidrologia e gestão de resíduos sólidos. Recentemente foi convidada a escrever dois capítulos de livros, o último destes abordando a covid-19 e os impactos econômicos dessa pandemia no Brasil.

Impressão:
Julho/2021

Geologia e pedologia